언어로 본
한국인의 문화유전자

언어로 본 한국인의 문화유전자

발행일 1판 1쇄 2023년 3월 30일

지은이 조현용

펴낸이 박민우

기획팀 송인성, 김선명, 김선호

편집팀 박우진, 김영주, 김정아, 최미라, 전혜련

관리팀 임선희, 정철호, 김성언, 권주련

펴낸곳 (주)도서출판 하우

주소 서울시 중랑구 망우로68길 48

전화 (02)922-7090

팩스 (02)922-7092

홈페이지 http://www.hawoo.co.kr

e-mail hawoo@hawoo.co.kr

등록번호 제475호

ISBN 979-11-6748-099-6 03700

값 18,000원

이 저서는 2021년 대한민국 교육부와 한국학중앙연구원(한국학진흥사업단)을 통해 K학술확산연구소 사업의 지원을 받아 수행된 연구임(AKS-2021-KDA-1250004).

언어로 본
한국인의 문화유전자

조현용 지음

도서
출판 하우

왜 언어문화유전자인가?

나의아버지가나의곁에서조을적에나는나의아버지의아버지가되
고또나는나의아버지의아버지가되고그런데도나의아버지는나의아버
지대로나의아버지인데어쩌자고나는자꾸나의아버지의아버지의아버
지의⋯⋯아버지가되니나는왜나의아버지를껑충뛰어넘어야하는지나
는왜드디어나와나의아버지와나의아버지의아버지와나의아버지의아
버지의아버지노릇을한꺼번에하면서살아야하는것이냐(이상(李箱) 오
감도 詩제2호)

시인 이상의 오감도 중 시제2호(詩第二號)라는 제목의 시입니다.
난해한 시여서 해석도 다양하게 나타납니다. 어릴 적 이상의 시를 좋
아해서 오랫동안 기억에 남았던 시입니다. 이 책을 쓰면서, 그리고 책
을 내면서 이 시가 떠올랐습니다. 맴돌았습니다. 이 시의 본래 의도와

는 상관없이 제 머릿속에는 나는 그저 지금의 내가 아니고 오랜 역사를 담고 있는 나라는 생각이 듭니다. 나만 그러한 것이 아니고 내가 바라보는 사람들도 모두 그러할 것입니다. 내가 나의 아버지의 아버지의 아버지의 아버지가 되듯이, 그도 그의 어머니의 어머니의 어머니의 어머니가 될 겁니다.

유전자를 과학적으로 설명하고 밝히지 않더라도 우리는 내 속에 흐르고 있는 과거의 기억을 문득문득 마주합니다. 그것을 때로 아버지라 부르고, 때로 어머니라고 부릅니다. 어쩌면 종교에서 신앙의 대상을 아버지라고 부르고, 어머니라고 부르고, 같은 모임의 사람을 형제, 자매라고 부르는 것은 그런 이유일 겁니다. 내 속에 흐르고 있는 옛 나와 다르지만 같은 나를 늘 만나고 있는 겁니다.

문화유전자는 내 삶 속에서 유유히 흐르고 있는 또 다른 나입니다. 그리고 그 유전자는 나 혼자 있을 때는 발견하기 어렵습니다. 가족과 있을 때, 친척과 있을 때, 마을 사람과 있을 때 더 뚜렷이 드러나는 것이 바로 문화유전자입니다. 그리고 그 핵심에는 언어가 있습니다.

말은 의사소통의 도구이면서, 우리를 엮어 주는 공통분모입니다. 어떤 경우에는 다 듣지 않아도 이해하고, 어떤 경우에는 잘못 들어도 이해합니다. 진정한 소통은 이해와 사랑을 바탕으로 합니다. 그리고 말이 진정한 소통의 도구가 되는 것은 그 속에 우리가 함께한 문화가 있기 때문입니다. 오랜 세월 축적되어 온 문화가 있기에 더 잘 소통합니다. 물질적인 문화는 시간이 지남에 따라 소멸되기도 하지만 말은 그렇지 않습니다. 소리가 달라지고, 의미는 변하였지만 그 속에 살아 있는 삶이 여전히 있습니다.

저는 언어를 공부하면서 문화를 발견할 수 있음이 기뻤습니다. 문화를 더 공부하게 되어 행복했습니다. 언어와 문화의 공부는 사람에 대한 공부입니다. 언어문화유전자에 관한 책을 쓰면서 저에게 문화유전자를 물려주신 아버지와 어머니, 서정범 선생님, 전헌 선생님께 감사드립니다. 또한 제게 민요와 국악을 통해 우리 전통문화를 가르처 주시는 고경자 선생님과 어원학회에서 매주 다양한 언어문화의 세계를 들려주시는 박재양 선생님께 감사드립니다. 그리고 연구의 귀한 동반자인 수요 언어문화교육 연구 모임의 제자들께도 고마운 마음을 표합니다.

조 현 용

차례

3장. 말과 문화

4장. 인사와 문화

7장. 사람과 한국어문화

8장. 생활 문화 – 의식주와 노래 문화

9장. 언어 표현으로 본 한국인

10장. 한국 문화의 말 열쇠

1장

문화의 씨앗,
언어

출처: 국립중앙박물관 e뮤지엄 제공

01
가슴으로 하는 문화 강의

언어와 문화를 연구한다는 것은 인간을 이해하고 인간으로서 살아갈 수 있도록
돕는 것

　오늘은 문화에 대한 강의를 하려고 합니다. 문화에 대한 강의 중
에서도 언어와 관련된 강의를 하려고 합니다. 그래서 제목을 '문화의
씨앗, 언어'라고 시작합니다. 문화의 씨앗이라는 말은 문화에서 가장
중요한 부분이 언어라는 의미가 됩니다. 첫 번째 제목은 '가슴으로 하
는 문화 강의'입니다. 우리는 '과학적'이라는 말을 좋아합니다. 보통 과
학과 인문학은 구별되는 개념이었으나 언제부터인가 인문학에서도 과
학이 중요한 요소가 되었습니다. 예전에는 과학이라고 하면 자연과학
만을 의미했으나 이제는 사회과학도 과학이고 인문학도 과학입니다.

과학이 아닌 게 없습니다. 그래도 여전히 과학자라는 말은 한정적이 네요.

아마도 사회과학 연구자가 스스로를 과학자라고는 하지 않을 겁니다. 인문학자들도 마찬가지로 스스로를 과학자라고 하지는 않겠죠. 과학은 학문이라기보다는 이제 연구방법론이 된 느낌입니다. 과학적으로 접근한다는 표현이 방법론을 의미하고 있습니다. 주로 과학적이라는 말은 객관적이라는 말이고 계량화되었다는 말입니다. 그래서 늘 통계가 중요합니다. 조사 방법에 감정은 주관적 요소이므로 제외해야 합니다.

그래서 과학적 연구라는 말에는 인간의 감정이 배제되어 있습니다. 감정이 들어가는 것을 비과학적이라고 말합니다. 저는 이런 점이 문제라고 생각합니다. 물론 객관적인 것이 나쁜 것은 아닙니다. 객관적인 것이 좋은 측면이 있죠. 하지만 통계로 측정되지 않고 정리할 수 없는 인간의 감정이 있습니다. 특히 언어의 많은 부분이 그렇습니다.

생각과 사고라는 말을 어떻게 구별해야 할까요? 마음과 생각은 어떻습니까? 기쁜 감정과 즐거운 감정은 어떤 차이가 있습니까? 물론 어느 정도까지는 설명이 가능할 겁니다. 설명하려는 노력을 게을리하자는 그런 말은 아닙니다. 당연히 언어와 문화를 공부하는 사람이라면 설명을 위해서 최대한 노력해야 합니다. 하지만 언어와 문화에는 감정이 있다는 점을 놓쳐서는 안 될 겁니다.

언어와 문화는 인간의 특징을 나타내는 가장 중요한 요소입니다. 그래서 **언어와 문화를 연구한다는 것**은 인간을 연구하는 것입니다. 여기에서 '연구'라고 표현했지만 실제로는 이해하는 것입니다. **인간을 이해하고, 인간으로서 살아갈 수 있도록 돕는 것입니다.** 그래서 인간을 위한 학문으로 문화학과 언어학을 하는 것입니다. 그것이 바로 머리로 연구하는 학문이 아니라 가슴으로 하는 학문이 필요한 이유입니다. 정확하게 말하자면 머리와 가슴으로 하는 언어학과 문화학입니다.

언어로 본 한국인의 문화유전자 강의는 실제적인 자료를 통해서 우리의 감정을 살펴볼 것입니다. 저는 언어의 특성에 대한 공부를 하면서 언어를 머리에도 담아보고 가슴에도 비추어 봅니다. 머리로 생각할 때는 몰랐던 부분이 가슴으로 생각하면 뚜렷해집니다. 인간을 제대로 이해하게 됩니다. 언어학은 과학적 접근도 필요하지만 인문학적 접근도 필요합니다. 두 접근이 조화를 이루어야 합니다.

마치 믿음과 학문의 관계와 같습니다. 인간에 대한 믿음이 없는 학문은 공허합니다. 배움이 없는 믿음은 허황되기 짝이 없습니다. 이는 이미 공자께서 밝혀 놓으신 일이기도 합니다. 논어 위정(爲政) 편에 나오는 학이불사즉망 사이불학즉태(學而不思則罔 思而不學則殆), 그것이 바로 그런 의미라고 할 수 있습니다. 배우기만 하고 생각하지 않는 것도 문제이고 생각만 하고 배우지 않는 것도 문제입니다.

믿음은 종교 이야기가 아닙니다. 세상이 그래야 한다는 믿음입니다. 저는 그렇게 생각합니다. 아픈 것은 나쁜 게 아닙니다. 그런데 병을 죄라고 생각하던 시기가 있었습니다. 병은 나쁜 것은 아니지만 고통스러운 것이니까 낫게 해주면 좋은 겁니다. '아픈 사람은 병이 나아야 한다.' 이런 믿음을 갖고 있는 사람들이 열심히 공부를 하면 의학이 발전되는 겁니다. 그런 인간에 대한 믿음이 있어야만 학문이 발전됩니다.

우리에게 '인간만 소중하다.' 이런 생각이 아니라 인간과 자연은 함께 살아야 한다는 믿음이 바로 환경을 소중하게 생각하게 합니다. 그러한 믿음으로 청정에너지의 개발이 이루어지게 되는 것입니다. 여러분은 언어와 문화를 공부하면서 어떤 믿음을 가지고 있습니까? 어떤 믿음을 가슴에 품고 있습니까? 그게 바로 학문의 시작입니다.

언어는 근본적으로 소통을 위한 도구입니다. 사람과 사람의 마음을 이어주는 소통의 도구인 것입니다. 그래서 언어는 싸우지 말자고 하는 겁니다. 말을 한다는 것은 싸우지 않겠다는 것입니다. 언어를 통해서 우리는 서로의 감정을 교류합니다. 언어를 통해서 서로를 더 깊게, 더 정확하게 이해합니다. 우리가 서로 말을 나눈다는 것 자체가 아주 기쁜 일입니다. 언어에 대한 이러한 믿음은 언어학을 깊게 만드는 것입니다. 이게 바로 가슴으로 하는 언어학이고, 이게 바로 가슴으로 하는 문화 공부입니다.

　　문화도 우리가 항상 서로 싸우지 않고, 평화를 위해서, 인간의 감정을 이해하기 위해서 하는 연구라는 것을 잊어서는 안 됩니다. 그러기에 우리는 '평화'라는 말이 '문화'의 다른 이름이라는 것을 기억해야 합니다. 문화는 평화입니다. 그것이 바로 우리가 가슴으로 하는 문화 연구인 것입니다.

02

문화의 개념

문화, 문명, 교양 그리고 철학

자, 그러면 문화의 개념에 대해서 살펴보도록 할까요? 문화의 개념이라는 말은 문화의 정의라는 뜻도 되겠죠. 문화가 어떤 의미를 갖고 있는지를 정확하게 알고 있는 것이 문화학 연구의 시작입니다. 문화라고 하면 주로 '자연'의 상대어로 사용됩니다. 달리 말하자면 문화는 자연적인 상태를 벗어난 것이라고 할 수 있습니다. 그런 의미에서 보자면 인간이 인위적으로 하는 행위는 모두 문화라고 할 수 있습니다.

첫째, 문화라는 말의 어원을 살펴볼까요? 문화의 영어인 'culture' 는 원래 의미가 '경작하다, 재배하다'라는 말에서 온 걸로 보고 있습니다. 자연 상태에서 채취한 것이 아니라 인위적으로 기른 것입니다. 일반적으로 사냥보다는 유목 상태가, 유목 생활보다는 정착 생활이 문화의 의미를 더 잘 알게 합니다. 문화는 자연 상태를 벗어나는 것입니다. 자연 상태를 벗어나서 도구를 사용하고, 이것을 나만 사용하는 것이 아니라 나의 후손에게 전승하는 과정을 거친 것이라고 할 수 있습니다. 문화를 우리가 '발전'의 의미로 사용하는 것은 끊임없이 인간의 문화가 발전되어 온 것과 관련이 깊을 것입니다. 문화는 자연 상태를 벗어나는 것입니다.

둘째, 우리가 문화에 대해서 생각해 볼 때 중요한 단어는 '문명'입니다. 문화와 문명은 어떤 차이가 있을까요? 문화와 물질문명과는 어떤 차이가 있을까요? 문화에 본격적인 관심을 가졌던 문화인류학자들은 자연과 문화의 경계, 즉 문화의 시작에 관심이 많았습니다. 원시사회가 남아 있을 것이라고 생각해서 계속 오지를 찾아가거나 정글이나 산 속, 섬의 고립된 마을을 찾아가서 마치 석기시대 같은 흔적을 찾기도 했습니다. 아주 과거의 모습이 남아 있는 것들을 찾아다녔던 거죠. 인간의 시작이 어땠는지 그리고 문화의 시작이 어땠는지 궁금했던 것입니다. 그러니까 자연에서 막 벗어난 상태가 어땠는지에 대해서 알아보려고 했던 거죠.

그런데 흥미로운 것은 물질적인 문명은 매우 뒤쳐져 있던 곳이지만 정신적인 면은 뒤처지지 않은 경우가 많았던 겁니다. 오히려 오지라고 하는, 문명이 발달하지 않았다고 하는 곳이 인류의 지혜가 깊게 성숙되어 남아 있는 그런 경우도 굉장히 많았습니다. 단적인 예로 지금도 많은 영적인 학자, 수행자, 정신적 깨달음을 주는 사람이라고 이야기하는 사람들은 오히려 현대문명 속에 남아 있지 않습니다.

그런 사람들은 오히려 우리가 잘 모르던 곳에 있는, 즉 오지에 있는 사람들이거나 아니면 문명과 조금 더 떨어져 있는 그런 오랜 전통을 가진 곳에 남아 있는 경우가 많습니다. 예를 들어서 아메리칸 인디언의 경우도 물질문명보다는 정신적인 측면에 깊은 지혜가 많이 남아 있습니다. 오히려 현재의 우리 문화보다는 훨씬 더 깊고 발달되어 있는 정신문화를 볼 수 있는 거죠. 그렇기 때문에 문화를 이야기할 때 단순하게 물질문명과 문화를 동일시해서는 안 됩니다.

물질적으로 발달한 것이 문화의 발달이라고 보는 사람들도 있을 것입니다만, 실제로는 그렇지 않다는 것을 정신문명이 발달한 아메리칸 인디언이나 아프리카의 정신수행자나 아니면 인도 등등의 곳에서 우리에게 보여 주고 있습니다. 실제로 우리가 이야기하는 문화에 관한 많은 이야기들, 특히 정신문화, 종교에 관한 이야기들은 대부분의 경우에 지금보다 훨씬 더 이전에 이루어진 내용들인 겁니다. 석가모니나 공자, 소크라테스, 예수의 이야기는 아직도 오늘날의 정신문화를 이끌고 있습니다.

우리가 지금의 문화가 문명이 발달되었기 때문에 과거의 것보다 발달되었을 것이라고 보는 관점은 물질에만 집중되어 있는 착각이라고 이야기할 수 있습니다. 이렇게 문화와 물질문명의 관계에 대해서 명확하게 생각하고 깊게 고찰하는 것이 문화연구의 또 다른 시작이라고 이야기할 수 있겠습니다.

세 번째로 우리가 문화에 대해서 관심을 갖고 봐야 하는 단어는 바로 '교양'이라는 말입니다. 문화의 어원은 '재배하다'나 '경작하다'와 관련이 있다고 말씀을 드렸는데, 문화의 또 다른 뜻으로는 '교양이 있다'는 의미가 있습니다. 교양이 있다는 말은 우리에게 많은 생각할 점을 줍니다. 왜냐하면 '교양이 없다'라는 말은 문화를 모른다는 의미가 될 수 있기 때문이겠죠. 교양이 있다는 말도 자연 상태에서는 멀어진 것이라고 할 수 있습니다.

그래서 우리는 지식을 배우고 예술을 즐깁니다. 특히 우리가 예술을 향유하는 것을 문화생활이라고 표현하기도 합니다. 이때 문화는 아무래도 고급한 정신문화나 고급한 성취문화로 나아가게 됩니다. 그래서 우리가 문화를 마치 부의 척도처럼 사용하게 되는 것도, 마치 예술이나 성취를 위해서는 사회의 경제적, 기술적 수준이 발달해야 된다고 생각했기 때문일 겁니다. 문화가 교양이라고 생각하는 순간 비교적 고급한 문화만을 지향하고 있다는 점을 잊어서는 안 될 것 같습니다.

지금도 그래서 우리는 문화생활을 위해서 공연장을 찾고 미술관을 찾습니다. '나 요즘에 문화생활을 하고 있어.'라고 얘기를 하거나 아니면 '요즘에 문화생활을 못 해서 힘들어.'라고 얘기하는 경우에는 일반적으로 공연장을 찾는 문화나 미술관을 찾는 문화나 박물관을 찾는 그런 문화와 연관이 되고 있습니다. 그런데 생각을 해 보면 공연장을 찾는 것만이 문화라고 얘기를 할 수 있을까요? 공연장이라고 해도 비싼 콘서트홀을 가는 것 아니면 클래식 음악을 듣는 것, 그런 것만을 문화생활이라고 얘기할 수 있을까요?

공연에도 다양한 종류의 공연이 있죠. 그런데 우리는 문화생활을 한다고 얘기할 때는 비교적 돈이 많이 들고 고급한 그런 문화 공연만을 문화생활이라고 얘기하는 것 같습니다. 미술관을 찾는 건 어떻습니까? 미술관에 가서 어떤 작품을 보고 즐기는 것을 문화생활이라고 얘기한다고 한다면, 지금 수많은 사람들은 문화생활을 하고 있지 않은 거죠. 미술이라는 것이 문화라고 얘기한다면, 지금 그런 고급한 미술만이 문화라고 얘기한다면 우리는 이미 문화에서 멀리 떨어져 있는 삶을 살고 있는 것입니다.

박물관도 마찬가지겠죠. 우리가 1년에 박물관을 몇 번이나 갑니까? 박물관을 가서 무엇을 보고 오나요? 생각해 보면 박물관을 찾는 것이 문화생활이라고 얘기한다면 우리는 문화에서 멀리 떨어져 있는 것입니다. 지금 일반적으로 사람들이 생각하는 것은 그렇게 공연장을 찾고, 음악을 듣고, 미술관을 찾고, 박물관을 찾는 고급한 문화만이 문화생활이라고 생각하고 그것이 교양을 늘리는 일이라고 생각을 하는 것 같습니다. 그렇기 때문에 문화의 다른 정의를 교양에서 찾은 것이겠죠. 저는 그것도 역시 문화의 한 측면이기는 하지만 문화를 우리가 어렵게 받아들일 수밖에 없는 요소라고 생각을 합니다.

네 번째로는 문화와 철학에 대해서 이야기를 해보겠습니다. 문화는 자연과 구분되는 사람을 나타냅니다. 자연 상태의 인간은 부족한 점이 많습니다. 연약한 신체 능력은 맹수 앞에서 초라합니다. 하지만 인간은 언어 등의 능력을 발휘하고, 쌓은 능력을 전수하며 문화적 능력을 키워 왔습니다. 문화는 자연을 벗어나는 인간을 표상합니다. 즉 문화는 인간이 어떻게 자연과 구별되는지를 알 수 있는 척도이기도 합니다. 이런 척도를 알기 위한 노력이 필요합니다. 이것을 우리는 철학이라고 할 수 있습니다.

왜 사는지, 어떻게 살아야 하는지의 문제는 모두 문화와 철학적인 주제와 연관이 됩니다. 특히 문명화 과정에서 나타나는 인간성의 파괴, 전쟁 등의 문제를 심각하게 들여다봐야 할 것입니다. 문화가 전쟁이나 파괴를 목적으로 하지 않기 때문입니다. 자본주의, 산업화, 유물론, 정보화, 인공지능 등의 문제를 어떻게 바라볼 것인가 하는 것은 문화를 어떻게 보고 발전시킬 것인가와 연관이 되는 문제라고 할 수 있습니다.

03

문화와 평화

'문화'의 다른 이름은 '평화'

문화와 관련해서 여러분이 잊지 말아야 할 단어가 있습니다. 그것은 바로 평화입니다. 저는 **'문화'라는 말을 다른 말로 하면 '평화'**라고 생각합니다. 왜냐하면 문화는 기본적으로 말로 하자는 것입니다. 문화, 즉 culture라는 말은 동아시아에서는 한자어, 문화(文化)로 번역되었습니다. 한자 문화권에서 원래 사용되었던 문화라는 의미와는 좀 다르게 서양에서 발달한 문화의 개념을 담는 그런 어휘가 되었습니다.

저는 종종 한자의 번역이 기가 막힌다고 생각할 때가 있습니다. 근대에 우리에게 들어온 어휘 중에 실제로는 많은 어휘가 일본이 서양 문화의 개념을 받아들여서 그 개념어를 번역하여 생겨난 것입니다. '사회'라는 말도 그렇고, '민주'라는 말도 그렇고, '공헌'이라는 말도 그렇습니다. '문화'도 그중에 한 어휘입니다. 동아시아에서 만든 말이 아니라 서양어를 번역한 말이라는 거죠.

문화를 한자의 의미로 해석을 해보면 문화는 글로 하는 것이라는 뜻입니다. 달리 말하면 말로 하는 것이라는 의미를 담고 있습니다. 문화니까 글이 된다는 그런 의미거든요. 그렇다면 글이나 말로 된다는 것은 어떤 의미를 나타낼까요? 우선 우리의 많은 문화적인 산물이 말이나 글을 통해서 전승된다는 점을 생각할 수 있을 겁니다. 아마도 말이 없었다면 문화는 발전하기 어려웠을 겁니다.

어쩌면 동물 상태에서 그대로 머물러 있었을지도 모르죠. 그렇기 때문에 말이 동물과 사람을 구별해 주는 중요한 척도의 역할을 하고 있는 것이죠. 그리고 글을 통해서 기존의 지식이 축적되어 놀라운 발전들을 이루게 되었을 것입니다. 물론 말만 있었어도 발전이 이루어졌기는 했겠지만 실제로는 글이 없었다면 그 속도는 매우 늦었을 거라고 봅니다. 기존의 지식은 글로 축적되어 발전된 것이라고 할 수 있습니다.

한편 문화의 해석을 말로 하는 것이라고 한다면 다른 의미를 발견하게 됩니다. 한국어에서도 '말로 하자, 말로 해라'라는 말은 주먹으로 해결하지 말라는 의미를 담게 됩니다. 즉 싸우지 말라는 의미입니다. 말로 하는 것, 글로 하는 것은 싸우지 않는다는 의미인 뜻입니다. 저는 그래서 문화는 싸우지 말라는 뜻이라고 생각합니다. 우리가 아마도 자연 상태라면, 화가 나면 싸우는 것이 정상이었을 겁니다. 배가 고프면 빼앗아 먹고, 암컷을 차지하기 위해 피비린내 나는 혈투도 벌였을 겁니다. 그게 동물들의 자연 상태였을 겁니다.

하지만 자연을 벗어난 인간은 서로 협동하고 서로 싸우지 않는 법을 배우게 됩니다. 그것이 말로 하는 겁니다. 그것이 글로 하는 겁니다. 그래서 저는 문화를 달리 말하면 평화라고 생각합니다. 문화적인 인간이 되고 싶다면 싸우면 안 됩니다. 문화는 싸우는 게 아닙니다. 문화는 폭력으로 하는 게 아닙니다. 문화는 남에게 상처를 주는게 아닙니다. 그래서 남에게 상처를 주고 해치면 문화가 아닌 것입니다. 문화는 다른 말로 하면 평화입니다. 그 사실을 문화를 공부하는 사람들은 잊어서는 안 될 것입니다.

문화와 관련된 또 하나의 이야기는 종교, 전쟁을 들 수 있습니다. 물론 문화가 발달한 현대 사회에도 싸움이 일어나고 전쟁이 일어납니다. 심지어 이런 현상을 전쟁 문화라고 표현하기도 합니다. 어색한 표현입니다. 이상한 말이죠. 왜냐하면 문화는 싸우는 것이 아니었기 때문입니다. 인간이 발달시켜 온 한 단면으로써 전쟁을 문화 속에 포함시키는 것이 당연해 보이지만, 문화가 평화라는 점을 생각해 보면 전쟁은 가장 아이러니한 문화의 모습이 됩니다. 당연히 문화에서는 가장 거리가 먼 모습이라고 이야기를 할 수 있겠습니다.

전쟁이 문화에서 가장 멀어져 있는 것이라면 문화의 모습을 가장 잘 드러내고 있는 것은 바로 종교입니다. 종교라는 말은 원래 의미가 '가장 높은 가르침'이라는 뜻입니다. 종교(宗敎)의 '종(宗)'은 '마루 종'이라고 해서 '높다'는 뜻입니다. '교(敎)'는 '가르침'이라는 뜻이죠. 사실은 '종교가 있어요?'라는 말은 '가장 높은 가르침을 늘 따르려고 노력합니까?'라는 질문이기도 합니다.

종교의 목적을 내세에 두는 경우도 있습니다만, 현실적인 목표는 사실 다툼이 없는 평화로운 세상일 겁니다. 그래서일까요? 많은 종교에서는 '평화'라는 말을 인사말처럼 사용합니다. '평화'가 인사인 셈이죠. 평화롭게 살자고 이야기하는 것입니다. 그런 의미에서 보면 역시 문화는 평화입니다.

종교도 평화입니다. 그렇기 때문에 종교가 가장 문화와 가까운 것이라고 이야기를 할 수 있겠습니다. 그런데 놀라운 일이 발생을 합니다. 바로 종교 전쟁입니다. 종교가 가장 평화로운 행위임에도 불구하고 전쟁과 맞닿아 버리는 것이죠. 종교가 깨달음이나 자비, 사랑의 경쟁을 하는 것이 아니라 신도를 더 많이 모으려고 경쟁을 하게 되면서 싸움을 합니다.

종교는 깨달음의 경쟁을 해야 됩니다. 다른 종교보다 우리 종교가 자비롭다라는 경쟁을 해야 되죠. 우리는 더 나쁜 사람도 구제하려고 하고 사랑한다는 그런 류의 경쟁을 해야 됩니다. 우리는 죽을지언정 싸우지 않는다는 경쟁을 해야 되는데, 더 많은 신도를 얻겠다고 경쟁을 하고, 그래서 싸움을 합니다. 그래서 종교 전쟁이 일어납니다. 종교는 많은 핑계를 붙여서 싸움을 정당화합니다.

인류의 역사에서 길고 잔인했던 수많은 전쟁이 사실은 종교와 관련이 있다는 것은 답답한 일입니다. 여러분도 잘 알고 있다시피 지금도 많은 곳에서 종교를 핑계로 싸움을 하고 테러를 하고 살상을 합니다. 종교는 평화가 목표입니다. 그렇기 때문에 전쟁을 하는 종교는 종교가 아닙니다. 나의 종교를 위해서 전쟁을 했다고 얘기하고, 나의 종교를 위해서 누군가를 죽였다고 얘기를 한다면, 그것은 종교가 아닌 셈입니다. 왜냐하면 종교는 평화이기 때문에 그렇습니다.

기독교에서 내가 죽을지언정 죽어도 상대를 죽이지 않겠다, 내가 죽는 한이 있어도 싸우지 않겠다는 상징이 바로 십자가입니다. 그런데 그 십자가가 어떻게 됩니까? 십자가가 원래는 죽어도 싸우지 않겠다는 상징이어야 되는데 죽이는 칼이 되기도 합니다. 그게 바로 십자군입니

언어로 본 한국인의 문화유전자

다. 십자가와 군대는 어울리는 개념이 아닙니다. 그런데 십자가를 들고 전쟁을 일으키게 되는 거죠. 십자가가 이제는 칼의 상징이 되어 버린 겁니다. 당연히 문제죠. 칼은 종교와 어울리는 개념이 아닙니다.

문화와 종교는 서로 평화라는 점에서 가장 통하는 개념이라고 얘기할 수 있습니다. 문화를 공부한다는 것은, 종교를 공부한다는 것은 싸우지 않고 말로 하고 글로 하고 서로 소통하고 이해하고 감정을 나누고 오히려 위로하고 치유하는 그런 행위라고 이야기할 수 있겠습니다. 문화는 전쟁과 거리가 먼 겁니다. 싸움과 거리가 먼 행위라고 기억을 하셔야 합니다. 다시 말씀드리지만 문화는 평화입니다.

04

문화와 언어

언어는 문화의 씨앗, 문화의 시작점이자 문화의 끝

　이번에는 문화와 언어에 관한 이야기를 해 보도록 하겠습니다. 문화는 말로 하는 것이라고 얘기했고 문화는 글로 하는 것이라고 얘기했습니다. 문화는 그래서 싸우지 않는 것이라고 얘기했죠. 여기서 제일 중요한 말은 문화가 말과 관련이 된다는 것입니다. 그래서 우리는 문화의 씨앗은 언어라고 이야기를 하는 것입니다. 문화의 시작점이고 문화의 끝이 언어라고 이야기할 수 있는 것이죠. 어떠한 상황이나 조건에서도 우리에게 끝까지 남아 있을 수 있는 **문화의 씨앗은 언어입니다**. 한국인을 이해하는 가장 기본적인 내용이라는 뜻이죠. 문화를 우리가 후손에게 이어온 수단이 바로 언어였던 거죠.

언어는 인간과 떨어져 생각할 수 없는 개념입니다. 많은 학자들이 인간이 곧 언어라고 이야기하기도 합니다. 저는 '인간이 곧 언어'라는 표현이 과언이 아니라고 생각합니다. 그것은 우리가 언어가 없는 인간을 상상할 수 없기 때문입니다. 인간에게 팔, 다리 등이 있는 것과 마찬가지로 인간에게는 말이 있는 것입니다. 당연히 인간에게 가장 중요한 하나의 요소라고 이야기할 수 있겠죠. 인간이 사용하고 있는 말 중에는 새로 생긴 말도 있지만 대부분은 아주 오랜 옛날부터 인간을 형성해 온 것입니다.

인간과 함께 인간 속에서 소통되어 온 도구입니다. 그렇기 때문에 언어는 인간과 불가분의 관계인 셈이죠. 그래서 언어는 인간 그 자체이기도 하고, 인간의 역사이기도 하고, 인간 지혜의 가장 핵심적인 정수이기도 합니다. 그래서 언어를 인간의 문화유전자라고 해도 과언이 아닐 겁니다. 생물학적으로 보자면 인간의 유전자는 세포를 통해서 알 수 있습니다. DNA를 통해서 인간의 특징을 확인할 수 있습니다. 이것은 생물학적이고 자연적인 모습입니다.

그런데 우리가 공부하고 있는 문화의 측면에서는 어떨까요? 인간 문화의 모습을 확인할 수 있는 가장 좋은 방법은 바로 언어를 살피는 것입니다. 그런 의미에서 보자면 말이 우리의 '피'이고, 말이 우리의

'세포'인 셈입니다. 문화적인 측면에서는 그렇다는 의미입니다. 말을 잘 들여다보면 한국인이 어떤 문화의 유전자를 갖고 있는지 알아낼 수 있는 것입니다.

물론 여기에서 오해하면 안 되는 것이 한국인이라는 것을 너무나 강조해서는 안 된다는 겁니다. 왜냐하면 '한국인만의 문화'라고 이해하기에는 어려운 부분도 많이 있기 때문입니다. 인간은 서로 다른 사람과 만나서 교류하고 소통하면서 더 커져 있는 것입니다. 인간을 이해하고 문화를 이해하기 위해서는 우리의 말을 공부해야 합니다.

그러면 문화의 종류와 언어의 관계에 대해서 더 살펴보도록 하겠습니다. 문화의 종류에는 어떤 것이 있을까요? 문화는 크게 성취문화와 생활문화 등으로 나눌 수 있습니다. 주로 거대한 문화들, 이집트 문명이라든지 그리스문명이라든지 하는 거대한 문화를 성취문화라고 합니다. 불가사의하다고 이야기하는 거대한 건축물이나 조각상들이 여기에 속할 수 있을 겁니다.

반면에 생활문화는 그야말로 우리 일상 속에서 영위되는 모든 것을 의미합니다. 우리가 밥을 먹고 놀고 사람들과 자고 입고 하는 주변의 모든 문화들이 생활문화인 셈이죠. 그야말로 우리 일상생활 속에서 영위되는 모든 것들입니다. 거대한 성취문화와는 많은 차이가 있다고 얘기할 수 있겠습니다.

언어로 본 한국인의 문화유전자

그래서 어떤 사람들은 성취문화는 매우 귀하고 소중한 것처럼 이야기하고 생활문화는 하찮은 것처럼 얘기합니다만, 사실은 생활문화도 매우 중요한 것입니다. 성취문화를 주로 'BIG C'라고 합니다. BIG C라는 말은 큰 문화, Culture의 약자이기 때문에 큰 문화라고 이야기하는 것입니다. 반면에 생활 문화는 주로 'small c'라고 합니다. 작은 문화라는 뜻이죠. 큰 문화, 작은 문화라는 의미로 BIG C와 small c를 사용하고 있습니다만, 사실은 그것은 문화의 양면이라고 볼 수 있습니다.

그런데 예전에는 주로 성취문화만을 중요하게 생각했습니다. 성취문화만이 훌륭한 문화라고 생각하였다는 뜻이죠. 하지만 지금은 생활문화도 소중하게 여깁니다. 요즘에 외국어교육을 하는 곳에서 보면 오히려 성취문화보다는 생활문화를 소중하게 여깁니다. 이유가 뭘까요? 사실은 성취문화는 우리가 의사소통을 하는 데는 중요한 요소가 아닙니다. 성취문화를 몰라도, 이집트 문명을 몰라도, 그리스 문명을 몰라도, 메소포타미아 문명을 몰라도, 중국의 황하 문명을 몰라도 우리는 의사소통에 지장이 없습니다.

그런데 생활문화를 모르면 의사소통이 어렵습니다. 어떻게 밥을 먹는지, 어떻게 옷을 입는지, 어떻게 이야기를 하는지 그들이 갖고 있는 생활문화를 모른다면 오해가 발생을 하고 정확한 의사소통이 이루어지기 매우 어렵습니다. 생활문화가 점점 중요한 시대를 살고 있습니다. 지금처럼 국제화 사회라고 얘기를 한다면 더더욱 생활문화가 중요합니다. 여러분이 주위를 돌아보시면 이미 다른 문화를 가진 외국인들이 엄청나게 있습니다. 당연히 생활문화가 중요한 것입니다. 서로가 서로에게 오해가 될 수 있는 문화생활을 해서는 안 되기 때문이겠죠.

문화는 유형의 문화와 무형의 문화로도 나눌 수 있습니다. 그래서 문화재도 유형의 문화재와 무형의 문화재로 나눕니다. 그 사람이 있어야만 할 수 있는 것은 무형의 문화재라고 할 수 있습니다. 노래나 악기 연주나 건축 기술이나 가구 제작 등은 모두 무형의 예입니다. 우리나라에서도 이런 능력을 가진 장인을 인간문화재라고 하였습니다. 인간문화재는 살아있는 사람인 거죠. 살아있는 사람 자체가 문화인 것입니다.

유형문화재는 우리가 일반적으로 알고 있는 손으로 만질 수 있는 문화재입니다. 지금 우리가 얘기했던 성취문화의 대부분이 유형문화재겠죠. 건축물이나 예술품이 그러할 것입니다. 저는 유형문화재의 꽃은 기록유산이라고 생각합니다. 옛 기록이 남아 있기 때문에 지금의 우리 문화가 이어져 가는 것이기에 유형문화재의 꽃은 기록 유산이라고 이야기할 수 있겠습니다.

기독교의 성경이나 그리스 로마의 신화, 중국의 사서삼경 그리고 수많은 수메르 문명의 기록, 모두 중요한 유형 문화재 기록유산입니다. 우리나라에도 팔만대장경이나 조선왕조실록, 훈민정음 해례 등 기록유산은 당시 사람의 문화를 알게 합니다. 매우 중요한 기록문화인 거죠. 왜냐하면 그 기록이 바로 인간의 지혜를 나타내고 역사를 나타내고 삶의 흔적이기 때문입니다. 일반적으로 한국을 얘기할 때 기록문화가 가장 발달한 나라 중에 하나라고 얘기합니다. 앞에서 제가 얘기한 팔만대장경이라는 어마어마한 문화, 조선왕조실록이라고 하는 어마어마한 역사적 기록, 훈민정음이라고 하는 언어문자의 기록은 대단한 일이죠.

무형문화재의 꽃은 우리가 잘 느끼지 못하지만 우리가 사용하고 있는 언어라고 할 수 있습니다. 유형문화재의 꽃이 기록문화였다면 무형문화재의 꽃은 우리가 사용하는 살아있는 언어라고 이야기할 수 있는 것입니다. 그런 의미에서 본다면 사라져 가는 언어나 사투리, 방언은 큰 손실이 아닐 수 없습니다. 이미 많은 언어가 사라졌습니다. 방언이 사라지는 속도는 상상 이상입니다.

일본 원주민 아이누인의 말인 아이누어는 현대 이후에 거의 사용자가 사라져 버렸습니다. 언어가 사라지면 실제로는 그 민족도 사라지는 거나 마찬가지입니다. 우리가 자주 얘기하는 것처럼 만주어가 사라지면서 실제로는 만주라는 문화도 사라졌다고 보는 것입니다. 미국의 원주민어나 오세아니아의 원주민어도 마찬가지입니다. 이미 미국에서 아메리칸 인디언이 사용하던 대부분의 언어는 사라졌습니다. 아메리칸 인디언의 말을 사용하고 있는 인디언은 이미 없습니다. 남아 있다고 하여도 매우 소수만이 남아 있을 뿐입니다. 호주, 뉴질랜드의 원주민의 말도 마찬가지입니다. 아프리카의 수많은 언어들도 마찬가지로 사라졌을 것입니다. 우리의 위쪽에 사는 사람이 썼던 에벤키어라든지 나나이어라든지 하는 많은 알타이어도 사라져 갔습니다.

과거에 문화인류학자들이 조사하였던 수많은 언어도 이미 문명의 침탈과 함께 사라져 갔고 지금 이 시간도 역시 사라져 가고 있습니다. 우리 문화에서 매우 큰 손실이라고 얘기할 수 있겠습니다. 그렇기 때문에 언어의 중요성들은 더 커진다고 얘기할 수 있겠습니다. 문화의 씨앗입니다. 한국어가 물론 사라질 거라고 생각을 하지 않겠습니다만, 한국어 속에 담겨 있는 또 한국의 지방 말인 사투리 속에 담겨 있는 문화적인 요소들을 기록하고 정리하고 전수하는 일은 무엇보다도 중요한 일이라고 이야기할 수 있겠습니다.

왜냐하면 언어가 바로 문화의 씨앗이고 언어가 바로 문화유전자이기 때문입니다. 이미 사라져 간 언어들, 사라져 가고 있는 언어들이 남의 이야기만은 아니라는 것입니다. 특히 방언이 그렇습니다. 사투리는 지금 빠른 속도로 사라지고 있습니다. 제주 방언이 무슨 말인지 잘 모르겠다고 얘기하는 사람도 있습니다만, 제주 방언을 제대로 사용할 수 있는 제주 사람도 이제는 많지 않습니다. 아마 많은 방언들이, 그 속에 담겨 있는 어휘들이 이미 사라져 가고 있을 것입니다. 그렇기 때문에 더 잘 기록하고 더 잘 연구하고 그 속에 담겨 있는 문화적인 언어 유전자들을 잘 기억하여야 할 것입니다. 문화가 언어와 관련이 있다는 이야기는 그런 점에서 매우 중요한 것이라고 이야기할 수 있겠습니다.

05
한국어와 문화유전자

관계의 역사와 무수한 공통점 속에서 특징을 찾는 일

언어가 문화의 가장 중요한 요소라고 말씀을 드렸습니다. 그렇기 때문에 한국어의 문화유전자를 살펴보는 일들은 매우 중요하다고 이야기할 수 있겠습니다. 언어와 문화유전자에 대해서 먼저 한번 살펴볼까요? 사람의 몸에는 피가 흐르고 있습니다. 우리는 같은 피를 가진 사람이라고 하고, 같은 피가 흐르고 있다고 이야기를 합니다. 피를 통해서 가족을 확인하고 민족을 확인합니다. 그만큼 혈통, 혈연은 중요합니다. '우리는 피를 나눈 형제야.'라는 말만큼 강렬하고 애절한 표현도 없습니다. 그래서 한국 속담에는 '피는 물보다 진하다.'라는 속담도 있습니다. 피가 그만큼 중요하다는 것이죠. 피는 서로의 관계를 확인하는 그런 중요한 요소입니다. 붉은 피는 생물학적인 피입니다. 의학적인 피라고 이야기할 수도 있겠습니다. 나를 살아있게 하고 내 부모와 내 형제와 내 친척과 내 민족을 잇는 보이지 않는 뿌리입니다.

하지만 같은 피가 흐른다고 모두 형제처럼 느끼는 것은 아닙니다. 피는 우리의 근원을 확인하게 하지만 우리의 정체성을 확인하게 하는 피는 바로 언어입니다. 우리가 쓰고 있는 언어에 대해서도 인간의 문화유전자라는 관점에서 세밀한 연구가 필요합니다. 그런데 지금 이루어지고 있는 수많은 연구 중에 인간의 언어문화유전자에 대한 연구는 매우 적습니다. 그런 연구가 깊이 이루어지지 않고 있음은 안타까운 일이라고 얘기할 수 있겠습니다.

과학적인 접근을 한다고 하지만 인간의 사고를 나타내는 언어 유전자에 대해서 크게 관심을 갖지 않았다는 의미도 됩니다. 인간의 유전자가 우리의 몸을 통해서 전해져 온다면 문화의 유전자는 언어를 통해서 전해 오는 것입니다. 피를 통해서 인간의 유전자가 확인되었던 것처럼 언어를 통해서 인간의 문화유전자를 확인할 수 있는 것입니다. 그것이 인간의 DNA를 분석하고 연구하듯이 우리 인간의 언어를 분석하고 연구해야 하는 이유인 것입니다. 피를 열심히 연구하는 것처럼, 유전자들을 열심히 연구하는 것처럼, 언어를 분석하고 연구해서 어떤 문화적 유전자가 담겨 있는지를 살펴봐야 한다는 의미입니다.

그렇다면 한국어에는 어떤 한국인의 문화유전자가 담겨 있을까요? 인간의 유전자가 그러하듯이 한국인만의 유전자는 아닐 겁니다. 저는 그 점이 매우 중요하다고 생각합니다. 우리만의 것이라고 이야기하는 순간 배타적이 되기 때문입니다. 배타적인 것은 위험합니다. 문화는 서로에게 영향을 주면서 끊임없이 바뀌어 왔습니다. 바뀌었다고 표현했습니다만, 사실은 자라온 것입니다. 성장해 온 것입니다.

저는 바뀐다는 말은 성장한다는 의미이고 좋아지고 있다는 의미로 생각을 합니다. 문화는 지금도 끊임없이 변하고 있습니다. 한국어 속에 담긴 한국인의 문화유전자를 살피면서 한국인의 삶에 대한 태도, 가치관, 감정 등을 살펴보는 것은 한국인과 한국어의 이해에 큰 도움이 될 것입니다. 한국어를 통해서 한국인의 문화유전자 지도를 그리게 될 수도 있습니다. 마치 DNA를 통해서 인간의 유전자 지도를 그리는 것과 같다고 이야기할 수 있겠습니다.

한국어를 배우는 사람 중에는 재외동포도 있습니다. 재외동포들은 핏줄로도 한국인의 유전자를 갖고 있는 사람입니다. 재외동포에게 한국어는 그야말로 문화유전자 그 자체입니다. 한국어를 알고 한국어 속에 담긴 조상의 생각을 아는 것은 자신의 핏속으로 흐르고 있는 문화를 아는 지름길입니다. 재외동포라면 한국어를 통해서 본인의 문화유전자를 찾기 바랍니다. 한국의 역사나 한국의 문화를 배우는 것도 매우 중요합니다만, 실제로 재외동포에게는 한국어를 배워서 한국어 속에 담긴 문화유전자를 살피는 것이 매우 중요하다는 말씀입니다.

한편 한국어를 배우는 사람 중에는 외국인이 많습니다. 외국인에게 한국어는 낯선 언어일 것입니다. 특히 계통도 다르고, 언어체계도 다르고, 음운체계도 다르고, 문법체계도 다른 사람들에게는 한국어는 아주 낯선 언어일 것입니다. 당연히 어렵겠죠. 하지만 낯설기 때문에 더 어려울 수도 있겠지만 그래서 더 재미있고 흥미롭기도 할 겁니다. 특히 한국어와 학습자의 모국어 사이에서 나타나는 언어문화의 차이는 우리를 신비한 세계로 이끌 것입니다. 다르다는 것은 좋은 거니까요. 다르다는 것을 우리는 특별하다고도 합니다. 당연히 신비롭죠. 언어를 배우는 것은 문화를 배우는 것입니다. 따라서 언어를 배우는 것은 또 다른 세계를 만나는 방법이기도 합니다. 저는 한국어를 배우는 사람들이 한국어를 통해서 한국인의 문화유전자를 발견하고 한국어를 통해서 새로운 세상을 만나기 바랍니다. 그러면 한국인에 대한 이해가 깊어지고 한국인을 더 좋아하게 될 겁니다.

문화의 공통점과 독특함에 대해서 더 살펴볼까요? 한국 문화는 독특한가요? 세상의 모든 문화들은 다 독특한가요? 한국의 문화와 중국, 일본의 문화는 다 다른가요? 동양의 문화와 서양, 아프리카의 문화가 다 다르지만 모두 다르다고 해서 독특하다고 이야기하기 어렵습니다. 모든 게 다르지 않기 때문이죠. 문화는 개인 차이가 있을 정도로 다양성이 있지만 나만의 문화라고 이야기하기는 어렵기 때문입니다. 우리가 사람과 사람이 다 다르고, 민족이 다 다르기 때문에 다른 문화라고 이야기할 수도 있지만 실제로 그 차이점을 찾아내는 일은 어렵습니다.

문화를 연구하는 사람들은 독특함이나 독창성을 강조하고 있지만 실제로 뿌리를 찾아서 올라가면 쉽지 않은 결과에 맞닥뜨리게 됩니다. 고유함을 찾아내는 일은 매우 어렵다는 겁니다. 문화의 유전자라고 이야기를 하면 당연히 문화의 독특함을 이야기한다고 생각할 것 같습니다. 유전자라고 하는 것은 개인과 개인을 구별하는 중요한 특징이기 때문이겠죠. 그래서 우리가 DNA 검사를 하는 거 아닙니까? DNA 검사를 한다든지 하는 것이 친자식을 확인하는 일에 사용되기도 하죠. 왜냐하면 개인과 개인을 구별할 수 있다고 생각하기 때문입니다.

하지만 우리가 한 가지 놓치고 있는 것은 우리가 알고 있는 생물학적인 유전자라고 하는 것도 실제로는 아주 일부를 제외하고는 대부분이 일치하고 있다는 점입니다. 그렇기 때문에 다른 점에 초점을 맞춘 것처럼 보이지만 사실 이것은 모두 공통점을 전제하고 하는 일입니다. 우리가 언어문화에 대해서 이야기할 때도 너무 다르다는 점을 강조하는 것처럼 얘기하지만, 실제로는 공통된 점들이 훨씬 더 많습

언어로 본 한국인의 문화유전자

니다. 그래서 많은 사람들은 다르다는 점을 강조하기 때문에 실제로는 공통된다는 사실조차 잊고 있는 느낌입니다.

다르다는 말은 저는 우리가 서로 구별된다는 정도로만 기억을 해야 될 것 같습니다. 그리고 제 생각에는 그 다르다고 하는 것 역시 같은 점을 바탕으로 조금 달라져 있는 것이라는 점을 기억해야 할 것 같습니다. 그렇지 않고 다르다는 점이 계속 강조가 되면 다툼이 시작되는 겁니다. 문화하고 제일 멀다고 얘기했던 전쟁이 바로 다르다는 점을 강조하였기 때문에 생겨난 것입니다. 종교도 다르다는 점을 강조하는 순간, 다툼이 되는 것입니다. 문제의 장면이라고 할 수 있습니다.

저는 문화의 유전자라는 말에서 그러한 위험성들을 봅니다. 왜냐하면 **제가 말하고 있는 문화의 유전자는 공통점에 기반하고 있기 때문입니다.** 한국과 중국의 문화가 다르다는 이야기를 하려고 하는 게 아닙니다. 한국과 일본의 문화가 다르다는 이야기를 하려고 하는 것이 아닙니다. 한국과 일본의, 한국과 중국의 문화유전자는 다르겠지만 그것이 **다름을 강조하려고 하는 것은 아니라는 것입니다.**

문화유전자가 다르다는 말이 공통점을 배제하고 논의하는 것이 아니라는 점을 저는 명확하게 이야기하고 싶습니다. 문화는 같은 부분이 많고 또 서로가 영향을 주고받으면서 자라나게 됩니다. 물론 오랜 시간이 지나면서 각 문화 간의 차이점도 두드러지게 되는 것입니다. 몇 가지 예를 생각해 봐도 알 수 있을 것 같습니다. 국수와 우동과 라면, 스파게티는 완전히 다른 음식일까요? 겉모습이나 맛은 다르다고 얘기할 수 있겠지만 근원으로 올라가다 보면 서로 유사성들을 발견할 수밖에 없을 겁니다. 물론 현재의 모습에서 차이점을 발견하는 재미도 있겠죠.

밥을 짓는 방식에는 차이가 있을지 모르지만 밥을 먹는다는 점은 대부분 일치할 수 있습니다. 동남아시아의 밥 먹는 방식과 일본이나 중국에서 밥 먹는 방식과 한국에서 밥 먹는 방식은 서로 다를 수 있겠죠. 그러나 밥을 먹는다는 공통점이 있다는 사실을 잊어서는 안 된다는 이야기입니다. 문화유전자는 그러한 이야기입니다. 공통점을 기반으로 한 차이점에서 즐거움을 발견하는 것이라고 얘기할 수 있겠죠.

옷의 이야기를 들어 볼까요? 한복과 기모노와 중국 한족의 옷, 청나라 시기의 치파오는 완전히 다른 옷인가요? 동아시아의 옷들을 보면서 우리는 좀 다르다고 생각을 하는데 사실 유럽 사람은 아시아인의 옷을 잘 구별하지 못합니다. 생각해 보면 우리도 유럽인의 옷을 잘 구별하지 못하죠. 폴란드의 옷인지, 영국의 옷인지, 프랑스의 옷인지, 이탈리아의 옷인지, 그리스의 옷인지 우리도 잘 구별하지 못하고 비슷비슷하다고 얘기를 합니다. 문화는 그런 것 같습니다. 비슷해 보이지만 그 속에서 다른 점들도 찾아낼 수 있는 거죠. 우리는 동남아시아의 옷들도 제대로 구별하지 못합니다. 베트남의 옷과 캄보디아의

언어로 본 한국인의 문화유전자

옷과 라오스의 옷과 미얀마의 옷을 우리는 잘 구별하지 못하죠. 물론 차이점들이 있습니다.

저는 그래서 문화유전자에 관한 연구들은 대부분의 공통점과 세밀한 차이점을 발견해 나가는 과정이라고 이야기하고 싶습니다. 언어는 더 어려운 과정일 수 있습니다. 어원을 찾는 과정이 너무나도 어렵고 복잡하고 거기에 확신할 수 없기 때문에 어원을 알기 어려운 것이라고 보기도 합니다. 당연히 어원을 통해서 문화유전자를 확인하는 것은 쉬운 일이 아닙니다.

또한 현재 우리가 사용하는 표현을 비교하고 대조할 때도 많은 어려움들을 만나게 됩니다. 어디까지가 한국어의 독특한 표현인지 확증하기가 어렵습니다. 한국어에는 한자 등의 중국어의 영향도 지대할 것입니다. 단순히 단어뿐만이 아니라 문장 구조나 표현에도 깊은 영향을 미쳤을 것입니다. 반대로 중국어에도 한국어나 몽골어, 만주어 등의 영향이 미쳤을 겁니다.

일본어의 경우도 그렇겠죠. 일본어의 경우는 일제강점기라고 하는 세월이 크나큰 영향을 미쳤습니다. 개화기를 거치고 학교 제도가 정착되던 시기라는 점은 일본어의 영향이 우리가 생각하는 것보다 훨씬 더 클 수 있음을 보여 줍니다. 우리가 기억 못하는 옛날에 다른 언어와 서로 교류한 것은 더 찾아내기가 어려울 것입니다. 누가 누구에게 어떠한 영향을 주었는지 알기 어렵다는 거죠. 방언과 방언 사이의 교류도 우리가 찾아내기 매우 어렵습니다. 신라 말과 고구려 말과 백제 말의 서로 연관성에 대해서 이야기하기도 매우 어려울 것입니다.

언어를 통해 문화유전자를 찾는다고 하는 것은 그렇게 쉬운 일이 아니라는 의미입니다. 그렇다고 해서 언어를 통한 문화유전자를 찾는 노력을 포기하자고 이야기하는 것은 아닙니다. 오히려 수많은 공통점 속에서, 서로가 교류한 속에서 어떠한 특징이 남아 있고 그 특징이 지금의 우리의 모습을 보여 주는지에 대해서 공부하는 것은 매우 중요하다고 생각합니다.

언어 속에 나타난 한국인의 사고, 지혜를 살피는 일 그리고 한국어 속에 나타난 문화의 특징을 살피는 일은 한국인의 정체성을 구축해 가는 데도 중요한 역할을 합니다. 나 혼자만의 문화가 아닙니다. 한국의 문화는 한국인 그 각각 개인의 문화가 아니라는 의미입니다. 그리고 한국만의 문화도 아닙니다. 다른 문화와 서로 영향을 미쳐 왔던 문화라는 것이죠. 그래서 나 혼자만의 문화가 아니라 함께 이루어 온 문화이고 그리고 그 속에서 서로가 서로에게 영향을 미쳐 왔음을 인정하는 태도만 전제가 된다면, 즉 **우리의 대부분의 문화는, 대부분의 언어적 기원은 서로에게 영향을 미친 공통적인 것이라는 점**을 인정한다면 문화유전자를 찾는 노력은 매우 즐겁고 의미 있는 여정이 될 겁니다. 그리고 그 씨앗을 언어, 한국어를 통해서 찾는다고 하는 것은 매우 의미 있는 일이라고 생각을 합니다.

정리를 하자면 한국어는 한국 문화를 알 수 있게 해주는 씨앗의 역할을 합니다. 그리고 그 씨앗을 통해서 한국 문화가 어떻게 발전되어 왔고 어떤 공통점을 가지고 있는지에 대해서 우리가 살필 수 있게 됩니다. 한국어를 공부하는 사람들이, 한국어를 가르치는 사람들이 한국어에 대해서 더 깊게 알아야 하는 점이라고 생각을 합니다. 한국어는 단순한 언어의 요소를 지나서 문화를 담고 있는 그릇이라고 생각하는 태도야말로 우리가 언어와 문화의 관계를 살피는 방식이 될 것입니다. 한국어를 통해서 문화의 씨앗을 살펴보는 시간이 되기 바랍니다.

2장
_____

언어의 시작,
말과 놀이

_____

출처: 국립중앙박물관 e뮤지엄 제공

06

걷기, 언어의 시작

직립 보행, 두뇌와 발성기관의 발달, 언어능력

　언어는 어떻게 시작되었을까요? 아이들이 하는 말을 잘 들어 보고 살펴보면 어떻게 언어가 시작됐는지를 알 수 있고, 아이들이 말을 배우면서 하는 놀이들을 잘 살펴보면 그 말을 사용하는 사람들이 말을 어떻게 배웠고 어떻게 생각했는지에 대해서 알 수 있게 됩니다. 우리가 언어가 시작됐다고 얘기할 때 제일 중요하게 얘기하는 것은 걷기입니다. 사람이 걷는 것과 말을 하는 것은 그 시기가 일치한다고 얘기할 수 있습니다. 말은 어떻게 시작되었을까요?

인간을 정의해야 할 때 쓰는 몇 가지 용어가 있습니다. 우리가 보통 생각하는 인간을 의미하는 호모 사피엔스와 도구를 사용하는 인간 즉 호모 하빌리스라는 용어입니다. 그리고 놀이하는 인간이라는 중요한 용어도 있습니다. 호모 루덴스라고 하는 말입니다. 물론 우리가 지금 얘기하는 가장 중요한 인간에 대한 정의는 말하는 인간이라고 이야기할 수 있겠죠.

그런데 이 정의는 모두 직립 인간과 관계가 있습니다. 직립 인간을 우리가 호모 에렉투스라고 합니다. 호모 에렉투스, 즉 직립 인간은 직립보행과 관계가 있습니다. 서서 걸어다니는 것이 인간과 가장 관계가 있다는 말입니다. 인간은 직립보행을 하면서 두뇌가 발달하고 사고가 발달하게 됩니다. 직립보행이라는 것은 머리가 어깨 위로는 올라가는 것을 의미하기 때문에 두뇌가 굉장히 안정적인 상태가 됩니다. 그렇기 때문에 두뇌의 역량이 발전되는 겁니다. 또 직립보행을 하면 우리가 두 손을 자유롭게 사용할 수 있기 때문에 도구의 사용과 연결이 됩니다. 도구의 사용 능력이 발달된다는 뜻입니다. 도구를 사용하면 이 능력이 다시 두뇌의 발달로 이어지고, 두뇌의 발달은 다시 또 도구의 발달을 촉진시키게 됩니다.

직립보행은 발성기관의 발달에도 영향을 줍니다. 직립보행을 한다는 말은 우리가 지금 얘기한 것처럼 머리가 어깨 위로 올라간다는 것을 의미하게 되는데요. 이렇게 머리가 어깨 위로 올라가게 되면 발성기관이 기역 자의 형태로 됩니다. 목에서 입으로 나오는 부분들이 기역 자의 모양을 갖게 된다는 건데요. 발성기관이 기역 자로 되면서 분절음이 발달하게 되었다는 것이 일반적인 학설입니다. 분절음을 발음할 수 있는 동물은 거의 없습니다. 두뇌의 발달과 발성기관의 발달은 언어의 발달로 이어집니다. 발성기관이나 두뇌의 한 쪽만으로 언어는 발달할 수 없습니다. 두뇌가 발달되고 발성기관이 발달되면서 언어의 발달이 이루어지는 것입니다. 언어의 발달은 소통의 편리함을 가져오고, 도구의 발달을 가져오고, 다시 두뇌의 발달로 이어집니다.

인간은 언제부터 언어를 사용하게 되었을까요? 인간 언어의 기원을 논할 때 흥미롭게 인용하는 것은 개체의 발생이 계통의 발생을 되풀이한다는 생물학의 이론입니다. 아주 재미있는 이론이죠. 예를 들어서 올챙이에서 개구리가 되는 개체의 변화는 오랜 역사 속에 개구리의 진화의 모습을 보여 준다는 것입니다. 개구리가 어떻게 진화해 왔는지를 알기 위해서는 개구리가 어떻게 개체 변화를 이루는지 보면 추론이 가능하다는 이론입니다.

따라서 이런 법칙으로 미루어 본다면 인간이 언제 말을 시작했는지에 대한 실마리 역시 아기가 말을 배우는 모습을 보면서 추론을 할 수 있다는 것입니다. 아이가 말을 배우는 것은 인류의 진화의 역사를 보여 줄 수 있다는 것입니다. 일반적으로 아이들이 말을 시작하는 결정적인 순간은 인류의 진화와 마찬가지로 바로 걷기 시작할 때입니다.

아기들의 걷는 시기와 말하는 시기가 대부분 일치합니다. 아기가 걷기 시작하면 말을 시작하는 경우가 많습니다. 물론 선후는 가끔 바뀌기도 합니다.

말을 빨리 배우는 아이가 있고 좀 더디게 배우는 아이도 있긴 하지만, 시간의 차이일 뿐이지 대부분 언어를 어렵지 않게 배웁니다. 말이 늦다고 걱정하는 부모님도 있지만 특별한 경우가 아니라면 곧 배우게 됩니다. 아주 큰 걱정을 할 필요는 없다는 이야기죠. 마찬가지로 아이가 말을 빨리 배웠다고 자랑하는 경우도 있는데 이것도 큰 자랑거리는 못 됩니다. 말을 빨리 배웠다고 해서 나중에 언어능력이 더 뛰어나게 되는 것도 아니고, 말을 늦게 배웠다고 해서 언어능력이 모자라게 된다는 의미도 아니기 때문입니다.

07

말과 움직임을 가르치다

말은 소리를 듣고 움직임을 보면서 배우는 것

한국 사람은 아기에게 말을 가르칠 때 어떻게 가르칠까요? 아기에게 말을 가르치는 모습을 잘 살펴보면 아기가 어떻게 말을 배우는지도 알 수 있습니다. 한국 사람들은 말을 가르칠 때 말만 가르치는 것이 아니라 움직임을 함께 가르친다는 특징이 나타납니다. 매우 재미있는 특징이고, 한국어의 중요한 특징이라고 이야기를 할 수 있습니다.

저도 아기에게 언어를 가르칠 때 동작을 함께 가르쳤던 경험이 있는데 그 경험이 아기에게 문화유전자와 같은 느낌을 주는 것 같습니다. 아기에게 언제 말을 가르칠까요? 재미있는 것은 실제로는 아기가 말을 시작할 때 말을 가르치는 것은 아니라는 점입니다. 대부분의 사람들이 말을 가르치는 시기가 말을 시작하는 시기와 일치할 거라고 생각을 하는데 사실은 맞지 않는 이야기죠. 아이에게 말을 가르치는 것은 아이가 엄마의 뱃속에서 있을 때부터라고 해야 정확할 것입니다. 엄마가 뱃속에 있는 아기에게 끊임없이 말을 건네죠.

엄마의 목소리, 엄마의 말을 아이는 엄마의 뱃속에서부터 정확하게 듣고 있는 거죠. 아기들은 엄마의 뱃속에서 언어를 배우기 시작했다고 이야기할 수 있겠습니다. 그런 것을 우리가 태교라고 합니다. 태교는 뱃속에 있을 때 가르친다는 의미죠. 재밌는 연구 중에 말수가 적은 어머니에게서 태어난 아기가 말이 늦다는 조사 결과도 있습니다. 저는 일리가 있는 말이라고 생각을 합니다. 왜냐하면 뱃속에서부터 말을 배우기 때문에 그렇습니다. 뱃속에 있는 아이는 엄마의 말과 주변의 소리들을 계속 들으면서 자라나게 됩니다. 사실은 엄마 말만 듣는 건 아니겠죠. 아버지의 말도 듣고 주변에 축하해 주러 온 수많은 사람들의 말도 듣고 또 집 밖에 나가면 주변 사람도 뱃속의 아이에게 말을 건넵니다. 말만 건넨 건 아니겠죠. 다양한 소리도 듣게 될 겁니다. 텔레비전이나 라디오나 여러 곳에서 나오는 소리도 듣게 될 것입니다.

저는 태교는 미신이 아니라고 생각합니다. 종종 태교를 미신인 것처럼 얘기하는 사람도 있습니다만 태교는 사실 굉장히 놀라운 것이죠. 태교는 우리가 알고 있는 과학 이상입니다. 아가들의 듣기에 대해서 연구하는 학자들은 엄마의 목소리가 아이에게 편안함을 준다고 얘기합니다. 저는 그것도 일리가 있는 의견이라고 생각합니다. 불안, 우울 등으로 힘들어하는 환자에게 엄마의 목소리 중에서 저음을 제거한 소리를 들려주었을 때 아주 편안해 했다는 연구 결과도 있습니다. 사실 엄마의 목소리가 뱃속에 있는 아이에게는 가장 편안한 소리였겠죠. 뱃속에서도 아이는 끊임없이 듣기를 하고 있습니다. 말은 하지 않지만 듣는다는 것이 언어를 배우는 중요한 과정이죠. 저는 언어교육에서도 듣기가 매우 중요하다고 생각합니다. 왜냐하면 듣기가 언어의 시작이기 때문에 그렇습니다. 모국어의 경우에도 마찬가지고 외국어의 경우도 마찬가지입니다. 듣기를 잘하는 사람이 말하기를 잘합니다. 남의 말을 잘 듣는 사람이 이야기를 잘 할 수 있습니다. 듣기의 중요성은 아무리 이야기해도 지나치지 않다는 생각입니다.

아기가 태어난 이후에도 엄마와 가족들은 끊임없이 아이에게 말을 걸어옵니다. 아이는 말을 하지 않지만 주변 사람들은 계속해서 말을 하고 있는 거죠. 말을 가르치기도 하고 이야기를 들려주기도 합니다. 그래서 아가에게 가장 먼저 발달하는 언어 능력은 듣기 능력인 것입니다. 듣기 능력에는 여러 가지가 있을 수 있겠죠. 이해할 수 있는 능력도 있겠습니다만 그에 앞서 가장 중요한 것은 목소리와 목소리를 구별하는 능력입니다. 자음의 음소 하나하나를 구별하는 능력이 그때 생기기 시작할 겁니다. 그리고 말의 느낌을 알아차리는 능력도 생기게 됩니다. 말의 느낌을 알아차리게 되었기 때문에 이게 긍정적인 느낌인지 부정적인 느낌인지를 알아내는 능력도 이미 말을 하기 전부터 알고 있게 된다는 것이죠. 아이는 이미 많은 것을 알고 있는 것입니다. 듣기는 제가 볼 때 언어의 시작입니다.

듣는다는 것은 이해 능력이죠. 이해는 우리가 크게 두 가지를 얘기합니다. 듣기와 읽기가 있습니다. 그중에서도 가장 원초적인 능력은 듣기라고 이야기를 할 수 있겠습니다. 듣기라는 이해 능력 위에서 말하기 능력이 발달하게 되는 것입니다. 여러분이 잘 알다시피 읽기 능력과 쓰기 능력은 훨씬 더 뒤의 일입니다. 음성언어로서의 듣기 능력이 매우 중요하다는 말씀을 드리고 싶습니다.

누워 있던 아가가 슬슬 앉기 시작합니다. 물론 그 전에는 뒤집기를 하죠. 아이가 처음에는 누워만 있다가 드디어 뒤집습니다. 아주 놀라운 장면입니다. 뒤집고 나서 배로 밀고 다니는 그런 모습들을 보여주게 되는데 그 모습을 우리가 보통 배밀이라고 얘기를 합니다. 배밀이를 하면서 아이는 자꾸 일어서고 싶어 하죠. 그렇지만 일어서는 일이 쉬운 일은 아닙니다. 많은 시행착오를 겪고 그러다가 드디어 앉게됩니다. 아가가 자리에 앉게 되고 손으로 장난을 치기 시작하면 비로소 언어 교육과 걷기 교육이 본격적으로 시작됩니다.

한국 문화에서는 이 부분이 매우 특징적으로 나타납니다. 아이가 앉아서 두 손을 움직이고 두 손을 활용할 수 있을 때 언어교육이 강력하게 나타나게 되는 겁니다. 외국인의 경우는 한국인의 유아 교육에 나타나는 말과 움직임 교육에 아주 흥미를 느낍니다. 왜냐하면 한국 사람이 아기에게 가르치는 말과 동작 교육이 매우 독특하고 재미있기 때문입니다. 말만 가르치는 것이 아니라 동작을 통해서 힘을 기르는 교육입니다.

08

도리도리와 쬠쬠
(말 동작 놀이 ①)

말도 배우고 힘도 기르는 말 동작 놀이

한국인의 말 동작 놀이에 대해서 알아보도록 하겠습니다. 말 동작 놀이라고 얘기할 때 제일 많이 얘기하는 것으로는 '도리도리'가 있겠죠. '도리도리 쬠쬠'은 지금도 젊은 부부들 사이에서도 잘 하고 있는 행위라고 생각합니다. 명령어를 듣고 그대로 행하는 것은 놀이에서 자주 보이는 모습입니다. 예를 들어 깃발 들기 게임 같은 것이 있겠죠. '청기 들어!', '백기 들어!' 하는 깃발 들기 게임은 명령어가 있는 게임입니다. 코코코코 놀이도 있겠네요. '코코코코코코 귀!, 코코코코코코 눈!' 이라고 하는 것인데 전부 다 명령어를 듣고 그대로 행동을 하라고 하는 그런 놀이입니다.

게임에서는 이렇게 명령어를 듣고 행동을 하는 종류의 게임이 많습니다. 가장 기본적인 놀이 형태라고 볼 수 있겠습니다. 깃발 들기 게임 같은 경우는 깃발을 들지 말라는 명령어가 나왔을 때 실수로 깃발을 들면 벌을 받는 게임입니다. 예를 들어서 '파란 깃발 들지 마'라고 했는데 파란 깃발을 들면 문제가 되는 그런 게임이죠. 그래서 저희가 한국어 교육을 할 때는 긍정과 부정을 구별해야 할 때 자주 사용하는 게임이기도 합니다. 명령에서 긍정과 부정을 구별해야 할 때 이 게임을 사용하면 학생들이 매우 즐겁게 받아들이는 그런 게임이라고 얘기를 할 수 있겠습니다. 언어와 인지 사이에 순발력을 겨루는 게임이라고 이야기할 수 있겠습니다.

반면에 앞에서 이야기한 말을 듣고 동작을 하는 아기들의 놀이는 몇 가지 특이점이 있습니다. 도리도리, 쬠쬠, 곤지곤지, 곤두곤두 모두 운동 효과가 있는 놀이들입니다. 아기들이 걷기를 시작하기 전에 힘을 기르는 것이라고 할 수 있습니다. 손의 힘도 기르고, 손가락의 힘도 기르고, 발의 힘도 기르는 등 모두 운동 효과를 보이는 그런 놀이라고 얘기할 수 있습니다.

당연히 아기가 걷기 위해서는 힘을 기르는 것이 필요했겠죠. 그래서 아기가 걷기 전에 걷기와 말하기를 동시에 가르쳐 주는 놀이라고 이야기할 수 있겠습니다. 이는 먼 옛날의 직립보행 시기와 닮아 있습니다. 직립보행은 손, 손가락의 활용이 매우 중요했습니다. 또한 머리를 어깨 위에서 가누는 것이 무엇보다도 중요했습니다. 두 발로 서고 두 발을 번갈아 가며 땅을 밟는 것도 꼭 필요한 운동이었습니다.

아기가 걸을 때를 자세하게 보면 아기는 첫 발을 떼는 게 너무나 어렵습니다. 한 발을 딛는 것이 아기의 걸음에서는 굉장히 어려운 일이기 때문에 우리가 아마 첫 발을 떼었다는 말은 그런 상황에서 이야기할 수 있는 표현이 아닐까 싶습니다. 아기가 걸을 때 한 발을 떼기가 어려운 이유는 한 발에 모든 체중을 실어야 되기 때문입니다. 쉬운 일이 아니죠. 한 발에 모든 체중을 싣는 것도 쉽지 않은데 그 체중을 다른 발로 옮기는 것은 더더욱 어려운 일입니다.

그렇기 때문에 발을 번갈아 빠르게 움직여 줘야 되는데 실제로 그 과정이 쉬운 일이 아닙니다. 당연히 체력을 키워야 되는 일이고요. 그래서 발을 얼른 번갈아 움직이며 체중의 부담을 분산시켜야 하는 것입니다. 그러한 놀이들을 말하기 교육과 함께 시키고 있다는 거죠. **놀이를 통해서 말도 배우고 체력도 키우는 것입니다.** 그런 의미에서 한국인의 이런 말하기 놀이는 매우 중요한 의미를 가지고 있다고 할 수 있습니다.

첫 번째로 '도리도리'부터 볼까요? 도리도리는 고개를 양쪽으로 돌리는 행위죠. 한국인의 전통적인 말 동작 놀이는 걷기에 필요한 모든 운동을 담고 있습니다. '도리도리'의 경우는 고개를 양 옆으로 돌리는 행위인데 '돌리라'는 말이 명령어기 때문에 '돌리다'와 어원적으로 관계가 있다는 의견이 많습니다. 그런데 유아의 언어교육이라는 측면에서 본 서정범 교수님의 경우는 '도리'를 '머리'의 옛말이라고 보기도 합니다.

아기가 도리도리를 하면서 목에 힘을 기르고 머리를 어깨 위에서 가눌 수 있게 됩니다. 직립보행에서 가장 중요한 요소가 머리를 목 위에 올리는 것이니까요. 그러한 능력을 도리도리를 통해서 기를 수 있게 되는 것이죠. 당연히 걷기 위한 동작을 시작하는 것입니다. 또한 머리가 어깨 위로 올라왔기 때문에 말을 따라 할 수 있는 발성기관, ㄱ자 모양의 발성기관의 발달도 이루어지게 되는 것입니다. 도리도리는 머리에 힘을 기른다는 점, 머리를 어깨 위에 올린다는 점, 그리고 발성기관을 발달시킨다는 점에서 매우 중요한 동작 교육이라고 할 수 있겠습니다.

두 번째로는 '죔죔'을 들 수 있겠습니다. '죔죔'을 '잼잼'이라고 발음하게 되는 경우도 많은데 어원적으로 본다면 '죄다, 조이다'와 관계가 있다고 보기 때문에 '죔죔'이라고 이야기를 하는 것이 맞을 것 같습니다. 죔죔의 경우는 주먹을 쥐었다가 펴는 것을 반복하는 행위입니다. 주먹을 왜 쥐었다가 펼까요? 왜 쥐는 게 중요할까요? 인간이 도구를 사용한다는 것은 손으로 물건을 쥘 수 있다는 것을 의미합니다. 당연히 손에 힘이 필요한 것입니다. 쫌쫌을 통해서 아이는 손에 힘을 기르게 됩니다.

여러분도 아침에 일어나시면 쫌쫌을 해보세요. 하루 종일 손에 힘이 들어가는 일들을 할 때 훨씬 더 편안함을 느끼게 될 겁니다. 저도 아침에 일어나면 쫌쫌을 하곤 하는데 굉장히 제 건강에도 도움이 된다는 느낌을 받습니다. 한편 한의학에서는 반복적으로 손을 쥐는 행위는 심장의 강화에도 도움이 된다고 이야기합니다. 그러니까 아이들이 쫌쫌을 하면서 손에 힘을 기르고, 심장의 힘을 기르고, 말을 할 수 있는 능력, 도구를 쥘 수 있는 힘을 기르게 되는 것입니다.

쫌쫌은 언어적으로 보면 '죄다', 즉 '조이다'와 관련이 있어 보입니다. 두 손을 죄다, 즉 조이는 것이라고 할 수 있습니다. 또한 쫌이라는 말은 쥠과도 관련이 있습니다. 우리가 '무엇을 쥐다'라고 얘기를 하는 것이죠. 즉 손을 쥐는 것이 쥠인 셈입니다. '쥠'이라는 말은 또한 '줌'과도 관련이 있다고 얘기할 수 있습니다. '줌'이라는 말은 어떤 때 쓰는 말인가요? '줌'은 손으로 쥘 수 있는 분량을 가리키는 말입니다. 그래서 우리가 '모래 한 줌'이라고 표현을 합니다. 줌은 '주먹'과 관계가 됩니다. '줌'이라는 말은 손에 힘을 준 상태이기 때문에 주먹의 모습인 겁니다.

따라서 '죔죔'의 경우는 '줌'과도 관련이 있고 '주먹'과도 관련이 있고 '쥐다'라는 말과도 관련이 있는 행위라고 할 수 있겠습니다. 아기에게 죔죔을 가르치면 아기들은 '죔죔'이라는 말을 듣고 행동을 하는 연습과 함께 듣기 연습이 동시에 된 겁니다. 그러면서 '쥐다'라든지 '조이다'라든지 '줌'라든지 '주먹'이라든지 이런 말과 연계해서 기억할 수 있는 실마리를 주게 된 겁니다.

저는 이런 '줌, 죔, 주먹', 이런 말들이 서로 연결되어 있다는 것이 너무 재미있습니다. 외국인들에게 한국어를 가르칠 때도 '죔죔'을 가르치고, '줌'을 가르치고, '주먹'을 가르치고, '쥐다'를 가르치고, '조이다'를 가르치면 연관성 있는 어휘 교육이 될 수 있을 거라고 생각을 합니다. 제가 외국인에게 한국어를 가르칠 때 죔죔을 가르치는 경우가 있는데 굉장히 재미있어 합니다. 수업시간에 잠깐 운동의 효과도 있습니다. 한국의 전통문화도 배우고 한국의 문화유전자도 배우고 언어도 배울 수 있는 언어교육 방안이라고 생각합니다.

언어로 본 한국인의 문화유전자

09

곤지곤지, 곤두곤두, 부라부라
(말 동작 놀이 ②)

아이를 건강하게 자라도록 하는 말 동작 놀이

말 동작의 놀이 중에 '곤지곤지'라는 표현도 있습니다. 곤지곤지는 보통은 가운데 손가락이나 검지로 다른 손바닥을 찌르거나 누르는 행위를 번갈아 하는 것입니다. 보통은 '곤지'라고 안 하고 '곤지곤지'라고 한다는 것은 반복적인 행위라는 의미를 보여 주는 거라고 할 수 있겠죠. 앞에서 얘기했던 죔죔이 손 전체에 쥐는 힘을 발달시킨다면 곤지곤지는 손가락의 힘을 발달시키는 역할을 하게 됩니다. 각각의 손가락이 서로 다른 역할을 하기 때문에 아기에게 손가락의 힘은 매우 중요합니다.

손가락을 각각 움직이는 능력도 필요합니다. 그런데 아이를 키워 보면 손가락을 따로따로 움직이는 것이 쉬운 일이 아닙니다. 처음에는 가운데 손가락을 움직이게 하지만 그래서 이후에는 다른 손가락으로 곤지곤지를 하게 합니다. 곤지곤지는 아기의 손가락 힘을 기르고 손가락을 따로따로 움직이는 능력을 기르는 놀이 동작이라고 생각을 하시면 될 것 같습니다.

한편 역시 제가 잘 아는 한의학의 교수님들께 곤지곤지가 건강에는 어떠한 영향을 미칠까 물어보았습니다. 그랬더니 우리 손바닥에 다양한 혈이 있다고 합니다. 그리고 곤지곤지는 다양한 혈을 자극해서 신체 건강에 도움을 주는 효과가 있다고 이야기를 하였습니다. 그러니까 곤지곤지가 단순하게 손가락의 운동만을 하는 것이 아니라 손가락 운동과 손바닥의 혈을 연결시켜서 건강에도 도움을 줄 수 있게 한다는 점에서 아주 의미가 있고 놀라운 일이라고 이야기를 할 수 있겠습니다. 한의학 교수님도 우리나라의 이러한 놀이가 한의학적으로 의미가 있다는 것에 대해서 굉장히 기뻐하고 놀라워 하는 것을 볼 수 있었습니다.

'곤지곤지'의 어원적 분석은 좀 어렵습니다. '도리도리'를 '돌리다, 돌리다', '죔죔'을 '조이다, 조이다'라고 해서 그 말과 단어가 좀 비슷한 측면이 있는데 '곤지곤지'의 경우는 좀 분석이 어렵다고 이야기를 할 수 있겠습니다. 옛날에는 있었던 말인데 지금은 사라진 말이라고 볼

언어로 본 한국인의 문화유전자

수도 있겠습니다. 아마도 예측을 해 본다면 곤지곤지라는 말도 다른 말과 마찬가지로 손가락을 나타내는 말이거나 아니면 찌르는 행위를 나타내는 말이었을 가능성이 높습니다. 우리가 앞에서 '돌리다' 같은 경우도 '머리를 돌린다'라는 그런 행위를 나타내는 말이고 '조이다'라는 말도 행위를 나타내는 말이죠. 물론 서정범 선생님의 말씀처럼 그것이 각각 머리나 손이나 하는 의미였을 가능성들도 배제할 수는 없습니다. 그래서 실제로 '곤지' 자체도 손이나 손가락을 나타내는 말과 연결 짓는 학자도 있습니다. 그런 점에서 본다면 '곤지곤지'의 어원이 손, 손가락이라고 이야기할 수도 있겠습니다.

곤두곤두는 요즘에는 좀 덜 하는 동작일 수도 있겠습니다. 곤두곤두는 보통 어른의 손바닥 위에 아가를 올려놓고 균형을 잡게 하는 그런 놀이입니다. 표준국어대사전에서는 '곤두곤두'를 찾아보니까 어린 아이를 손바닥 위에 세우며 가락을 맞출 때 내는 소리라고 설명을 하고 있습니다. 두 발에 힘을 기르는 놀이라고 할 수 있습니다. 어른들이 잡아주고 있기는 하지만 발끝에 힘을 기르는 놀이라고 이야기할 수 있을 것입니다. 발끝에 힘이 없으면 그 놀이를 할 수 없기 때문에 그렇습니다. 최종적으로는 손바닥 위에 올라가게 되는데 아이가 균형 감각을 기르게 하는 놀이라고도 할 수 있습니다. 걷기 이전에 서는 연습을 하는 것이라고 볼 수 있겠죠. 따라서 본격적인 걷기 연습을 위해서 곤두곤두를 하면서 손바닥 위에 서는 교육을 시키는 것이라고 할 수 있겠습니다.

도리도리를 해서 머리를 가누는 힘을 기르고 죔죔이나 곤지곤지를 통해서 팔과 손가락에 힘을 길렀다면, 일어서는 곤두곤두의 시간이 온 거죠. 그렇게 두 발의 힘을 기르게 되는 것입니다. 그런데 이 놀이는 다른 놀이에 비해서는 아기들이 두려움을 표현하는 행위이기도 합니다. 왜냐하면 부모의 손 위에서 아기가 서야 되는 그런 놀이이기 때문에 아무래도 공중에 있고 그러다 보니까 무서운 느낌이 들 것입니다. 어쨌든 부모의 손을 떠나서 두 발로 서는 것이 쉬운 일은 아닐 겁니다.

그러면 '곤두곤두'의 어원은 무엇일까요? '곤두곤두'의 어원을 일단 '곤두서다'에서 찾을 수 있습니다. '곤두'라는 말은 그 말 자체가 서는 것을 의미한다고 얘기할 수 있습니다. 그런데 현대어에서는 곤두는 주로 거꾸로 서는 것을 의미합니다. 왜 그렇게 되었을까를 생각해 보면 우리가 머리카락이 곤두선다고 하는 것과 관계가 있는 듯합니다. 이때를 생각해 본다면 머리카락이 아래에서 위로 서는 것이기 때문에 거꾸로 서 있다는 느낌이 들었던 것 같습니다. 그래서 '곤두'라는 말에서 '거꾸로'라는 의미를 강화한 것으로 보입니다. 또한 '거꾸로'라는 느낌이 더 들 때는 몸이 뒤집혀 갑자기 거꾸로 내리박히는 일의 의미인 '곤두박질'이라는 단어를 보면 '거꾸로'라는 의미가 더 드러납니다. 아마도 '곤두박질'이라는 단어에서 '거꾸로'라는 생각에 확신을 주었을 것이라 생각합니다.

언어로 본 한국인의 문화유전자

하지만 곤두곤두라는 놀이를 보면 거꾸로 하는 건 아니거든요. 아이가 손바닥 위에 거꾸로 서거나 하는 행위가 전혀 아닙니다. 그래서 제가 볼 때에는 원래 곤두의 의미는 '서다'의 의미가 아니었을까 생각을 합니다. 그래서 '곤두곤두'라는 말은 '서다'라는 의미를 갖고 있던 것이라고 볼 수 있겠습니다. 예를 들어 조금 어려운 말이지만 '곤두꾼'이라는 말도 있습니다. '곤두꾼'이라는 말은 광대들이나 놀이를 하는 사람들에게서 사용하는 말인데요. 이는 땅 재주꾼의 우두머리를 나타냅니다. 땅에서 재주를 부리고 놀이를 하는 그런 사람들 중에서 가장 높은 사람을 곤두꾼이라고 한다는 거죠.

'우두머리'라는 말은 가장 높은 사람이라는 뜻이니까요. 그래서 '곤두꾼'이라는 말은 '가장 높은 사람'이라는 의미가 되는데, 그렇다고 한다면 여기에서 곤두는 '서다'의 의미도 되지만 '높다'의 의미도 갖고 있지 않을까 생각을 하게 됩니다. 즉 '곤두'라는 말이 '서다'의 의미, '높다'의 의미를 가졌다고 볼 수 있다는 거죠. 왜냐하면 아이들을 곤두곤두 한다는 것은 위에다 세워 놓고 높게 올린다는 의미를 갖고 있기 때문입니다.

그리고 좀 어려운 표현입니다만 '곤두기침'이라는 표현이 있습니다. '곤두기침'이라는 표현은 요즘에 한국 사람들도 잘 사용하지 않는 표현이라고 할 수 있겠는데요. 곤두기침의 의미는 '소리가 높고 날카롭게 하는 기침'이라는 뜻을 갖고 있습니다. 여기에서도 '곤두'는 '높다'라는 의미를 보여 주고 있습니다. 높고 날카로운 것을 곤두라고 이야기한 거죠. 따라서 '곤두곤두'라는 표현도 높이 서는 것을 의미하는 표현으로 보는 것이 가능하지 않을까 싶습니다.

그 다음에는 부라부라를 보겠습니다. 부라부라는 아이에게 두 다리를 번갈아 오르락내리락 하도록 하는 소리입니다. 그러한 명령을 하는 것을 부라부라라고 합니다. 부라부라는 드디어 걷기의 본격적인 연습으로 왔다고 이야기를 할 수 있겠습니다. 다리를 번갈아 움직이는 연습이 바로 걷기의 시작이 되는 것입니다. 물론 처음에 아기가 하기는 매우 어렵죠. 따라서 아기가 혼자하기가 어렵기 때문에 어른이 도와주는 행위입니다. 이러한 행위를 '부라질'이라고도 합니다. 부라질은 젖먹이에 양쪽 겨드랑이를 껴서 붙들거나 두 손을 잡고 좌우로 흔들면서 두 다리를 번갈아 오르내리게 하는 짓이라는 뜻입니다. 그러니까 부라질이라는 말이 다리를 부라부라하게 한다는 의미라고 생각할 수 있겠습니다. 실제로 걷기를 위한 아이들의 놀이는 부라부라가 완성 단계라고 할 수 있습니다. 부라부라를 하면 걷기 시작하는 거니까 부라부라 이후에는 아이를 걷게 하고 어른들은 박수를 칩니다.

앞에서 박수를 치게 되는 거죠. 박수 소리를 듣고 아이는 앞으로 걸어오게 됩니다. 저는 왜 박수가 응원의 소리일까에 대해서 생각해 본 적이 있었는데요. 잘 모르겠더라고요. 물론 소리를 내는 거니까 소리를 낸다는 것이 응원이겠구나 생각을 할 수 있었는데 아기가 걸을 때 그 앞에서 박수를 치는 걸 보면서 박수가 응원의 소리가 될 수 있겠다는 것을 알게 되었습니다. 박수는 아기가 걷는 것을 응원해 주고 축하해 주고 힘을 북돋아주는 행위라고 이야기를 할 수 있겠습니다.

'부라부라'의 어원은 뭘까요? '부라부라'의 어원은 움직이는 모습을 볼 때는 발과 관련이 있지 않을까 생각합니다. '부라질'의 경우도 발짓이라고 할 수 있습니다. '부라부라'는 왼발과 오른발이 번갈아 움직이는 연속 동작을 의미하는 것입니다. 그래서 우리말에서도 바쁘게 움직이는, 바쁘게 돌아다닌다는 표현을 '발발거리다'라고 표현을 하는데 이것도 돌아다닌다는 것을 표현하기 위해서 '발'을 반복으로 사용한 그런 말입니다. 즉 '부라부라'라는 말도 '발, 발' 이런 의미로 발을 반복하여 동작하라는 그런 의미로 보여 주는 말이라고 이야기를 할 수 있겠습니다.

머리를 가누는 도리도리에서 시작해서 손에 힘을 주는 죔죔으로, 손가락 하나하나의 힘을 기르는 곤지곤지로, 설 수 있게 해주는 곤두곤두로, 그 이후에 발을 움직일 수 있는 부라부라로 언어 표현을 통해서 동작을 가르치고, 동작을 통해서 걷기를 할 수 있고, 걷기를 통해서 건강하게 아이가 잘할 수 있게 해 주는 그야말로 총체적인 교육이라고 이야기할 수 있겠습니다.

10
말 동작 놀이의 효과

언어 학습과 성장 발달의 만남, 말 동작 놀이

　　말 동작 놀이는 다양한 효과가 있는 것 같습니다. 아이들이 말 동작 놀이를 통해서 언어를 배우고, 말 동작 놀이를 통해서 동작을 배우고 말 동작 놀이를 통해서 건강도 좋아지고, 그리고 무엇보다도 말 동작 놀이를 통해서 부모와의 친밀감이 높아진다는 점은 큰 장점이라고 얘기할 수 있겠습니다. 아기들은 언어의 지시를 따라 동작을 하면서 걷기 연습을 합니다. 걷기의 시기가 말을 배우는 시기와 일치한다는 점에서 **말 동작 놀이는 언어 교육과 걷기 교육이 만나는 놀이**라고 할 수 있습니다.

도리도리, 쬠쬠, 곤지곤지, 곤두곤두, 부라부라를 통해서 한국인은 언어를 배우고 걷기를 배우는 것입니다. 대단한 놀이가 아닐 수 없습니다. 다만, 놀이에 사용하는 표현이 현대와는 차이가 있어서 언어 교육에는 직접적으로 연결되지는 않는다고 할 수 있습니다. '도리도리'는 '머리머리'로 바꾼다든지 아니면 '돌려돌려'라고 한다든지 하는 말로 바꿔 보는 것도 원래 언어 교육이라는 취지에 맞을 듯합니다. '쬠쬠'이라는 말도 '주먹주먹' 또는 '쥐어쥐어' 정도로 바꿔서 가르친다면 언어 교육의 취지에 더 맞을 수 있을 것입니다. '부라부라'의 경우도 마찬가지겠죠. '부라부라'의 경우도 '발발 발발' 또는 '걸어걸어 걸어걸어'라고 바꿀 수 있겠죠.

물론 옛 조상의 표현을 그대로 씀으로써 선조의 언어를 계속 이어가는 긍정적인 효과도 부인할 수는 없을 것입니다. 하지만 우리가 무슨 의미인지도 모르는 말이니까 현대어로 바꾸는 것도 도움이 될 거라고 생각합니다. 어쨌든 간에 우리가 무슨 의미인지도 모르고 사용하고 있는 이런 말이 유아의 말놀이에 그대로 남아 있다는 점은 아주 흥미로운 일입니다. 실제로 우리가 무슨 말인지 모르는 말들을 사용하는 경우는 거의 없지 않습니까?

궁금해만 하고 어떤 의미인지에 대해서 알지 못하면 답답함도 생길 텐데요. 지금 얘기하는 도리도리나 곤지곤지나 곤두곤두나 부라부라 같은 말들은 도대체 무슨 뜻인지 모르면서 우리가 사용하고 있다는 점에서 매우 흥미로운 그런 일이라고 이야기를 할 수 있겠습니다. 저는 종종 다른 나라의 경우에는 어떨까 하고 생각을 해보고 다른 나라 학생에게도 물어보는데요. 이렇게 말을 가르칠 때 동작과 연결되어서 가르치는 나라들은 별로 없는 것 같습니다. 대부분의 나라에서 나타나지 않고요. 그게 오랫동안 전통적인 동작과 언어 표현으로 나타나는 경우는 더더욱 적은 것 같습니다.

저는 태교라고 하는 측면에서, 또 아이의 교육이라는 측면에서 어린 아이에게 말과 동작을 가르치는 것은 매우 중요하고 의미 있는 일이라고 생각합니다. 말 동작 놀이는 또한 각 신체 부위를 발달시킨다는 점에서 아주 의미가 있습니다. 특히 잘 밝혀지지 않은 신체 장기 등의 건강에도 연결된다는 점은 놀라운 조상의 지혜가 아닐 수 없습니다. 한의학의 연구가 계속 되어 말 동작 놀이와 연계되면 더 많은 비밀이 밝혀지게 될 것입니다.

우리는 말을 가르치면서 아이에게 걷기를 가르쳤고 그리고 운동을 가르쳤고 건강을 가르친 것입니다. 한국인의 도리도리를 비롯한 말 동작 놀이는 조상으로부터 이어져 온 한국인의 문화유전자의 한 부분을 보여주고 있습니다. 한국어의 유아어를 살펴보면서 다른 언어의 유아어들도 많이 궁금해졌습니다. 우리말과 비슷한 일본어나 몽골어나 터키어와 같은 알타이어 계통의 언어도 살펴보면 재미있을 것 같네요.

우리와 문화의 영향을 주고받은 중국의 유아어는 어떨까요? 우리 말과 계통적으로 일치하지는 않지만 영어나 러시아 등의 유아어를 살펴보는 것도 즐거울 것 같습니다. 아이에게 어떤 말을 어떻게 가르치고 있는지에 대해서는 공통점을 찾을 수도 있을 것 같습니다. 언어와 문화는 서로에 대해서 궁금해야 하는 겁니다.

3장

말과
문화

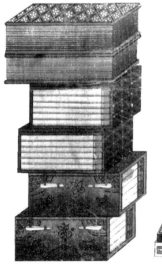

출처: 국립중앙박물관 e뮤지엄 제공

11

소리

말소리를 통해서 감정이 전달되는 것이 아주 당연한 세상

이번 장에서는 말과 문화에 대해서 이야기를 해 보도록 하겠습니다. 즉 말은 어떻게 문화에 반영되었는지에 대해서 설명하는 시간을 갖도록 하겠습니다. 먼저 소리에 대해서 살펴볼까요? 사람이 말을 할 때 내는 목소리는 소리입니다. 말이라고 얘기하지 않고 목소리라고 할 때는 소리라고 이야기하고 있는 겁니다. 기본적으로 소리는 말이 아니라서 의미보다는 느낌이라고 할 수 있습니다.

소리가 들어가는 말들을 살펴볼까요? 물소리, 바람 소리, 새소리.

언어로 본 한국인의 문화유전자

어떤 소리는 자연히 들려오는 소리고 어떤 소리는 우리가 만들어 내는, 또는 누군가가 지어내는 소리입니다. 물과 바람이 자연의 소리라면 새소리는 새가 만드는 소리입니다. 종종 새의 울음소리라고도 하는데 왠지 청승맞은 느낌이 들어서 그냥 새소리라고 하는 게 좋을 듯합니다. 새는 슬프지 않은데 슬퍼하는 사람이 새에게 감정을 옮겨 놓은 것이겠죠.

새의 울음소리라고 할 때, '울음'이라고 얘기하는 단어는 슬픔의 의미가 아닙니다. 원래 '울음'이라는 말은 슬픔하고는 관계가 없는 말입니다. 울린다는 말은 진동의 의미입니다. 새의 울음이라는 말은 새가 입으로 진동을 나타냈다는 뜻이죠. '울음'이라는 말이 쓰이는 다른 말을 보면 종소리에 울림이 있습니다. 종소리의 울림은 우는 거하고는 아무 관계가 없고 슬픔과도 아무런 관계가 없는 말이라고 할수 있겠습니다. 우리말에서 울음은 슬픔이 아니라 울림으로 파악했습니다.

사람의 소리는 어디서 나나요? 사람의 소리는 여러 곳에서 나죠. 물론 입에서 나는 소리가 대표적이겠죠. 입은 음식을 먹고 소리를 내는 기관이라고 말할 수도 있습니다. 물론 먹을 때도 소리가 나기도 합니다. 먹고 나서 트림 소리가 나기도 하고 피곤해서 기지개를 켜면 하품 소리가 나기도 합니다. 입에서 나는 소리의 대부분은 말소리이겠습니다만 의외로 말보다 감정을 담은 소리도 많습니다. 놀람이나 불만,

기쁨을 나타내는 수많은 소리가 있습니다. 우리는 이런 말을, 이런 소리를 '감탄사'라고 합니다. 어쩌면 감탄사야말로 말이 아니고 소리라고 할 수 있습니다. 우리가 감탄을 하는 말들은 대부분 소리로 이루어져 있죠. '아, 오, 우, 이' 등 주로 모음으로 되어 있는 소리가 많습니다. 사람은 입이 아니라 다른 곳에서도 소리를 내기도 합니다.

정확하게 말하자면 인간의 신체 중에 발성기관은 입 말고도 많습니다. 입 말고는 발성기관이 없는 것처럼 말하지만 엄밀히 말하면 발성기관은 여러 곳이 있습니다. 소리를 내는 곳이 발성기관이라면 손도, 발도 발성기관이 됩니다. 박수 소리도 소리죠. 손뼉을 치며 노래에 장단을 맞추기도 합니다. 손으로 무릎을 치거나 손으로 팔다리를 치면서 장단을 맞추기도 하죠. 발을 구르는 것도 발성이라고 할 수 있습니다. 그런 의미에서라면 인간의 몸은 그대로 발성기관이 될 수 있습니다. 물론 스스로 소리를 낼 수 없다는 점에서는 입과 구별이 됩니다. 손도, 발도 무엇과 부딪혔을 때만 소리를 낼 수 있는 거죠.

그러면 스스로 소리를 내는 발성기관은 입밖에 없을까요? 사실은 그렇지 않습니다. 스스로 소리를 내는 발성기관도 입 말고도 여러 곳이 있습니다. 주로는 의외의 소리를 내는 곳입니다. '의외'라는 말은 놀라는 경우도 있다는 의미입니다. 가장 대표적인 것이 방귀 소리죠. 방귀 소리가 가장 대표적인 놀라는 소리입니다. 사람을 서로 깜짝 놀라게 합니다. 혼자 있을 때는 상관없지만 여럿이 있을 때는 조심하지 않으면 안 됩니다. 조심한다고 했는데도 잠깐 긴장이 풀리면 발성을 하고 맙니다. 웃을 때 나도 모르는 사이에 소리가 나기도 합니다. 웃음소리로도 가려지지 않습니다.

여담입니다만 일본어로 방귀는 '오나라'라고 합니다. 우리나라 드라마 중에 〈대장금〉이라는 드라마가 일본에서도 인기가 아주 높았는데, 〈대장금〉의 주제가에 '오나라'라는 가사가 들어가서 너무 웃겼다는 이야기를 들었습니다. 아마 여러분이 〈대장금〉의 주제가를 알고 계신다면 '오나라'라는 가사가 일본에서 얼마나 웃겼을까에 대해서는 상상이 가실 겁니다. 노래에 '오나라'라는 가사가 계속 나옵니다.

코도 발성기관입니다. 콧소리는 때로 비웃는 느낌을 주어서 기분 나쁜 소리가 되기도 합니다. 저는 '비웃음'이라는 단어에서 '비'가 코를 의미하는 한자 '비(鼻)'와 관련이 있다고 생각합니다. 콧소리도 자기도 모르는 그런 소리가 되는 경우가 많습니다. 자기도 모르게 나오는 경우가 있다는 뜻입니다. 그래서 주의해야 합니다. 비웃음일 때는 큰 실수가 되기도 합니다. 그런 면에서 보면 웃음소리는 좋은 소리입니다. 물론 음흉한 웃음소리도 있죠. 그러나 음흉한 웃음이 아니고, 비웃음이 아니라면 웃음은 자연스러운 행복이라고 할 수 있습니다. 웃음소리는 입에서도 나고 코에서도 납니다. 어찌 보면 손에서도 나고 얼굴에서도 나는 것 같습니다. 정말 기쁠 때는 내 모든 곳에서 웃음소리가 나는 느낌입니다.

목소리는 기본적으로 사람의 감정을 담습니다. 똑같은 말도 어떤 목소리로 하느냐에 따라 전혀 느낌이 다릅니다. 타고난 목소리도 있습니다. 노래를 잘 부르거나 책을 잘 읽으면 소리에 빛이 납니다. 그래서 우리나라 사람들은 노래를 잘하는 사람을 '소리꾼'이라고 했습니다. 소리를 잘한다는 말이 바로 노래를 잘한다는 뜻이었던 거죠. 우리에게 아마도 가장 듣기 좋은 소리는 노래였을 겁니다. 그렇기 때문에 판소리, 소리꾼 이런 표현들이 있었겠죠.

그러나 어쩌면 가장 좋은 소리는 그리운 이, 사랑하는 이의 목소리가 아닐까 합니다. 목소리는 그리움입니다. 비대면의 시대가 길어지면서 기계를 통한 목소리가 이제는 좀 많이 익숙해졌습니다. 강의도 온라인으로 하고 회의도 온라인으로 하는 경우가 많아졌습니다. 만나서 이야기를 해도 마스크를 쓰고 있는 경우가 많아서 마스크를 뚫고 나오는 답답한 소리만을 듣게 되는 경우가 늘었습니다.

기계를 통한 말소리가 아니라 서로 만나서 밝게 전달되는 그런 소리들을 서로 나누고 살았으면 좋겠습니다. 말소리는 감정입니다. 감정은 서로와 서로를 연결해 주는 중요한 수단입니다. 코로나의 시대는 **말소리를 통해서 소리가 전달되는, 감정이 전달되는 아주 당연한 세상이 우리에게 필요하다는 것을 깨닫게 된 시간이 아니었을까** 생각합니다.

12
말과 소리

감정이 서로 통하지 않는 말은 소통을 방해하는 소리

　말과 소리에 대해서 조금 더 살펴볼까요? '소리'는 느낌을 표현하는 말이기에 감정이 담기는 경우가 많습니다. 그러나 사람은 의사소통을 할 때는 '소리'라는 표현이 아니라 '말'이라는 표현을 합니다. 의사소통은 서로 통해야 되고 서로 하고자 하는 말이 통해야 되기 때문에 말을 해야 된다는 뜻이죠. 감정만의 문제가 아니라는 뜻입니다.

　'소리'의 다른 뜻으로는 '노래'라는 뜻도 있습니다. '판소리'라는 말은 소리가 노래임을 보여 주는 대표적인 말입니다. 앞에서도 얘기했던 것처럼 보통 노래하는 사람을 민요에서는 소리꾼이라고도 합니다. 그리고 노래를 한다는 말을 '소리를 한 자락 한다'는 표현으로 사용하기도 합니다.

그런데 한국어를 잘 들여다보면 '소리'를 '말'이라는 표현 대신에 사용할 때가 있습니다. '소리'를 '말'이라는 표현 대신에 사용할 때는 대부분 부정적인 느낌을 줍니다. 어떤 말이 생각이 나세요? '헛소리'가 대표적입니다. '헛소리'하고 '헛말'은 느낌이 다릅니다. '헛말'은 잘못 나온 말이라는 느낌이 있지만, '헛소리'는 의미 없는 말이나 쓸데없는 말을 의미합니다. 말과 소리의 차이를 잘 보여 주는 표현이라고 할 수 있습니다. 이렇게 '헛소리', '헛말'처럼 비슷한 구조로 되어 있는 말을 잘 살펴보면 말과 소리의 느낌을 구별할 수 있습니다. 말과 소리를 잘 구별해 보면 우리 민족의 말에 대한 관점을 알 수 있습니다.

그러면 '말' 대신에 '소리'가 들어가는 표현은 또 어떤 게 있을까요? '잔소리'가 있습니다. '잔소리'와 '잔말'도 다른 뜻입니다. 잔소리는 주로 윗사람이 합니다. 그런데 잔말은 주로 아랫사람이 하는 말입니다. '잔말'의 사전적 정의는 '쓸데없이 자질구레하게 늘어놓는 말'이라는 뜻입니다. 주로 아랫사람이 핑계를 댈 때 사용하는 표현입니다. '이래서 못했어요.', '저래서 못했어요.'라고 이야기를 할 때 사용하는 말이기 때문에 핑계라고 이야기한 겁니다.

그래서 잔말이 쓰이는 경우를 살펴보면 '잔말이 많다.'라고 나무라거나 아니면 '잔말 말고 와'에서처럼 금지의 표현이 같이 쓰이는 경우가 많습니다. 잔말은 핑계인 셈이죠. 그래도 잔말은 말입니다. 서로 의사소통은 하고 있는 겁니다. 그런데 잔소리는 의사소통이 되지 않는 말입니다. 그렇기 때문에 잔소리는 말이 아니라 소리인 것입니다. 잔소리를 하면 우리가 그 말을 잘 듣지를 않습니다. 어른들은 자기가 잔소리를 하지 않고 교훈을 주었다고 생각할지 모르지만 아이들이나 아랫사람은 소리로 받아들일 뿐입니다.

　　'큰소리'와 '흰소리'라는 표현도 마찬가집니다. '큰소리'는 싸울 때 하는 말입니다. 싸우면 말소리가 커지죠. 좋아하는 사람하고 말할 때는 말소리가 점점 작아집니다. 좋아하는 사람들끼리 얘기할 때 말소리가 커지면 그것도 좀 이상한 겁니다. 좋아하는 사람, 사랑하는 사람하고 이야기할 때는 소곤거리게 되는 것이 기본입니다. 그런데 싫은 사람하고 싸울 때는 소리가 커집니다. 소곤거림과 반대의 현상이라고 할 수 있습니다. 어떤 책에서 서로 사이가 멀어지면 말소리가 커진다고 얘기했는데 저는 일리가 있는 말이라고 생각합니다. 서로 가까운 사람들끼리는 소리를 지르지 않죠.

　　'흰소리'의 사전적 정의는 터무니없이 자랑으로 떠벌리거나 거드럭거린다는, 허풍을 떤다는 뜻입니다. 흰소리는 한마디로 허풍을 떠는 것입니다. 의사소통이 제대로 될 리가 없습니다. 한 귀로 듣고 한

귀로 흘리는 것이 소리입니다. 잔소리도 마찬가지고 큰소리도 마찬가지이고 흰소리도 마찬가지입니다. 잔소리는 하는 사람이 아무리 좋은 의도가 있더라도 듣는 사람이 들으려고 하지 않으면 그야말로 잔소리가 됩니다. 잔소리는 소통이 되는 언어가 아니기 때문에 아무리 이야기해도 소용이 없습니다.

그래서 저는 잔소리라는 말을 들을 때마다 듣는 사람의 태도에 대해서 말하는 사람이 신경을 써야 된다고 이야기를 합니다. 내가 아무리 좋은 의도로 얘기하더라도 듣는 사람이 들으려고 하지 않는다면 잔소리에 불과합니다. 큰소리도 마찬가지입니다. 싸울 때 자신의 주장을 아무리 크게 얘기해도 그것은 의사소통과는 관련이 전혀 없는 소리일 뿐입니다. 말이 되지 않는 거죠. 흰소리도 마찬가지죠. 자신의 일들을 과장해서 자랑하듯이 얘기하는 허풍을 떠는 그런 말들은 그냥 우스갯소리처럼 들리고 지나가는 말이 될 뿐입니다. 그것이 의사소통에 중요한 역할을 하기는 어렵습니다. 그래서 우리말에서는 소리와 말을 명확하게 구별해 낸 것입니다.

말과 소리에 관한 아주 재미있는 우리말 속담이 있습니다. 바로 '말 같은 소리를 해라'라는 표현입니다. 또 '말이 되는 소리를 해라'라고도 표현합니다. 이 말은 무슨 뜻이냐 하면 소리를 하지 말고 말을 하라는 뜻입니다. 여기에서 전제는 소리는 좋지 않고 말이 좋다는 뜻일 겁니다. 왜 소리가 좋지 않고 왜 말이 좋다고 생각했을까요? 그것은 소리를 의사소통이 정확하게 이루어지지 않는 것으로 보았다는 것입니다. 의사소통이 되려면 말을 해야 됩니다.

물론 소리가 노랫소리가 되는 경우에는 듣기 좋은 소리라고 할 수 있습니다. 바람 소리, 새소리, 파도 소리는 너무 좋은 소리이고 때로는 정말 그리운 소리이기도 하죠. 우리의 마음이 편해지는 소리일 수 있습니다. 감정적이죠. 느낌에 해당되는 말들이라고 얘기할 수 있습니다. 그런데 의미를 정확히 전달해야 하는 장면에서는 소리는 잡음이나 마찬가지인 경우가 있습니다. 오히려 소리 때문에 싸우게 되는 겁니다. 그래서 한국어에서는 소리와 말을 명확히 대조하고 있는 것입니다. **의사소통이 제대로 이루어지지 않는 말은 잡음입니다. 오히려 방해하는 요소가 되는 것입니다.**

저는 '말'과 '소리'라는 단어를 보면서 한국인의 말에 대한 감정을 봅니다. 우리가 왜 말을 합니까? 모두 소통을 위해서 한다는 것입니다. 훈민정음에서도 보면 말이 소통에서 가장 중요한 요소라는 걸 보여 주고 있습니다. 훈민정음에서는 '통해서'라는 의미로, 'ᄉᆞᄆᆞᆺ디'라는 표현을 쓰고 있는데요. 서로 통하지 않으면 고통스럽습니다. 힘들어집니다. 그래서 서로 잘 소통하기 위해서 한글을 창제했다고 이야기를 하는 것입니다. 그만큼 말은 소통이라는 측면에서 중요한 것이라고 이야기할 수 있겠습니다.

13
한국인의 언어관, 말의 힘

도구가 되고 권위가 되고 신성한 것이 되는 언어

한국인의 언어관, 그리고 말의 힘에 대해서 계속 살펴보도록 하겠습니다. 언어관이라고 하면 말 그대로 언어를 보는 관점을 말합니다. 언어를 어떻게 보느냐에 따라서 언어에 대한 관점이 달라진다는 말이죠. 언어관의 대표적인 것으로는 언어 신성관이 있습니다. 이 관점은 말 그대로 말을 신성하다고 생각하는 것입니다. 말을 신성하게 보는 이유는 왜일까요? '신성(神聖)'이라는 말에서 힌트가 있습니다. 말이 신성한 이유는 말을 신이 주었다고 생각하기 때문입니다. 즉 다른 말로 하자면 말을 신의 선물이라고 생각하는 것이죠. 말이 신이

언어로 본 한국인의 문화유전자

준 선물이니까 귀하게 다루고 간직해야 되겠죠.

말을 신이 준 선물이라고 생각하는 언어 신성관에서는 말을 함부로 바꿔서는 안 된다고 생각합니다. 그래서 언어 신성관에서는 말이 변하는 게 타락입니다. 말이 변하는 게 문제가 됩니다. 옛말이 더 좋은 말이라는 생각을 하게 되는 것입니다. 이러한 언어 신성관은 종교적인 관점에서 많이 일어납니다. 당연하겠죠. 왜냐하면 언어가 신의 선물이라고 보는 것이기 때문에 종교에서 가장 강력하게 이야기하는 것입니다. 여러분이 종교의 경전이나 기도문을 보시면 이해가 안 되는 경우가 많을 겁니다. 가장 중요한 이유가 바로 경전이나 기도문을 옛말로 사용하기 때문입니다. 이슬람교나 기독교나 불교나 다 마찬가지입니다.

여러분은 성경이나 불경을 잘 읽을 수가 있습니까? 성경이나 불경을 보면 모르는 단어들이, 모르는 표현들이 너무나 많습니다. 유교의 경전이라고 얘기하는 사서삼경은 어떨까요? 쉽게 이해할 수 있습니까? 한문을 잘 알고 있다고 얘기하는 중국 사람도 사서삼경을 해석하기 어려워하는 경우가 많습니다. 당연한 얘기일 수 있겠습니다만 종교에서는 언어의 변화를 타락이라고 보고, 옛 언어를 그대로 사용하는 것을 신의 언어와 가깝다고 보기 때문이라고 할 수 있겠습니다.

언어 신성관은 일반 사회에서는 언어 권위관이 됩니다. '신이 주었다.'고 생각하지는 않습니다만 언어에는 권위가 있다고 생각한 겁니다. 즉 예전 것이 좋다고 생각하는 태도가 언어 권위관이라고 이해할 수 있습니다. 따라서 언어 권위관 역시 언어의 변화에 대해서는 좋지 않게 생각합니다. 그래서 신조어나 유행어를 안 좋아합니다. 대부분의 유행어가 신조어인 경우도 많습니다. 이런 말들을 잘못된 것이라고 보고 표준이나 규범을 세우려고 노력합니다. 말에 권위가 있어야 한다고 생각하는 것이 언어 권위관의 핵심입니다.

언어 권위관은 이미 우리 삶 속에 널리 퍼져 있습니다. 아이들의 말에 대해서 못마땅하게 생각하거나 비속어를 나쁘게 보는 것도 알고 보면 모두 언어 권위관에서 나오는 관점입니다. 아마 우리도 모르는 사이에 언어 권위관에 사로잡혀 있을 겁니다. 어른들은 실제로 언어 권위관 덩어리일지도 모릅니다. 청소년이 사용하는 말이 마음에 안 들죠. "요즘 애들 말이 너무 마음에 안 들어." 이렇게 얘기하시는 분들이 많습니다. 예전 말이 좋다고 생각하니까 말을 변화시켜 사용하는 아이들의 언어 사용 태도에 대해 불만이 많은 겁니다.

옛날 단어나 표현을 모르는 아이들에 대해서도 문제가 많다고 생각을 합니다. 그런 것들이 전부 다 언어 권위관과 관련이 있는 것입니다. 한국 사회에서도 언어 권위관이 여전히 중요한 기준이 되어 있습니다. 아마 연령대에 따라 다르겠습니다만 내가 언어 권위관에 사로잡혀 있는지 아닌지도 판단해 보시면 좋을 것 같습니다. 제가 볼 때

언어로 본 한국인의 문화유전자

는 많은 사람이 나이를 먹어갈수록 언어 권위관에 사로잡히게 되는 경우들이 많습니다.

그런데 언어 신성관이나 언어 권위관과는 달리 언어를 의사소통의 도구로 보는 입장이 있습니다. 제가 '도구'라는 말을 강조해서 말씀드렸는데 왜냐하면 이러한 입장을 언어 도구관이라고 하기 때문입니다. 언어 도구관을 최근에 나온 관점처럼 이야기하는 경우도 있지만 사실 언어는 시작부터 도구관입니다. 언어는 맨 처음에 인간이 말을 할 때부터 도구의 역할이었다는 것이죠. 사람과 사람이 서로 뜻을 통하게 하는 것이 언어의 역할이었기 때문입니다. 언어가 없었다면 의사소통이 안 됐겠죠. 그렇기 때문에 언어 도구관은 처음부터 인간의 언어에서 가장 중요한 역할이었던 것입니다.

앞에서도 말씀드렸지만 세종대왕이 훈민정음에서 '우리말이 중국과 달라서 서로 통하지 않는다.'라고 이야기하는 부분이 나오는데 그 부분이 바로 언어 도구관의 핵심인 셈입니다. 그런데 세종대왕의 훈민정음에서는 사실 언어 권위관도 동시에 나타나고 있습니다. 내용을 설명하자면 너무 깁니다만 훈민정음에서는 말이 변하는 것을 그다지 좋지 않게 생각했습니다. 그래서 중국어 발음을 표시할 때도 옛 중국 발음들을 표시하려고 노력을 했고 이상적인 음을 가르치려 하였습니다. 이견이 있습니다만, 우리말을 표시하는 과정에서도 순경음 비읍(ㅸ)이라든지 반치음(ㅿ)이라든지를 만들어서 옛 발음들을 지키려고 노력을 하게 됩니다.

언어 권위관이 훈민정음에도 있었던 셈이죠. 거기에 백성을 사랑하는 마음으로 글자를 만들어서 소통을 한 것이니까 언어 권위관뿐만 아니라 위로의 도구, 치유의 도구, 소통의 도구로써 한글을 만들어서 사용했던 것입니다. 저는 그런 점에서 어떤 입장을 볼 때 한 가지 관점으로만 보는 것은 매우 위험하다고 생각합니다. 언어 도구관은 언어 도구관만으로, 언어 권위관은 언어 권위관만으로 생각하는 것이 위험하다는 겁니다. 언어 권위관을 갖고 있는 사람은 언어 도구관이 없냐하면 그렇지 않습니다. 반대로 언어 도구관이 있는 사람은 언어 권위관이 없냐하면 그렇지 않습니다. 따라서 언어 도구관과 언어 권위관은 꼭 대립하는 관점이라고 볼 수는 없습니다.

저는 언어의 시작은 언어 도구관이었을 것이라고 봅니다. 언어 도구관으로 시작된 관점이 언어 신성관이 되고 언어 권위관이 되어 외연을 넓힌 것이라고 봅니다. 언어를 사용하다 보니까 신성하다는 생각이 들었을 겁니다. '이렇게 좋은 말이 동물과 달리 인간에게 있구나.'라는 생각을 하게 되면서 신성하다는 생각이 들었을 겁니다. 그리고 그 신성한 말이 변하지 않았으면 좋겠다고 생각하는 마음이 오래된 것이 좋다는 생각으로 바뀌고, 젊은이의 말투가 반항적으로 들렸을 겁니다.

언어로 본 한국인의 문화유전자

언어 도구관은 또다시 변모를 합니다. 어떻게 변화되고 변모하는 가 하면 언어혁명 도구관으로 모습이 바뀌는 겁니다. 사회주의나 공산주의의 언어관을 살펴보면 도구관을 강력하게 사용하는 경우가 많습니다. 그래서 '언어가 뭐야?'라고 질문을 하면 사회주의, 공산주의 이론에서는 '혁명의 도구' 이렇게 얘기를 합니다. 그렇기 때문에 언어를 도구로 사용하되 단순한 소통의 도구라기보다는 혁명의 도구로 사용을 하게 되면서 관점이 강력하게 바뀌게 되는 것입니다. 혁명에서 언어는 어떤 역할을 주로 하게 될까요?

많은 경우에 선동하고 선전하고 자기 편으로 끌어들이고 하는 역할을 하기 때문에 강력한 도구의 역할이 되는 경우가 많습니다. 그래서 우리는 이것을 혁명의 도구라고 얘기하는 것입니다. 북한이나 아니면 다른 사회주의 문화권에서 보면 '말을 너무 거칠게 한다, 세게 한다.' 그렇게 얘기하는 경우가 있는데요. 달리 보면 그거는 전부 다 언어관 때문에 생기는 일입니다. 언어를 혁명의 도구, 사회주의의 도구라고 보기 시작하면 강력한 선전, 선동의 용어를 쓸 수밖에 없습니다. 아름답고 예쁜 말로써 선전 선동이 이루어지기 어렵기 때문이죠.

또한 북한의 경우에서도 알 수 있다시피 말을 쉽게 사용하는 것입니다. 말이 쉬워져야 많은 사람들이 사회주의적인 생각들을 받아들일 수 있게 된다고 생각을 하는 겁니다. 그래서 '쉬운 말 쓰기 운동' 등이 일어나게 됩니다. 문맹 퇴치가 중요한 이유가 되기 시작하는 거죠. 그래서 대부분의 사회주의 국가들에서 문맹 퇴치, 쉬운 말 쓰기 운동, 글자를 간단하게 만드는 운동 등이 일어납니다. 중국의 경우에도 그래서 한자가 쉬운 글자로 바뀌게 되는 거죠.

결과적으로 우리가 언어 도구관, 특히 혁명적 언어 도구관으로 바뀌는 것은 실용적인 측면을 강조한 선택이었다고 보게 됩니다. 단순하게 언어를 도구로만 사용하는 것이 아니라 자기가 갖고 있는 실용적인 목적, 그 목적에 가장 알맞게 언어를 도구로서 사용하게 되었다는 것이죠.

한편 자본주의에서도 언어의 실용성을 강조하게 됩니다. 왜 자본주의에서도 언어의 실용성이 강조가 될까요? 여기서는 자본이라는 말이 중요합니다. 왜냐하면 그렇게 해서 돈을 벌 수 있기 때문에 그렇습니다. 자본주의라는 말에서 언어의 실용성이 강조됐다고 하면 광고라든지 홍보라든지 하는 것이 연결된다고 볼 수 있습니다. 특히 국가 간의 교류 또는 침탈이 활발해지면서 외국어 교육이 발달하게 됩니다.

외국어 교육의 핵심적인 관점은 뭡니까? 바로 실용성입니다. 소통에 중요성이 담깁니다. 외국어 소통은 서로가 도구로서 언어를 사용하게 되는 장면이라고 얘기할 수 있습니다. 외국어 교육이 발달하지 않았을 때는 모국어 화자 간의 소통이 주요한 관심이었다면 외국어 교육이 발달하게 되면서는 다른 언어권 사람들과의 소통이 실용적

언어로 본 한국인의 문화유전자

으로 요구되었던 것이죠. 자본주의 사회는 근본적으로 외국어 교육이 발달할 수밖에 없는 사회라고 이야기해도 될 것 같습니다.

언어관과 함께 주목해야 될 점은 바로 말의 힘입니다. **언어가 도구가 되고 언어가 권위가 되고 언어가 신성해진다는 말은 달리 말하면 말에 힘이 있다는 뜻입니다.** 왜 말에 힘이 있을까요? 말은 세계를 담은 틀이기 때문입니다. 따라서 말을 안다는 것은 단순히 말을 아는 것에서 그치지 않습니다. **말을 안다는 말은 세계를 이해한다는 의미가 됩니다.** 그래서 '한 언어는 하나의 세계다.'라고 표현하기도 합니다. 두 개의 언어를 할 수 있는 사람들은 두 개의 세계를 갖고 있는 거라고 얘기할 수 있겠죠.

철학자 비트겐슈타인은 그래서 "언어의 한계가 나의 한계다."라는 주장을 하기도 했습니다. 한국어에서는 신과 소통하는 사제를 부르는 옛말로 '스승'이나 '무당'이라는 어휘가 있었습니다. '무당'의 어원은 점치는 행위, '무꾸리'라는 말이 점을 친다는 뜻인데 '무꾸리'의 어원과 '무당'의 어원을 '말'로 보는 관점이 있습니다. '묻다' 그래서 '무꾸리'라는 말은 '묻다'와 관련되는 단어입니다. 신에게 묻는 거죠. 말로 묻는 것이기에 '무꾸리'라고 표현을 했을 것입니다. 그리고 그런 일을 하는 사람이 '무당'이라고 이야기를 했을 것이라고 보는 입장입니다.

신과의 소통은 말로 이루어지는 것이기 때문에 사제의 말은 큰 힘을 가지고 있었습니다. 기록에 남아 있는 많은 시가들이나 무가 등을 살펴보시면 말이 얼마나 힘이 있는, 위력이 있는 것인지를 알 수 있습니다. 말이 단순한 의사소통을 넘어서 위력을 갖고 있었다는 의미입니다. 가야의 '구지가'라는 노래가 있습니다. 가야의 '구지가'는 왕을 맞이하는 노래죠. 그 노래의 가사는 이렇게 돼 있습니다. '거북아 거북아 내밀어라 만약에 내밀지 않으면 구워서 먹으리라' 이런 내용을 담고 있는데 아주 문학적인 내용은 아니죠. 아주 감동적인 내용도 아닙니다. 약간 내용이 협박처럼 보이죠.

그래서 이것은 지도자를 맞이하는 의식이고, 말의 강력한 힘을 보여 주는 말이기도 합니다. 아마도 이 노래는 당시에 제사장이나 사제가 부르는 일반적인 노래였던 것 같습니다. 즉 가야에서만 불렀던 노래는 아니었다는 이야기입니다. 그 근거로 이 내용은 신라의 수로부인이라는 사람의 이야기에 다시 똑같이 나옵니다. 신라의 수로부인 이야기에서 '해가(海歌)'라는 노래가 나오는데 내용이 거의 일치합니다. 용궁으로 잡혀간 부인을 돌려보내기 위해서 부르는 노래에 '거북아 거북아 머리를 내밀어라 내밀지 않으면 구워서 먹겠다'는 이야기가 담겨 있는 거죠. 이렇듯 말이 힘이 되는 장면은 역사 속에서 얼마든지 무수히 발견할 수 있습니다. 우리가 하는 말에는 엄청난 힘이 있는 것입니다.

14
맛있는 말

말맛이 살아나게 하는 한국어의 모음조화

　말의 힘에 대해서 얘기할 때 같이 나올 수 있는 말은 말의 맛이죠. 얼마나 맛있는 말을 할 것인가에 대해서, 그리고 어떤 말이 좋은 말이고 어떤 말이 안 좋은 말인지에 대한 한국인의 생각도 알아볼 필요가 있다고 생각합니다.

　한국인에게 말에 대한 속담을 이야기하라고 하면 줄줄이 나올 정도로 말에 대한 속담이 많습니다. 말은 양면성을 가지고 있어서 말을 하려면 좋은 말을 해야 되고 나쁜 말은 하지 않아야 합니다. 한국어에서 언어관은 이러한 점을 분명하게 하고 있습니다. 말에 대한 속담을 통해서 말에 관한 한국인의 문화유전자를 살펴보도록 하겠습니다.

우선 제일 많이 떠올리는 표현으로는 '가는 말이 고와야 오는 말이 곱다.'라는 속담이 있습니다. 쉬운 속담이죠. 나부터 말조심을 해야 한다는 의미입니다. 의사소통의 책임을 남이 아니라 나에게 두는 것이죠. 아름다운 속담이라고 할 수 있습니다. 그런데 이 속담을 많은 경우에 잘못 사용하고 있습니다. 왜냐하면 주로는 남의 잘못을 지적하는 장면에서 사용하는 것입니다. '내가 지금 말을 함부로 하는 것은 네가 말을 나에게 함부로 하였기 때문이야.'라는 질책으로 사용하고 있는 것입니다.

저는 이러한 태도가 문제라고 생각합니다. 속담의 의미를 거꾸로 사용하고 있는 거죠. 속담의 본래의 의미는 내가 말을 조심하면 그도 나에게 좋은 말을 할 것이라는 뜻이었습니다. 즉 내가 하는 말에 주의를 기울이라는 뜻이었는데 오히려 반대로 이 속담을 사용하고 있는 것입니다. 따라서 가는 말, 즉 내가 하는 말에 주의를 기울여야 이 속담이 더 살아날 수 있는데 듣는 말에 관심을 갖게 되기 때문에 이 속담이 문제가 되는 것입니다. 이 속담의 본래 의미대로 내가 하는 말에 더 주의를 기울이기를 바랍니다.

그 다음에 또 우리가 기억해야 될 한국 속담 중에는 '고기는 씹어

야 맛이고 말은 해야 맛이다.'라는 속담이 있습니다. 이 속담은 앞의
속담과도 이어집니다. 내가 하는 말에 주의를 기울인다면 어떻게 말
을 해야 될까요? 고기는 씹어야 맛을 느낀다고 했습니다. 고기를 그냥
삼켜버리면 무슨 맛인지 모른다는 의미죠. 말을 무조건 하라는 의미
가 아닌 겁니다. 말을 하되 잘 하라는 의미입니다.

특히 칭찬이나 사과의 경우는 더욱 그럴 것입니다. 좋은 칭찬이나
좋은 사과는 맛있는 말이 됩니다. 형식적인 말은 맛이 없습니다. 그런
말을 심하게 표현할 때는 '말을 내뱉는다.'라고도 합니다. 맛이 없으니
까 도로 뱉어내는 거 아니겠어요. 우리가 음식도 맛이 없으면 뱉어내
니까 말도 뱉어버린다고 표현을 하고 있는 것입니다.

맛있는 말에 대해서 쓰는 속담이 바로 '말 한마디에 천 냥 빚을
갚는다.'라는 표현입니다. 말을 어떻게 하느냐에 따라 상대에게 기쁨
을 주고 위로를 줍니다. 또한 내가 잘못한 것도 용서받을 수 있기도
합니다. 말은 이럴 때 위력을 발휘합니다. 마음만 있다고 해서 상대편
에게 전달되는 것이 아닙니다. 마음을 말로 전달해야만 내 진심이 전
달되는 것입니다. 생각해 보면 옛날에 천 냥은 어마어마한 돈이었습
니다. 이 천 냥이라는 어마어마한 돈이 말을 잘했기 때문에 갚아진
겁니다.

우리가 이렇게 속담을 살펴보면서 주의해야 될 점이 여러 가지가

있습니다. 많은 경우에 한국 사람이 마음을 잘 표현하지 않는다는 겁니다. 외국인에게 물어보면 한국 사람이 미안하다는 말을 잘 하지 않는다는 이야기를 듣게 됩니다. 사실 그렇습니다. 한국 사람이 다른 나라 사람에 비해서, 특히 영어권이나 일본어권 사람에 비해서 사과 표현이 매우 인색합니다. 살짝 부딪혔을 때 미안하다고 하지 않습니다. 작은 일에는 웬만해서는 미안하다고 하지 않는 게 한국어의 특징이라고 볼 수도 있습니다. 장점도 있습니다. '작은 것들에 일일이 다 표현해야 돼?'라는 그런 생각이 담겨 있기 때문이기도 합니다. 하지만 내가 사과를 함으로써 그 사람과의 좋은 관계가 유지될 수 있다면 반드시 사과를 해야 된다고 생각합니다.

칭찬은 어떻습니까? 칭찬도 마찬가지죠. 상대가 잘한 것을 보면 기뻐하고 그 기뻐하는 마음을 말로 나타내 주어야 됩니다. 그런데 많은 사람이 그런 행위를 잘 안 합니다. 역시 한국어는 칭찬에도 인색한 언어라고 얘기할 수 있습니다. 여러분은 주변의 사람들을 얼마나 자주 칭찬을 합니까? 하루에 칭찬하는 말을 얼마나 많이 사용합니까? 어찌 보면 가장 말의 맛을 잘 느낄 수 있는 말은 칭찬입니다. 상대의 좋은 점을 발견하려고 노력하는 게 칭찬이기 때문입니다. '칭찬하는 말을 많이 해야지'라고 생각하는 사람은 상대편의 장점을 찾아냅니다. 좋은 점을 발견하려고 노력합니다. 그러다 보면 말이 맛있는 말이 되고, 그러다 보면 사람과 사람의 관계가 훨씬 더 좋아지게 되는 것입니다.

우리말 속담 중에서 말을 어떻게 하는 게 더 좋은가에 대해 제일 많이 사용하는 게 '아 다르고 어 다르다.'라는 말입니다. 저는 이것을 '아와 어의 표정'이라고 말을 하는데요. '어'라고 표현해도 나쁜 건 아닐 수 있겠죠. 의사소통이 안 되는 건 아닐 수도 있습니다. '아'라고 한다고 무조건 다 좋은 건 아닐 수 있어요. 하지만 '아'와 '어'는 분명히 다른 겁니다. 다르기 때문에 그것이 어떻게 다른가에 대해서 관심을 갖고 사용하는 게 매우 중요하다는 이야기죠.

저에게 '한국어의 가장 큰 특징이 뭐야?' 이렇게 물어보면 저는 모음조화라고 이야기합니다. 모음조화는 말 그대로 모음이 조화를 이룬 거죠. '아 다르고 어 다르다.'라고 할 때 '아'는 밝은 모음의 대표입니다. '어'는 어두운 모음의 대표죠. 그래서 '아 다르고 어 다르다.'라는 말은 모음조화의 대표 속담이라고 이야기할 수도 있습니다. 세종대왕도 한국어의 가장 큰 특징을 모음조화로 본 것 같습니다. 그래서 모음의 글자에 매우 많은 노력을 기울였고 글자에 느낌도 담아 놓았습니다.

'ㅏ'나 'ㅗ'는 글자 모양만 봐도 밝은 느낌이 나게 만들었습니다. 'ㅓ'나 'ㅜ'는 글자 모양만 봐도 어두운 느낌이 나게 만들었습니다. 'ㅏ'나 'ㅗ'는 태양이 사람의 동쪽에서 떠오르거나 땅 위에서 뜨는 모습이 보입니다. 예를 들어서 'ㅏ'는 사람의 동쪽에서 해가 뜨는 모습이 'ㅏ'입니다. 'ㅗ'는 땅 위에 해가 솟아오르는 모습이 'ㅗ'인 거죠.

둘 다 밝은 느낌을 보여 줍니다. 그러면 우리가 'ㅓ'와 'ㅜ'도 금방 알 수 있죠. 'ㅓ'는 뭐냐 하면 사람의 서쪽으로 해가 지는 모습입니다. 'ㅜ'는 해가 땅 아래로 지는 모습입니다. 'ㅓ'와 'ㅜ'가 어두운 모음이라는 것은 글자 모양만 보면 그대로 알 수가 있습니다. 모음조화를 한국의 모음 글자보다 더 잘 표현할 수가 있을까요?

저는 한글의 모음을 보면서 글자로 사람의 느낌을 너무나 잘 표현했다고 생각합니다. 한글이 위대한 문자라고 얘기할 때 꼭 모음을 이야기하기 바랍니다. 모음조화는 한국 사람의 감정과 생각을 가장 잘 나타내고 있습니다. '아 다르고 어 다르다.'라는 말은 그런 감정들을 잘 표현하는 것이 인간에게 얼마나 중요한지를 보여 주고 있는 말입니다. '아'와 '어'가 보여 주는 표정도 여러분이 한국인을 이해하는 데 중요한 요소가 될 거라고 생각을 합니다. 한국어의 말맛이 살아납니다.

언어로 본 한국인의 문화유전자

15
말조심

말은 잘 듣고 잘 이야기하는 것

　　말을 맛있게 한다는 것은 매우 중요합니다. 그런데 말은 맛있게 하는 것만 중요한 게 아닙니다. 말을 조심하는 것은 더 중요한 일이기도 하죠. 말은 극히 조심해야 하는 것입니다. 진실이 아닌 이야기를 할 때는 더더욱 그렇죠. 헛소문을 내는 경우는 문제가 정말로 심각합니다. 우리말 속담에서는 소문의 문제에 대해서 중요하게 다루고 있습니다.

　　가장 대표적인 속담이 '발 없는 말이 천 리 간다.'는 속담이죠. 이런 속담은 소문의 심각함을 보여 주는 속담이라고 얘기할 수 있습니다. '말'이라는 단어가 달리는 말(馬)과 하는 말(言)의 동음이의어라는 점에 착안한 속담이라고 할 수 있습니다. 원래는 발 있는 말, 즉 타는 말이 천 리를 가겠죠. 발음상으로 보면 사실은 조금 다릅니다. 타는 말(馬)은 짧게, 하는 말(言)은 길게 발음하는 게 정확한 발음입니다. 아무튼 우리가 하는 말은 발도 없는데 천 리를 간다는 뜻입니다. 생각해 보면 천 리는 정말로 먼 거리입니다. 10리가 4km 정도 되는 거리니까 천 리는 400km입니다.

그런데 발 없는 말이 천 리 간다는 말은 전혀 과장이 아닙니다. 사실은 훨씬 더 멀리 갈 수도 있죠. 요즘 같은 인터넷 세상에서는 경계와 한계가 없을 정도입니다. 남에 대한 험담, 제대로 알지도 못하고 퍼뜨리는 소문, 정말 문제입니다. 그게 혹여 진실이라고 하더라도 조심해야 하는 말이 많습니다. 진실이라고 함부로 말하면 안 됩니다. 아무리 진실이라고 해도 알려지는 것을 싫어하는 경우들이 있는데 그런 말들을 '진실'이라는 이유로 함부로 말하는 것은 매우 위험한 일입니다.

비밀이라고 하면서 말하는 경우도 위험합니다. 예를 들어 '너에게만 말하는 건데'라는 표현은 이미 비밀이 깨어졌음을 나타내는 말이기도 합니다. 이럴 때 쓰는 표현이 바로 '낮 말은 새가 듣고 밤 말은 쥐가 듣는다.'는 말입니다. 요즘에는 집에 쥐가 있는 것이 아니어서 이

언어로 본 한국인의 문화유전자

해가 잘 되는 표현은 아닌 듯싶습니다. 예전에는 정말 집에 쥐가 많았습니다. 그래서 금방 이해가 되는 속담이었습니다. 옛날에는 밤이 되면 쥐가 천장 위를 막 뛰어다녔어요. 쥐가 막 뛰어다니니까 '밤에는 쥐' 이렇게 생각이 됐던 거죠. 낮에는 새들이 돌아다니니까 새입니다. 우리가 하는 말은 비밀처럼 보이지만 어딘가에서 듣는 사람이 있을 수 있다는 그런 속담이라고 얘기할 수 있겠죠. 그렇기 때문에 비밀은 누구에게도 이야기하면 안 되는 것입니다.

이럴 때 우리가 쓰는 속담이 또 있습니다. '벽에도 귀가 있다.' 벽에도 귀가 있다는 말은 무슨 뜻이에요? 우리가 하는 말을 듣는 이가 아무도 없는 것 같지만, 벽이 듣고 있다는 얘기입니다. 당연히 비밀을 지키기가 매우 어렵다는 뜻이 되는 말이죠. 그래서 비밀이라고 얘기하는 것은 위험하고 상처가 되는 말인 경우가 많습니다. 따라서 '비밀인데'라고 하는 말들은 아예 하지 않는 게 더 좋겠습니다.

조금 다른 관점에서 말을 경계하는 속담으로는 '빈 수레가 요란하다.'를 들 수 있습니다. 많은 경우에 말을 많이 하는 사람들이 오히려 모르는 경우가 많다는 겁니다. 많이 알고 있는 사람들은 오히려 함부로 이야기하지 않습니다. '이건 내가 아는데 말이야, 이거 내가 잘 알지.'라고 얘기하는 사람이 오히려 모르는 경우가 많다는 뜻입니다. 많이 알고 있는 사람은 오히려 '난 잘 모른다.'라고 하거나 더 겸손하게 대화를 이끌어 나가는 경우가 많습니다. 잘 모르는 사람이 큰소리로 자신의 주장을 내세운다는 말입니다.

이것은 '벼는 익을수록 고개를 숙인다.'라는 속담과도 연관이 될 수 있습니다. 많이 알수록 겸손해야 함을 보여 주는 속담이라고 할 수 있습니다. 저는 그런 의미에서 보면 '겸손하게 말한다.'는 말도 조심해야 되는 말이라고 생각합니다. '겸손하게 말한다.'는 말은 내가 많이 안다는 뜻이 되거든요. 보통은 '겸손하게'라는 표현보다는 '겸허하게'라고 표현하는 경우도 많습니다. '겸허하게 받아들인다.' 이런 말도 위험한 말이 될 수 있다는 뜻입니다. 겸손한 사람은 이런 말을 아예 안 합니다.

말에 대한 생각은 많은 문화에서 비슷할 것입니다. 아마 한국어만 그런 건 아니라고 이야기하고 싶은 분이 많이 있겠죠. 저는 맞다고 생각합니다. 말은 어느 문화나 조심해야 되고 어느 문화나 하려면 잘해야 되고 만약에 소문이나 헛된 것이라면 하지 않아야 될 것입니다. 말을 잘하고 조심하는 것은 그 시작이 상대가 아니라 나부터입니다. **말은 잘 듣고 잘 이야기하는 것입니다.**

어찌 보면 **말은 듣는 것에서 출발**한다고 얘기할 수도 있습니다. 어린 아이가 부모님의 말을 듣고 말을 배웠듯이, 어려서 부모님의 말을 듣고 자라났듯이 듣는 것이 말하기의 시작이라고 얘기할 수도 있습

니다. 듣는 게 중요한 거죠. 그래서 우리는 '부모님의 말씀을 잘 듣는
다.'는 표현을 쓰게 됩니다. 심지어는 우리 몸도, 약도 '듣는다'고 표현
합니다. 몸이 말을 듣지 않으면 큰 일이고, 약이 듣지 않으면 고통입니
다. 듣는 게 참 중요합니다.

4장

인사와
문화

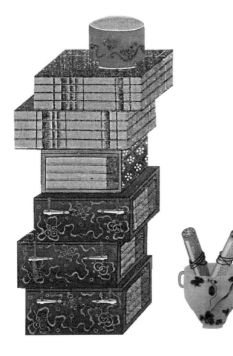

출처: 국립중앙박물관 e뮤지엄 제공

16
인사의 이유

인사는 서로의 감정을 살피는 행위

    인사도 문화유전자에서는 아주 중요한 역할을 하고 있습니다. 인사는 도대체 어떤 의미를 갖고 있을까요? 인사의 첫 번째 의미는 싸우지 않겠다는 것입니다. 인사는 공격하지 않겠다는 의미에서 출발한 것이라고 합니다. 우리는 반가운 사람을 만나면 두 팔을 벌려서 맞이합니다. 손을 흔들고 악수를 하고 고개를 숙이기도 합니다. 우리가 알고 있는 인사의 형태입니다.

    생각해 보면 이런 행위는 다른 사람에게 해를 끼치지 않겠다는 의미가 됩니다. 두 팔을 벌리는 것과 주먹을 쥐는 것을 비교해 보면 금방 알 수 있을 겁니다. 우리는 화가 나면 주먹을 꽉 쥡니다. 손을 벌리거나 손을 흔들거나 악수를 하는 것은 기본적으로 내 손에 무기가 없다는 것을 보여 줍니다. 상대를 공격하지 않겠다는 의미이고 싸우지 않겠다는 의미입니다.

두 번째는 사교적인 기능을 들 수 있겠습니다. 인사는 사교적인 기능을 합니다. 서로 만나서 이야기할 때 부드러운 시작을 준비해 주는 것입니다. 인사도 없이 곧바로 본론으로 들어가면 무례한 것입니다. 인사를 안 하면 예의 없는 사람이 되는 것은 그러한 이유입니다. 상대를 당황하게 만들고 기분 나쁘게 만들기 때문이죠. 인사를 잘 해야 서로의 관계가 좋아집니다.

세 번째는 기쁨과 슬픔을 나누는 일이라고 생각합니다. 그런데 인사(人事)라고 하는 것은 사람이 하는 일이라는 의미입니다. 즉 '사람 인(人)', '일 사(事)'입니다. 사람이면 누구나 인사를 하며 살아야 한다는 것이죠. 심하게 말하면 인사를 안 하면 사람이 아닙니다. 그러면 인사는 왜 할까요? 인사는 만남을 기뻐하고 상대를 걱정하는 겁니다. 사람은 만나면 기쁜 존재입니다. 만나면 기뻐야 하는데 만나고 싶지 않은 사람이 많아지고 그런 사람과 인사를 나누어야 한다면 슬픈 일입니다.

만나고 싶은 사람이라고 하더라도 그가 아프거나 힘들어 한다면 인사를 건네기가 참 어렵습니다. 물론 이때 우리의 인사가 더 힘을 발휘하기도 합니다. 저는 인사는 기본적으로 우리의 바람이고 기도라고 생각합니다. 상대를 만나 기뻐하고, 상대를 걱정하는 마음이 인사의 시작입니다. 그렇기 때문에 사람을 중시하는 인사라고 할 수 있습니다.

그런데 우리는 인사에서 그러한 감정을 느끼나요? 만약 그러한 감정을 못 느낀다면 그것은 인사가 지나치게 형식으로 바뀌었기 때문입니다. 예의가 나쁜 것이 아닌데 예의가 형식이 되면 사람을 얽어맵니다. 법이 사람을 위한 것인데 잘못하면 법이 사람을 얽어매는 것과 같습니다. 법 없이도 살 수 있다는 말은 단순히 착하다는 뜻이 아니라 모든 것을 법으로 해결하지 않고 서로 용서하며 사는 것이라고 생각합니다. 모든 게 그렇습니다. 사람을 중심에 두지 않으면 모든 게 얽어매는 밧줄이 되고 맙니다. 공부도 그렇고 종교도 그렇습니다.

저는 생각의 중심을 사람에 놓고 나의 감정에 비추어 보기를 권합니다. 내 감정이 불편하면 좋은 게 아닙니다. 그런 면에서 보면 **인사는 사람의 일이고, 인사는 사람의 감정에 관한 일입니다. 서로의 감정을 살피는 일인** 셈입니다. 우리가 인사만 잘 해도 사람 관계가 잘 된다는 것은 그러한 의미에서 하는 이야기입니다. 모두 서로 서로 인사를 잘 하면서 살기 바랍니다. 한국어를 공부하고 가르치는 과정에서도 그런 의미에서 인사가 시작점입니다. 서로 인사를 한국어로 나누고 서로 한국어로 감정을 나누게 될 때 서로가 가까운 관계가 될 수 있는 것입니다. 우리 모두 인사를 즐겁게 나눌 수 있게 되기 바랍니다.

17
인사와 몸짓
(한국인의 신체언어)

밝은 인사, 오래 남는 인사, 차별이 없는 인사

　인사를 할 때 말로만 하느냐 하면 그렇지 않습니다. 인사는 앞에서 설명한 것처럼 손을 벌리기도 하고 손을 흔들기도 하고 악수도 하고 고개를 숙이기도 합니다. 당연히 신체언어가 중요한 인사의 수단입니다. 조금 더 생각해 볼까요? 서로 고개를 숙여 인사를 하는 장면은 공격이라는 측면에서 보면 매우 위험한 행위일 수 있습니다.

　사람에게 어떤 부분이 가장 중요한가요? 달리 말해서 어떤 부분이 가장 위험한 부분인가요? 사람에게 제일 중요한 부위는 머리, 그중에서도 정수리입니다. 그런데 그 머리, 정수리를 남에게 보인다는 것은 매우 위험한 행위가 될 수 있습니다. 서로 믿지 못한다면 절대로 할 수 없는 행위일 수도 있습니다. 만약에 적에게 인사를 하는 상황을 생각해 본다면 고개를 숙이는 행위가 얼마나 위험한 동작인지를 알 수 있습니다. 암흑의 세계, 조폭의 세계, 이런 세계를 보면 90도로 인사를 합니다. 매우 위험한 행위죠. 90도로 인사를 한 후에도 한참 동안, 오랫동안 고개를 들지 않는 경우가 있습니다. 모두 복종을 의미하는 겁니다.

꿍장히 위험한 행위죠. 상대가 나에게 어떤 행동을 할지 모르기 때문에 그렇거든요. 그런 의미에서 본다면 바닥에 엎드리는 절은 복종의 최고조라고 할 수 있습니다. 왕이나 황제에게 왜 절을 여러 번 하는지도 생각해 본다면 공격이나 권위, 복종의 차원을 알 수 있을 것입니다. 절을 하는 사람 입장에서는 위험한 행위입니다. 절을 할 때는 내가 움직일 수 없기 때문에 상대가 어떤 공격을 해도 내가 꼼짝할 수 없기 때문이겠죠. 그렇기 때문에 절대적인 권력 앞에서 나를 낮추는 행위라고 할 수 있습니다. 그래서일까요? 어떤 사회주의 국가에서는 엎드려 절하는 것을 하지 못하게 하였다고 합니다.

인사는 방어의 차원뿐 아니라 반가움의 표시이기도 합니다. 시작은 방어의 차원이었을지 모르지만 이제는 반가움을 나타내는 것이라고 설명하는 게 인사에 대해서 맞을 것 같습니다. 그래서 우리는 인사를 하면서 밝게 웃습니다. 웃음도 중요한 신체언어입니다. 상대의 기분을 좋게 하고 나의 기분도 좋게 하는 겁니다. 인사는 주고받으면서 삶의 위로가 되기도 합니다. 생각해 보세요. 나에게 기쁘게 인사할 사람이 많다면 나는 행복한 겁니다.

서로가 서로에게 형식적인 인사를 주고받는 사람만 잔뜩 있다면 그 사람은 불행한 사람일 수도 있습니다. 물론 인사가 만남의 형식인 것도 맞습니다. 하지만 이제 복종과 권위에 대한 존중 등의 의미는 옅어져 있습니다. 종종은 인사를 할 때 상대에 대한 존중마저도 사라져 있다는 생각이 듭니다. 인사를 하면서 반가운 마음마저 사라진 단순한 형식을 만나면 씁쓸합니다.

우리는 과연 반가웠을까요? 반가운 인사에는 특징이 있습니다. 반가운 인사에서는 미소가 오래 남는다고 합니다. 인사를 하고 났는데도 얼굴에 미소가 남아 있다면 그건 반가운 겁니다. 하지만 순식간에 미소가 사라졌다면 그것은 우리가 형식적인 인사를 하고 있는 겁니다. 미소가 남아 있는 인사는 서로에게 위로가 됩니다. 미소가 남아 있는 인사는 서로에게 살아갈 희망이 됩니다. 만나고 싶은 사람, 그리운 사람을 만나야 그런 인사가 가능할 테니 말입니다.

인사는 특별한 사람과의 관계에서만 필요한 것은 아닙니다. 특별한 사람에게 하는 것만이 인사가 될 수는 없습니다. 그래서 인사를 한자로 '사람(人)의 일(事)'이라고 쓴 겁니다. 사람이면 누구나 언제나 하게 되는 일입니다. 아침에 눈을 떠서부터 밤에 잠자리에 들 때까지 우리는 수많은 인사를 합니다. 사람을 만나고 물건을 사고 식당에 갑니다. 모든 순간이 인사를 나누어야 하는 순간이죠.

그런데 그런 인사 속에서도 차별이 이루어진다면 문제가 아닐 수 없습니다. 모든 인사를 단순히 형식으로 만든다면 세상을 무겁게, 어둡게 사는 게 아닐까 합니다. 저는 **인사를 하되, 밝고 오래 남는 인사를 하면 좋겠습니다.** 그리고 인사에서 차별이 없기 바랍니다. 높은 사람이라고, 힘이 센 사람이라고 더 오랫동안 인사하고 더 정중하게 인사하고 더 허리가 숙여지고 더 고개가 숙여지는 그런 일이 없길 바랍니다.

인사에는 상대에 대한 관심이 필요합니다. 관심이 없다면 정확한 인사를 하기 어렵습니다. 상대가 지금 기쁜 일이 있는지, 상대가 지금 슬픈 일이 있는지, 상대가 아팠는지 아니면 지금 아픈지, 상대의 가족에게는 어떤 일이 있는지, 그런 관심이 있어야만 인사를 제대로 할 수 있습니다. 인사를 제대로 하는 것만으로도 내가 얼마나 행복한 사람인지 알게 됩니다. 인사는 그 자체로도 깨달음이고 인사는 그것만으로도 충분한 수행의 일이라고 생각을 합니다. 스스로가 행복한 사람임을 깨닫게 되는 과정이기 때문입니다.

18
인사와 말

정성을 다하는 습관으로 하는 인사가 진정한 인사

인사는 행동만 하는 것은 아니죠. 인사에는 말이 따르게 됩니다. 그래서 인사말은 한 언어의 문화유전자라고 이야기할 수 있습니다. 당연히 한국어에서도 인사말이 문화유전자라고 이야기할 수 있습니다. 그런데 한국어는 인사말이 너무 적다고 이야기하는 사람들이 있습니다. 왜 그럴까요? 영어에서는 아침 인사가 다르고 점심 인사가 다르고 저녁 인사가 다르고, 일본어도 아침 인사, 점심 인사, 저녁 인사가 다른데 우리나라에서는 인사말이 시간에 따라 특별히 달라지는 않습니다. 한국어의 인사말이 그렇게 보면 좀 단순해 보인다고 이야기

언어로 본 한국인의 문화유전자

할 수도 있겠습니다.

인사는 사람끼리 하는 일입니다. 그런데 우리는 인사를 지나치게 형식적으로 합니다. 오죽하면 때로는 인사를 했다는 말이 뇌물을 바치는 행위로 여겨지기도 할까요? 누구에게 인사로 돈을 건넸다는 것이죠. 어떻게 돈을 건네는 것이 인사가 되겠습니까? 뇌물이죠. 인사의 가장 타락한 모습이 뇌물로 바뀌는 순간이라고 생각합니다. 인사는 사람의 일이기에 어떻게 인사를 하는 게 좋은지 늘 고민해야 합니다.

우리말은 다른 언어에 비해서 인사말이 적은 언어라고 이야기합니다. 앞에서 이야기한 것처럼 아침, 점심, 저녁, 밤 등 시간에 따라 인사말이 달라지는 언어가 많습니다만 우리는 그렇지 않습니다. 우리말의 인사의 종류는 주로 만났을 때와 헤어질 때가 대표적일 겁니다. 물론 생사고락의 수많은 장면에서도 인사는 필요합니다. 축하의 말이나 위로의 말도 사실은 모두 인사라고 할 수 있습니다. 아니, 어쩌면 축하의 말이나 위로의 말이야말로 참다운 인사라고 할 수 있겠습니다. 우리말의 인사에 대해서 살펴보면서 우리가 어떻게 사는 것이 올바로 사는 것인지에 대해서도 알아보도록 하겠습니다.

먼저 '편히'와 '안녕히'라는 말이 어떤 의미로 사용되는지 살펴볼까요? 우리말 인사에는 '편히'라는 말과 '안녕히'라는 말이 매우 많이 들어갑니다. 인사를 다른 말로 할 때 안부(安否)를 묻는다고 합니다. '누구의 안부를 물었다.' 이렇게 표현하는 것이죠. 이 말은 상대가 편안한지, 즉 '안(安)'이죠. 아닌지 즉 '부(否)'를 묻는 것입니다. 상대가 편하지 않으면 우리는 걱정을 하게 됩니다. 특히 나이가 많으신 분이나 병든 분께는 편한 것이 제일 중요합니다.

편하지 않은 상태를 한자로는 '불편(不便)'이라고 합니다만 우리말에서 편하지 않는다는 말이 바로 '편찮다'라는 말입니다. 우리는 '편찮다'라는 말을 '아프다'라는 말 대신 쓰기도 합니다. 편하지 않는 것이 곧 좋지 않은 것이고, 좋지 않은 것이 아프다는 의미까지 발전한 것이라고 이야기를 할 수 있겠습니다. 아프다는 말이 너무 직접적이어서 사용하기를 꺼리는 것입니다.

누가 '아프세요? 어디 아프세요?'라고 물어보는 것이 너무 직접적이라는 것입니다. 그래서 돌려서 '편하지 않으세요? 어디가 불편하세요?'라고 물어보는 것이죠. 이러한 현상을 우리는 완곡어법이라고 합니다. 완곡어법은 돌려서 부드럽게 이야기한다는 뜻입니다. 우리가 살면서 몸도 마음도 편하지 않는 게 제일 문제입니다. 힘이 들죠. 몸이 편하지 않아도 너무 힘이 들고 마음이 편하지 않아도 너무 힘이 듭니다.

슬픈 일도, 아픈 일도, 괴로운 일도 전부 다 몸과 마음을 편하지 않게 합니다. 그래서 우리의 인사말을 보면 '편히'라는 말이 자주 들어갑니다. 아마도 우리에게 제일 익숙한 표현은 '편히 주무세요.', '편히

언어로 본 한국인의 문화유전자

주무셨어요?'일 겁니다. '편히'라는 말 대신에 '안녕히'라는 말도 자주 씁니다. '안녕(安寧)'이라는 말은 '편안할 안(安)'에 '편안하다'는 말인 '녕(寧)'이 붙어 있는 말입니다. 같은 말이 반복된 거죠. 같은 말이 반복되었다는 것은 강조하였다는 뜻이 됩니다. 언어학에서는 이렇게 같은 뜻의 단어가 반복되어 사용하는 것을 동의중첩이라고 합니다.

그러고 보면 '안녕'이라는 말은 우리말의 대표 인사이기도 합니다. 친구들끼리 짧게 인사할 때는 '안녕'이라고만 합니다. '안녕'은 만나서 인사할 때는 편하게 지냈냐는 물음이고, 헤어질 때는 편하게 지내라는 바람이 됩니다. 외국인들에게도 가장 쉽게 가르칠 수 있는 한국어 인사 표현이기도 하죠. 마찬가지로 외국인들이 가장 쉽게 배우는 한국어 인사말이기도 합니다.

우리는 힘든 일을 당한 사람에게 '마음 편하게 가지세요.'라는 말을 해주기도 합니다. 힘든 일이 생기면 겁이 납니다. 어떤 일이 겁이 나나요? 어쩌면 제일 겁이 나는 것은 사람들이 나를 비난하고 떠나가는 것입니다. 돌이킬 수 없는 삶의 결정을 하는 많은 사람은 그 비난이 두려워서입니다. 나를 아무도 이해해 주지 않을 것 같은 외로움 때문입니다. 그때 우리가 건네주는 인사가 마음 편히 가지라는 말입니다. '걱정하지 마. 난 끝까지 무슨 일이 있어도 너의 편이야.'라는 인사말이기도 합니다.

당연히 힘든 일이 있겠죠. 그렇지만 나를 이해해 주는 사람이 옆에 한 명이라도 있다는 것은 행복한 일입니다. 그 행복함에 그래도 다시 살아갈 힘을 얻는 겁니다. 저는 '편히'라는 말에서 말의 위력을 느낍니다. '편히'는 그렇게 만만한 말이 아닙니다. 서로에게 힘을 줄 수 있는 강력한 말이 되기도 합니다. '편하다'는 말이 '쉽다'는 뜻이 됩니다. '일이 편해졌다'는 말은 좀 '쉬워졌다'는 의미죠. 그리고 '쉽다'는 말은 '즐겁다'는 의미가 되기도 합니다. 일본어에서도 '즐거울 락(樂)'은 쉽고 편하다는 의미가 됩니다. 즐거운 것은 왜 편하고 쉬운 일일까요?

그것은 '기쁘다'와 '즐겁다'의 의미 차이에서도 살펴볼 수가 있습니다. '즐겁다'와 '기쁘다'는 어떤 의미의 차이가 있습니까? 근본적으로 '즐겁다'와 '기쁘다'의 차이는 '함께'에 있습니다. '즐겁다'라는 말은 기본적으로 혼자가 아닙니다. '즐겁다'라는 말은 함께 한다는 의미를 담고 있습니다. 기쁨은 내 속에서 일어나는 감정이라면 즐거움은 함께할 때 느끼는 감정입니다. 이렇게 함께 하면, 서로 같이 있으면, 서로 노력하면 편하고 쉽습니다.

우리나라 사람들이 '편히 주무세요.'라는 인사를 할 때 전제가 되었던 것은 주무실 자리를 보아 드렸던 겁니다. 그냥 말만 한 것이 아니라 거기에 맞는 행동이 있었다는 것이죠. 어른들에게는 이불을 깔아 드리고 방의 온도를 봐 드렸습니다. 조선시대 정조 시대에 영의정까지 한 채재공이라는 분이 있는데요. 궁궐에서 나와서 퇴궐을 하면

언어로 본 한국인의 문화유전자

제일 먼저 하는 일이 부모님의 방에 불을 때는 일이었다고 합니다. '편히 주무세요.'라는 것은 말로만 하는 게 아닙니다. **몸으로 하는 것이고 자신의 정성을 다해서 하는 일입니다.**

　우리말에서 예의가 없는 사람을 버릇이 없다고 얘기합니다. 그 '버릇'이라는 말은 바로 '습관'이라는 뜻입니다. 즉 '예의가 없다'는 말은 '좋은 습관이 없다'는 뜻입니다. 부모님 방에 불을 때는 습관, 부모님이 밤에 드실 물을 가져다 드리는 습관, 이불을 깔고 방의 온도를 살피는 습관이 말보다 더 중요하다는 것입니다. 물론 시대가 바뀌었습니다. 이제는 불을 때지 않아도 되고 이불을 깔아 드리지 않아도 될 수도 있습니다. 그렇다면 우리에게도 바뀐 습관이 필요하겠죠. 인사를 할 때 나는 어떤 습관을 가지고 있는지 살펴봐야 합니다. 그래야 나의 인사가 진심이 됩니다. **인사를 할 때 좋은 습관을 갖는 노력이야말로 인사가 진정한 인사로 바뀌는 계기를 만들어 줍니다.** 좋은 인사의 습관들이 많아지기를 바랍니다.

19
'우연찮게'와 '반갑습니다'
인사말의 이해

귀한 인연으로 서로가 서로를 만날 때 빛이 나는 말

인사말에 대해서 조금 더 알아볼까요? 인사말을 잘 알아보는 것이 한국인에 대해서 제대로 이해하는 것이라고 이야기를 할 수 있겠습니다. 여기에서는 '우연찮게'와 '반갑다'에 대해서 살펴보도록 하겠습니다.

첫 번째, '우연찮게'라는 단어를 한 번 볼까요? 제가 좋아하는 인사말의 시작은 '우연찮게'입니다. 우리가 인사말을 할 때 '우연찮게'라는 말을 하는 경우가 많죠. '안녕하세요. 오늘 여러분과 우연찮게 만

언어로 본 한국인의 문화유전자

나게 됐습니다.', '여러분 앞에서 우연찮게 오늘 강의를 하게 됐어요.', '여기 우연찮게 왔는데 만났네.' 많은 순간에 '우연찮게'는 인사말의 시작이 됩니다.

그런데 이 '우연찮게'라는 말은 참 재미있는 말입니다. 우리는 '우연찮게'를 '우연히'라는 뜻이었다고 생각을 하면서 사용을 합니다. 하지만 '우연찮게'는 우연이 아니라는 뜻입니다. 즉 '우연하지 않게'가 줄어든 말이 바로 '우연찮게'입니다. 우리는 우연찮게 사람을 만나고 우연찮게 어느 곳을 방문합니다. 모두 우연이 아닙니다. 사람을 만나는 것이 우연이 아니고 어느 곳에 간 것도 우연이 아닙니다. 그야말로 '우연찮게'가 가득이라고 이야기할 수 있겠습니다.

우리의 삶은 모두 우연처럼 보이지만 사실은 그 어느 하나도 우연이 아닙니다. 필연인 것입니다. 필연이라고 생각을 하면 세상이 완전히 달리 보입니다. 오랜 인연이 쌓여졌다고 생각하기 때문이죠. 오랜 인연이 더해진 것이기에 더욱더 귀한 나날이 됩니다. 우리가 만나는 일이 우연히 일어난 게 아니라고 생각하면 기분이 좋아집니다. 잠깐의 인연이 아니라 오랜 인연으로, 귀한 인연으로 만난 것이기 때문입니다. 우리가 모두 귀한 인연임을 확인하는 순간이 바로 '우연찮게'라고 이야기하는 순간인 것입니다. '우연찮게'를 사용하던 우리 조상은 삶이 결코 우연함이 아니라는 것을 잘 알고 있었던 겁니다.

'우연찮게'라는 말을 필연적이라는 의미로 사용하게 되면 많은 생각이 바뀌게 됩니다. '우연찮게'라는 표현을 쓸 때마다 '그래, 이것은 우연이 아니다.'라는 말을 되뇐다면 세상을 바라보는 관점이 달라집니다. 왜 이런 일이 일어났는지 우리는 다 알 수는 없습니다. 하지만 최소한 이런 일이 우연히 일어나지는 않았다는 것은 알 수 있습니다. 사람의 인연이라는 게 종종은 귀찮아 보일 때도 있지만 다 고마운 일입니다. 내가 여기에서 한 일이 언젠가 다른 인연이 되어서 내게 돌아오게 될 것입니다. 생각해 보면 과거에 내가 한 일이 현재의 나를 만들었고, 현재 내가 하는 일이 미래의 나를 만들 것입니다.

또한 역설적으로 생각해 보면 현재 내가 하는 일이 과거의 내 모습도 바꿀 수 있습니다. 무슨 말인가 하면 내가 지금 이 세상을 잘 살아나간다고 하면, 그러면 그럴수록 과거의 내 모습도 좋게 평가받을 수 있다는 것입니다. 과거는 절대로 변하지 않는다고 생각하는 사람들도 있겠지만 내가 현재를 잘 살면 과거도 변합니다. 신기한 것 같지만 당연한 일입니다. 과거의 나와 미래의 내 모습을 바꾸고 싶다면 현재의 나를 바꿔야 됩니다. 이렇게 나는 과거의 나와 미래의 나와 내 주변의 사람들과 연결되어 있습니다. 이 점이 '우연찮게'의 비밀인 셈입니다.

두 번째, '반갑다'라는 말도 우리가 자주 하는 인사죠. '반갑습니다'라는 말은 처음 만나거나 여러 번 만나거나 쓸 수 있는 말입니다.

언어로 본 한국인의 문화유전자

다만 '만나서'라는 말이 앞에 붙으면 주로 첫 만남입니다. '반갑다'는 말은 매우 흥미로운 단어입니다. 다른 언어에는 거의 나타나지 않는 표현이어서 번역도 매우 어렵습니다. 아마 '반갑다'를 한 단어로 번역할 수 있는 언어는 거의 없을 겁니다. 영어에서도 'Nice to meet you'라는 문장으로 이야기를 하게 되죠. 일본어와 다른 언어를 살펴보면 '반갑다'에 해당하는 어휘가 없습니다.

'반갑다'의 의미나 어원을 설명하기도 매우 어렵습니다. 저는 '반갑다'라는 말의 실마리를 '반'에서 찾을 수 있다고 생각합니다. '반'은 '빛'이라는 말과 연결이 됩니다. 대표적인 단어가 바로 '반짝'입니다. '반짝'은 의태어로 빛이 나는 모습을 표현한 말입니다. 즉 빛과 관련이 있는 말입니다. 의태어의 어원은 구체 명사와 관련이 있는 경우가 많습니다.

'반짝'의 모음을 바꾸면 '번쩍'이 됩니다. 우리말에서 모음을 바꾸어 느낌을 달리하는 예는 많습니다. 특히 소리를 흉내 내는 의성어, 모양을 흉내 내는 의태어는 소리의 느낌을 보여 줍니다. '번쩍'과 연결되는 단어로는 '번개'가 있습니다. 번개도 하늘에서 빛이 내려치는 모습을 표현한 어휘입니다. 당연히 '번'은 빛과 관계가 있다고 할 수 있습니다. 번개는 하늘의 자연 현상 속에서 '안개, 무지개, 는개' 등과 짝을 이루는데 그중에서 빛을 담당하고 있다고 볼 수 있는 것입니다.

벌레 중에서 빛과 관련이 있는 것은 무엇이 있을까요? 바로 '반딧

불이'입니다. 이는 '반디'에서 발전된 말입니다. '반디'에서 '반'이 '빛'이라는 뜻입니다. '반디'라는 말에서 '반'이 '빛'이라는 의미인 것이 희미해지면서 다시 뒤에 '불이'가 붙은 것이라고 생각이 됩니다. 사실 '반디'는 그 자체만으로도 '빛 벌레'인 셈입니다. 이렇듯 '반짝', '번쩍', '번개', '반디' 등은 모두 빛과 관련이 됩니다.

'반갑다'도 마찬가지입니다. 우리말에서 반가운 느낌을 나타내는 표현으로는 '반색하다'는 말도 있습니다. 여기서도 '반'은 빛과 관련이 있다고 볼 수 있습니다. 따라서 '반갑다'라는 말은 우리가 서로 만날 때 얼굴에 빛이 난다는 뜻입니다. 좋은 의미죠. 빛은 어떨 때 날까요? 빛은 웃을 때 더 환하게 나타납니다. 얼굴은 미소를 띠면 더 밝아집니다. 그래서 밝은 표정을 짓는다는 말은 미소를 띤다는 의미가 되기도 합니다.

밝은 표정을 지으면 얼굴도 펴집니다. '너 요즘에 얼굴이 폈다.' 이런 말도 밝아졌다는 뜻입니다. 그래서 '반갑다'라는 말을 제대로 하려면 서로 밝게 웃으며 인사를 해야 합니다. 그게 '반갑다'라는 말을 제대로 하는 방법입니다. 만약에 반갑다고 인사를 할 때 표정이 굳어 있거나 어둡다면 그것은 사실상 거짓말을 하는 겁니다. 즉 반갑지 않으면서 반갑다고 하는 거죠. 거짓 인사인 셈입니다. 저는 '반갑다'라는 말을 할 때는 참 인사를 해야 한다고 생각합니다. '반갑다'라는 말이 '얼굴에서 빛이 난다'라는 의미라고 할 때 '실제로 얼굴에서 빛이 납니

언어로 본 한국인의 문화유전자

까?'라고 묻는 사람들도 있습니다.

저는 실제로 빛이 난다고 생각합니다. 반가운 사람, 만나고 싶은 사람, 그리운 사람이 있다고 생각해 보십시오. 그런 사람을 만나면 나도 빛이 나고 그도 빛이 납니다. 그런 대표적인 순간이 아마 종교적인 순간일 것입니다. 여러분이 어떤 종교를 갖고 있더라도 그 종교에 가장 만나고 싶은 분을 만난다고 생각해 보십시오. 어떨까요? 그래서 대부분의 종교에서는 성자 뒤에 빛이 나는 것을 그림으로 표현합니다. 보통 아우라라고 하는데, 뒤에 빛을 표현하는 경우들이 있죠. 저는 반가운 사람이 서로 만날 때 빛이 나는 것은 정상적인 일이라고 생각합니다.

20
진짜 한국어 인사말

밥 먹었어? 어디 가? 잘 살아라.

    앞에서 한국어는 인사말이 발달하지 않은 언어라고 했죠. 실제로 우리말에서 형식적인 인사말은 많지 않은 것 같습니다. 그렇기 때문에 한국인의 인사말을 이야기할 때는 진짜 인사말이 무엇일까에 대해서 고민하고 찾아보는 과정이 매우 중요하다고 생각합니다. 아침이니까, 점심이니까, 저녁이니까 하는 그런 류의 인사말은 형식적인 인사말이라고 할 수 있겠습니다.

    그런데 우리말에서는 형식적이지 않은, 달리 말해서 인사말 같지

언어로 본 한국인의 문화유전자

않은 인사말이 많이 있습니다. 저는 그게 우리말의 진짜 인사말이라고 생각합니다. 저는 우리말의 진짜 인사는 밥을 먹었는지, 어디에 가는지 물어보는 말에 있다고 생각합니다. '밥 먹었어?', '어디 가요?'라고 하는 말이 어쩌면 진짜 인사말이 아닐까 생각하는 것입니다. 어떤 외국인은 한국 사람들이 별 걸 다 궁금해 한다고 핀잔을 주는 경우도 있습니다.

한국 사람 중에서도, 아니, 한국학 학자라고 하는 사람 중에서도 '밥을 먹었냐?'라고 물어보는 것이 옛날에 굶는 사람이 많았을 때 한 인사라고 이야기하는 사람도 있습니다. 저는 전혀 상관없는 말이라고 생각합니다. 밥을 먹는 것과 굶는 것은 사실상 관계가 없습니다. 어디 가는지 묻는 것도 프라이버시를 침해하는 것이 아니냐고 말하는 사람도 있습니다. 어쩌면 그럴지도 모르겠습니다. 어디 가는지가 왜 이렇게 궁금한지 저도 종종은 의심스러울 때가 있습니다. 그러나 한국인은 여전히 '밥은 먹었어?'라고 묻고 있고, 여전히 어디에 가느냐고 묻습니다. 인사말처럼 말입니다.

저는 밥을 제대로 먹고 다니느냐는 질문은 많은 것을 내포하고 있다고 생각합니다. 밥만 잘 먹어도 걱정이 없기 때문입니다. 밥을 제대로 먹느냐고 묻는 것은 사실은 건강한지, 걱정거리는 없는지 묻는 것입니다. 물론 경제적인 질문도 될 것입니다. 밥만 잘 먹고 다녀도 특별한 걱정이 없습니다.

어디 가냐는 질문도 마찬가지입니다. 위험한 곳을 가는 것은 아닌지 또 거기에 내가 같이 가주는 것이 좋은 것은 아닌지 우리에게는 궁금한 게 많습니다. 그리고 서로가 서로의 목적지를 알고 있는 것은 안심하게 합니다. 어디 가는지 모르고 어디에 사는지 모르고 그렇게 산다면 걱정이 될 수밖에 없겠죠. 물론 요즘에는 친구라고 하는 사람들도 서로 어디에 사는지 알지 못하는 경우도 있습니다. 당연히 어디에 가는지도 관심이 적을 수밖에 없겠죠.

우리는 밥을 안 먹었어도 그냥 먹었다고 대답하기도 하고, 어디 가냐고 물으면 '그냥 어디 좀'이라고 부정확하게 대답하기도 합니다. 부정확하긴 하지만 서로가 사정을 이해하는 대화입니다. 그래서 정이 있어야 됩니다. '밥 먹었어?', '어디 가니?' 이러한 말은 서로를 위하고 걱정하는 마음이 있어야만 진짜 인사가 되는 겁니다. '밥 먹었어?'라는 말은 우리가 인사말이 아니라고 생각하는 말의 대표이겠죠. 하지만 저에게는 밥을 먹었냐는 말이 제 감정을 가장 울리는 말입니다. 왜 제 감정을 울리는 표현이 밥을 먹었냐라는 말일까요? 왜 '밥은 먹고 다니니?'라는 말을 들으면 마음이 아플까요? 많은 사람이 이 표현을 들으면 먹먹한 감정을 느낀다고 이야기합니다. 왜일까요?

'밥은 먹었니?'라는 말을 들으면 왠지 마음이 아프고 고맙습니다. 내가 밥을 못 먹는다는 것은 내가 힘들다는 의미이기 때문입니다. 우리는 왜 밥을 못 먹을까요? 예전에는 경제적인 이유가 가장 컸을지도

언어로 본 한국인의 문화유전자

모르겠습니다. 물론 지금도 경제적인 이유가 중요한 이유가 될 겁니다. 생각해 보면 돈이 없어서 밥을 못 먹는다면 얼마나 힘들고 얼마나 서글프겠습니까?

나 혼자라면 그나마 참을 수도 있을 텐데 가족이라도 있으면 밥을 못 먹는 고통은 더 커질 겁니다. 만약에 병든 부모님이 있다고 생각해 보십시오. 밥을 먹었냐는 말이 나뿐만이 아니라 나의 가족에게도 해당될 때 우리는 크나큰 고통을 느끼게 됩니다. 집에 배고파서 우는 아이라도 있다면 어떨까요? 아이가 배가 고파서 울고 있다면 밥을 못 먹는 것은 아마도 최악의 고통이 될 겁니다.

사람이 죽는 것은 결과적으로 아사(餓死)가 원인이라고 합니다. '아사'라는 말은 굶어 죽는다는 뜻입니다. 아니, 요즘 같은 세상에 굶어 죽는 사람이 그렇게 많은가 하고 의아하게 생각할 수 있습니다. 하지만 조금만 더 생각해 보면 굶어 죽는다는 말을 이해할 수가 있습니다. 왜냐하면 우리가 밥을 못 먹는 게 꼭 경제적인 이유 때문만은 아니라는 것입니다.

밥이 목을 넘어가지 않는 수많은 이유가 있습니다. 예를 들어 아프면 밥이 넘어가지가 않습니다. 그래서 육체적으로 아픈 사람도 결과적으로는 밥을 못 먹어서 세상을 떠나게 되는 것입니다. 정말 고통스러운 마지막이라고 할 수 있겠죠. 그래서 예전에는 '숟가락을 놓았다'라는 말이 죽었다는 뜻이 되기도 했습니다.

식사를 못하는 이유로 심리적인 고통을 빼놓을 수 없을 겁니다. 어쩌면 '밥은 먹고 다니냐?'라는 인사에 눈물을 터뜨린 사람은 외로워서였을 겁니다. 세상에 나 혼자 동떨어져 있다는 생각에 어쩌면 세상을 등지고 싶었던 순간이었을 수도 있습니다. 심리적으로 힘이 들면 아무 의욕이 없습니다. 인간의 모든 욕망이 사라지게 됩니다. 그중에서도 식욕이 제일 먼저 사라집니다. 수면욕도 사라집니다. 성욕도 사라집니다.

만약에 심리적으로 힘들다고 이야기하는 사람들이 식욕이 남아 있다면 저는 농담처럼 아직은 괜찮은 상태라고 얘기합니다. 밥을 먹는 게 자갈을 씹는 것 같다는 표현을 합니다. 모래를 씹는 것 같다고 이야기합니다. 겨우 먹었다 싶으면 다 토해내기 일쑤입니다. 도대체 밥맛이 없습니다. '밥맛이 없다'는 말은 다른 말로 살맛이 없다는 뜻입니다. 정말로 위험한 상태인 것입니다. 이렇게 힘들 때 밥은 먹었냐는 질문의 인사는 바로 나의 고통을 보고 하는 인사이기에 고마울 수밖에 없습니다. 그리고 너무나도 안심이 될 수밖에 없습니다.

밥 먹었냐는 질문엔 걱정만 있는 것이 아닙니다. 언제나 너에게 도움이 되겠다는 마음이 담긴 것입니다. 힘이 되어 주고 싶은 마음이 함께 담겨 있습니다. 힘들어 보이는 사람에게 한번 이야기를 건네 보

언어로 본 한국인의 문화유전자

세요. 밥은 먹었냐고. 그리고 안 먹었으면 같이 먹자고. 그리고 힘들 때는 언제나 나한테 말을 하라고. 그러면 내가 최선을 다해서 너를 돕겠다고. 그게 바로 진정한 우리의 인사입니다.

다음 표현으로는 '잘 사세요'라는 말을 이야기해 보겠습니다. 우리가 하는 인사에는 '잘 사세요'라는 표현이 들어가는 경우가 많습니다. 잘 살라는 말은 부자가 되라는 의미가 아닙니다. 잘 살라는 말은 결혼 등의 축하 인사에 쓰이는 덕담이기도 합니다. 저는 잘 먹고 잘 살라는 말을 비꼬는 목적으로 사용하지 않는다면 더할 나위 없이 좋은 말이라고 생각합니다.

산다는 것은 무엇일까요? 저는 '살다'와 '사람'의 어원이 같다고 생각합니다. 동물도, 식물도 살아야 하지만 사는 것의 근본은 사실 사람입니다. 살아있는 것은 기본적으로 사람뿐이라는 생각을 했을 겁니다. 그런 의미에서 본다면 사는 것은 사람으로서 사는 겁니다. 사람답게 살아야 사는 게 됩니다. 사람답지 않으면 죽은 거나 마찬가지입니다.

그러면 어떻게 하면 사람답게 사는 걸까요? 그건 다른 사람에게 물을 필요도 없습니다. '사람답다'라는 말이 보여 주는 세상이 있죠. 어쩌면 세상에서 가장 쉬운 게 사람답게 사는 겁니다. 왜냐하면 사람답게 산다는 말은 사람으로 살기만 하면 되는 것이니까요. 다른 사람에게 물어볼 필요도 없습니다. 스스로가 거울이 되어서 잘 알 수 있기 때문입니다. 스스로 사람답지 못하다는 생각이 들 때 뉘우치게 됩니다. 저는 뉘우치는 것도 사람만 하는 일이라고 생각합니다.

저는 사는 것에는 두 가지가 있다고 생각합니다. 바로 '살아가다'와 '살아지다'라는 것입니다. '살아가다'는 능동적인 것입니다. 앞으로 나아가는 것이죠. 살아지는 것은 반대로 수동적인 것입니다. 간다는 것은 기본적으로 앞으로 가는 것입니다. 발의 모습을 보면 원래 모양이 뒤로 가는 것에는 적당하지가 않습니다. 발은 기본적으로 앞을 향해 있기 마련입니다. 그렇기 때문에 살아가는 것은 희망적입니다.

앞을 향하는 것은 긍정적이라는 의미와 통하게 됩니다. 많은 언어에서 앞을 향한다는 말은 긍정적이라는 의미와 일맥상통하고 있죠. 일본어에서도 앞을 향한다는 말은 그대로 긍정적이라는 뜻이 됩니다. 긍정적인 삶의 태도를 의미할 때 앞을 향한다고 하고요. 한자어에서는 '전향적(前向的)'이라는 표현을 씁니다. 전향적이라는 말은 어떤 대상에 대한 태도가 긍정적이라는 것을 의미합니다. 앞으로 가는 것, 앞을 향하는 것만으로도 좋은 거죠. 우리는 그저 살아가기만 해도 긍정적인 것입니다.

그런데 문제가 발생을 합니다. 그것은 내 힘으로 살아가는 것이 아니라 외부의 힘에 끌려가게 되는 것입니다. 그런 것을 우리말에서는 '살아진다고 얘기합니다. 하루하루가 괴로울 수밖에 없습니다. 자기가 주도적으로 사는 삶이 아니고 끌려 다니는 인생이니 괴로울 수밖에 없겠죠. 살아지는 인생은 동음이의어로 '사라지는' 인생이 되는 것입니다.

　저는 그러한 의미에서 '살아가다'와 '살아지다'를 구별하며 사는 것이 매우 중요하다고 생각합니다. 남에게 이끌려서 남이 나에게 하라는 대로, 내가 희망하지 않는 삶을 억지로 살아간다면 좋은 삶이 될 수 없습니다. 우리는 모두 1인칭 주인공 시점을 살아갑니다. 자신의 인생을 3인칭 관찰자 시점처럼 살아서는 안 되겠다는 얘기입니다. 그런 의미에서 본다면 '잘 살아라'라는 인사말은 중요한 인사말입니다. 저는 서로에게 '잘 살기를 바란다.', '기쁘게 살기를 바란다.', '행복하게 살기를 바란다.'고 할 때 '모든 힘듦과 고통과 외로움을 잘 이겨내기 바란다.'는 말을 꼭 덧붙여 주고 싶습니다. 어쩌면 그게 가장 중요한 삶의 태도이기 때문입니다.

　한국인의 인사말을 통해서 한국인의 문화유전자에 대해서 깊이 생각할 수 있는 시간이 되었길 바랍니다. 거창한 인사말이 중요한 게 아닙니다. 서로에게 위로가 되고 서로를 걱정하는, 그야말로 함께 살아가는 사람으로서의 인사말이 한국인에게는 가장 중요한 인사말이었다는 점을 기억했으면 좋겠습니다.

5장

감정 표현과
문화

출처: 국립중앙박물관 e뮤지엄 제공

21
울음과 웃음

다른 사람이 우는데 나만 웃을 수는 없는 것이 소통과 공감

언어 중에서 감정을 나타내는 표현이야말로 문화의 모습을 잘 보여 주는 문화유전자라고 이야기할 수 있겠습니다. 우리말은 감정에 대한 어휘가 매우 발달한 언어입니다.

형용사가 발달하였다는 것도, 감각을 나타내는 말이 발달하였다는 것도 모두 감정과 연계가 됩니다. 우리말에 의성·의태어나 색과 관련된 표현이 많은 것은 우리의 감정이 시각에 예민함을 알 수 있습니다. 시각에 예민하다는 말은 변화에 관심이 많다는 의미이기도 합니다. 우리말 어휘에 나타난 우리의 감정을 살피다 보면 뜻밖의 위로를 얻게 됩니다. 마음이 참 편해지죠.

우선 울음과 웃음에 대한 이야기를 해 볼까 합니다. 아가들의 의사소통은 보통 울음입니다. 그리고 웃음입니다. 어쩌면 울음은 아가가 낼 수 있는 유일한 소리였을 겁니다. 따라서 울음이 슬픔을 의미하는 것은 아닙니다. 울음은 소리를 의미하는 것이고 소통을 의미하는 것이었습니다. 단순하게 말하면 의사전달이라고 할 수 있습니다. 웃음도 마찬가지입니다. 아이들이 웃는 장면을 보면 꼭 기쁨을 나타내는 것은 아닙니다. 때로는 두려움을 나타내기도 하고 의미 없이 피식 웃기도 합니다. 웃는 모습을 좋아하는 어른을 보면서 아이는 어쩌면 웃는 게 익숙해졌을 겁니다.

그러고 보면 웃음과 울음은 닮았습니다. 어원적으로도 '웃다'라는 말과 '울다'라는 말은 모두 소리와 관련된 말입니다. **우리는 슬퍼도 울지만 기뻐도 웁니다. 반대로 너무 슬프면 웃음이 나기도 합니다.** 웃음의 기원이 '공포'라는 말은 재미있으면서도 깨달음을 줍니다. 아가들은 무서우면 웃습니다. 아가를 위로 살짝 던지면 까르르 웃습니다. 즐거워서이기도 합니다만 근본적으로는 두려워서입니다. 떨어질지도 모르니 무서웠을 겁니다. 그런데 점차 누군가가 놓치지 않을 거라는 확신이 들면서 재미를 느꼈겠죠. 그러나 처음부터 즐거웠던 것은 아닐 겁니다.

이렇게 우리의 웃음과 울음은 본래 다른 것이 아닙니다. 우리말에서는 소리를 낸다는 표현으로 '웃다'는 잘 쓰이지 않습니다만 '울다'라는 말은 많이 쓰입니다. 하늘에서 나는 소리, 자연에서 나는 소리도 운다고 합니다. 천둥도 울음입니다. 천둥의 순우리말인 '우레'라는 말의 어원은 '울다'입니다. 우리는 짐승이나 풀벌레도 운다고 합니다. 아마도 울음의 대표는 새가 아닐까 합니다. 새의 울음은 특별히 '지저귀다'로 표현합니다. 심지어 우리는 바람에 문풍지가 운다고도 하고, 거문고가 운다고도 합니다.

우는 것은 이렇게 슬픔하고는 전혀 관계가 없는 말입니다. 이렇듯 웃음과 울음은 근본적으로 소리입니다. 하늘을 나는 새가 운다고 슬픈 것은 아니겠죠. 사람들은 울음에 슬픔이 담겨 있다고 생각하겠지만 울음은 그저 소리일 뿐입니다. 내 마음의 소리인 셈입니다. 말과 달리 감정이 듬뿍 담긴 소리입니다. 그래서 우리는 때로 울음이 고맙습니다.

천둥도 울고 교회의 종소리도 웁니다. 우리는 이런 울음을 울린다고 합니다. 이렇듯 울음은 울림과도 이어져 있습니다. 한쪽에서 울면 한쪽에서는 울리는 것입니다. 파동이 일어납니다. 저는 그런 점에서 **울음은 혼자만의 것이 아니라고 생각합니다. 우리의 감정은 이렇게 서로 이어져 있습니다. 다른 사람이 우는데 나는 웃을 수는 없습니다.** 한 아이가 울면 다른 아이들도 왜 우는지도 모르면서 웁니다. 막 따라 웁니다.

그 모습이 바로 우리가 세상을 어떻게 살아가야 하는지를 보여 주는 것입니다.

다른 사람이 슬프면 함께 슬퍼하면 되는 겁니다. 누가 울면 같이 울고 같이 위로하면 되는 겁니다. 어쩌면 더 많이 슬프고 더 많이 힘들었던 사람이 더 큰 위로가 되기도 하죠. 오히려 더 큰 울림을 주는 것입니다. 울음은 그저 울음에 머무는 것은 아닙니다. 그 울음이 다시 울림이 되는 것입니다. 처음에는 내 가슴에서 시작되었을 울음이 이제 가슴과 가슴을 넘어서는 따뜻하고 고마운 울림이 되는 겁니다. 그리고 이때의 울음은 드디어 웃음이 됩니다.

아가의 울음은, 아가의 웃음은 혼자만의 것이 아닙니다. 아가의 울음은 엄마와 아빠를 부르는 소리이기도 하고 배고픔을 알리는 수단이 되기도 하고 내 몸의 불편함을 알리는 간절함이 되기도 합니다. 바로 소통인 것입니다. 그러한 소통이 이어져서 아이의 아픔은 곧바로 엄마, 아빠의 아픔이 됩니다. 그리고 아이의 기쁨은 온 가족의 기쁨이 되는 것입니다. 중요한 소통을 하고 있는 것입니다.

반대로 엄마, 아빠의 웃음도 아가에게는 기쁨이 됩니다. 생각해 보세요. 아가를 웃기려고 갖은 애를 쓰고 있는 부모가 어떤 때는 더 웃길 때가 있습니다. 안쓰러울 정도로 웃깁니다. 그런 부모의 노력을 드디어 아가가 알아줍니다. 아가도 웃는 겁니다. 그러면 어떤 일이 벌어지나요? 집 안에 즐거운 소통이 이루어지는 겁니다. 우리는 그것을 '웃음꽃이 피었다'고 이야기합니다.

아가가 어릴 때만 이런 소통이 가능한 것이 아닙니다. 늘 가능한 것입니다. 그럼에도 불구하고 우리는 종종 울음과 웃음이라는 감정의 의사소통을 잊고 살아갑니다. 더 이상 웃고 우는 일이 적어지는 것입니다. '울다'와 '웃다'는 울림의 감정입니다. 슬픔이나 기쁨에 앞서는 '울림'입니다. '울다'에서 나온 '울리다'는 이런 감정의 상태를 잘 보여 줍니다. 한 사람이 울면 같이 울고 누가 웃으면 우리도 웃습니다. 우리는 그런 현상을 '거울 효과'라고도 합니다. 슬픔은 나누면 반이 되고 기쁨은 나누면 배가 된다고 합니다. 이건 노력해서 이루어지는 그런 감정이 전혀 아닙니다. 자신의 감정을 들여다보고 그대로 감정의 울림에 맡겨 두면 되는 일입니다.

슬픈 사람에게 위로하고 기쁜 사람에게 축하하는 일은 사실상 어려운 일이 아닙니다. 그런데 우리의 삶은 어떤가요? 세상에서 이제는 제일 어려운 일이 공감이 되었습니다. 가장 자연스러운 일이 공감이었는데 이제는 축하도 어렵고 위로도 어렵게 된 것입니다. 저는 '울다'와 '웃다'라는 단어를 보면서 그것이 감정의 울림이 되는 우리말을 보면서 어떻게 살아가야 되는 것인지, 한국인의 문화유전자가 무엇인지에 대해서 생각하는 그런 시간을 더 갖게 되기 바랍니다.

언어로 본 한국인의 문화유전자

22

'아름답다'와 '예쁘다'

나를 소중하게 생각하다 보면 남도 귀하다는 생각이 드는 것

　'아름답다'와 '예쁘다'를 살펴볼까요. 너무 좋은 단어들이죠. 우리가 좋아하는 단어이고 칭찬에 많이 사용하는 단어들입니다. 이 두 단어는 어떻게 우리의 문화유전자를 보여 주고 있을까요? 아름답다와 예쁘다는 비슷해 보이지만 전혀 다른 단어이기도 합니다.

　먼저 '아름답다'부터 살펴보도록 하겠습니다. 아름다워지기 위해서 사람들은 많은 일을 합니다. 날마다 운동을 하고 겉을 꾸미고 늙어 보이지 않기 위해서 노력을 합니다. 사람들은 늙지 않는 게 아름답다고 생각하는 경향이 있는 것 같습니다. 그렇지만 하루가 지나가면 그만큼 우리는 달라집니다. 달리 말해서 하루가 지나면 그만큼 우리는 늙어갑니다. 겉을 가꿔서는 아름다움을 유지할 수 없음을 금방 깨닫게 되는 것입니다. 당연히 아름다움은 겉으로 드러나는 게 아닙니다.

우리는 아름다움의 의미에 대해서 이미 느낌으로 알고 있습니다. 그런데 자꾸 겉모습에 초점을 맞추고 있는 것이죠. 그렇다면 아름다움이란 도대체 무엇일까요? 무엇을 아름답다고 할 수 있을까요? 우리는 사람에게도, 세상사에도 '아름답다'라는 표현을 쓰지만 아름다움을 정의 내리기는 참 어렵습니다. 실제로 아름다움의 기준은 사람마다 다릅니다. '제 눈에 안경'이라는 말도 있죠. 그럼에도 자꾸만 아름다움의 기준을 정하려고 하고 구별을 지으려고 합니다. 정의도 세상에 수없이 많습니다.

아름다운 삶이란 도대체 무엇일까요? 아름다운 것은 한마디로 말하면 보기에 좋은 것입니다. 달리 말하면 보고 싶은 것이라고도 할 수 있습니다. 지금 내가 보고 싶은 게 아름다운 것입니다. 달리 말하면 가치가 있는 것입니다. 그런 의미에서 우리말 '아름답다'는 참으로 특별한 세상을 보여 줍니다. 왜냐하면 '아름답다'의 옛말이 '아름'인데 이 말은 옛말에서는 '나'라는 뜻이었기 때문입니다.

'한 아름'이라는 말에서 어원을 찾는 사람도 있습니다만, '-답다'

앞에는 '학생답다'나 '선생님답다'처럼 사람에 해당되는 말이 주로 오기 때문에, '나'에 해당되는 말을 어원으로 보는 것이 옳을 것 같습니다. 우리말에서 '아름답다'라는 말은 간단하게 설명하자면 '나답다'라는 말입니다. 바로 나다운 것이 아름다운 것이라고 이야기할 수 있겠습니다. 당연히 학생이 학생다운 것, 선생이 선생다운 것이 아름다운 것이겠죠. 누구를 흉내 내는 게 아니라 나의 가치를 빛나게 하는 삶이 아름다운 삶입니다.

그런데 아름답기가 생각처럼 쉬운 일이 아닙니다. 왜냐하면 내가 내 가치를 인정하지 않기 때문입니다. 나를 소중하게 생각해야지 하고 다짐을 하지만 금방 나를 다른 이와 비교하고 맙니다. 나보다 키 크고, 나보다 예쁘고, 나보다 멋있고, 나보다 똑똑하고, 나보다 돈이 많고, 나보다 더 잘났다고 생각하기 때문에 나는 나를 스스로 초라하다고 느끼는 것입니다. 내가 초라하다고 생각하는 것은 바로 남과 비교하기 때문입니다. 생각해 보면 내가 내 부족함을 깨닫는 것이 어찌 나쁜 일이겠습니까? 좋은 일이죠. 반성하고 뉘우치고 더 잘하려고 노력하는 거니까요. 하지만 자꾸 남에게 비교하고 자꾸 남의 기준에 나를 맞추려고 하다 보니까 점점 초라해질 수밖에 없습니다.

경쟁이라는 것이 나쁜 것은 아닌데 불필요한 경쟁을 자꾸 하다 보니까 나빠지는 거죠. 선(善)을 위한 경쟁이 아닌 겁니다. 점점 아름다워지려는, 남의 기준에 맞는 사람이 되려는 욕심이 커지게 되는 것입니다. 반대의 경우도 마찬가지입니다. 어쩌면 더 심각한 경우라고 할 수 있겠습니다. 다른 사람과 비교하여 잘난 척하고 다른 사람을 무시하는 삶이 절대로 아름다울 수가 없습니다. 안하무인(眼下無人)은 자존감과는 거리가 먼 말입니다. 자신감, 자존감과 자만심은 완전히 종류가 다른 말입니다.

우리말에서 '아름답다'는 말은 우리에게 다른 사람이 아니라 나로서 살아가라고 말하는 것입니다. 나다운 것이 도대체 무엇인지 끊임없이 고민하고 살라고 말하는 것입니다. 어쩌면 우리는 평생 아름답기 위해 노력해야 할 것입니다. 그렇기 때문에 나이가 들면서 점점 추해지는 것이 아니라 나이가 들수록 더 아름다워져야 되는 것이라고 생각합니다. 어쩌면 나이가 들수록 더 아름다워지는 것이 당연한 일이겠죠. 왜냐하면 나의 가치를 평생 동안 찾아왔기 때문입니다.

그런데 정말 놀라운 것은 **나를 소중하게 생각하다 보면 남도 귀하다는 생각이 드는 것입니다.** 이게 놀라운 깨달음이고 변화입니다. '부족하고 아무것도 아닌 것 같은 나도 이렇게 귀한데 남이라고 귀하지 않을까.' 생각을 하게 되는 겁니다. 저는 이 순간을 깨달음의 순간이라고 생각합니다. 바로 그 순간에 내가 변하는 것입니다. 그 생각을 하는 순간에 내가 비로소 아름다워지는 겁니다. 세상을 아름답게 보게 되는 순간입니다. **내가 귀해야 모두가 귀한 겁니다. 내가 아름다워야, 내가 아름답다고 생각해야 모든 것이 아름다워지는 것입니다.**

'예쁘다'라는 말은 우리말에서 감정이 듬뿍 담긴 말입니다. 예쁜 건 사실 아름다운 게 아닙니다. 예쁜 게 꼭 아름답다는 것은 아니라는 뜻입니다. 어쩌면 '아름답다'라는 것은 공동의 기준이 있는 것 같습니다. 그런데 아름다움과 상관없이 '예쁘다'는 말은 쉽게 나옵니다. 때로는 예쁜 것과 귀여운 것도 다릅니다. 작다고 해서 무조건 예쁜 것도 아닙니다. 예쁜 것에는 핵심적인 가치가 있습니다. 예쁜 것은 보호하고 싶은 마음이 함께 담겨 있다는 것입니다.

'쥐면 터질세라, 불면 날아갈세라'라고 걱정하는 마음이 예뻐하는 마음에서는 느껴집니다. 그리고 이 표현에는 아이에게 주로 사용할 수밖에 없는 느낌이 보입니다. '예쁘다'라는 말의 진정한 의미는 어쩌면 '쥐면 터질세라, 불면 날아갈세라'에서 찾을 수 있겠습니다. '예쁘다'라는 말을 보면 저는 항상 '가엾다'는 말을 같이 떠올립니다. 왜냐하면 옛말에서 '예쁘다'라는 말이 '가엾다'라는 의미로도 사용되었기 때문입니다.

세종대왕의 훈민정음에 보면 '백성을 어엿비 여긴다'라는 표현이 나오는데 이 어엿비 여기는 것이 바로 현재 우리가 쓰는 '예쁘다'의 옛말입니다. 가엾게 생각한다는 의미로 쓰이고 있는 거죠. 예쁜 것은 가여운 것이고 불쌍하게 생각해서 도와주어야 하는 것이기도 합니다. 한국인의 생활 속에서 '가엾다'라는 말을 자주 쓰는 분으로는 할머니들이 있습니다. 할머니는 손주를 보고 '예쁘다'라고 말도 하지만 '가엾다'라는 말을 할 때도 있는데 단순히 불쌍해서 하는 말이 아닙니다.

아기가 자기가 하고 싶은 대로 하지 못할 때 할머니는 가여워합니다. 아기는 자기가 가고 싶은 데로 가지 못하고 먹고 싶은 대로 먹지 못합니다. 때로는 손이나 발을 움직이는 것조차 힘들어 합니다. 그 모습은 달리 말하면 예쁜 모습입니다. 얼마나 예쁩니까? 아가가 하나하나 배워 가는 모습은 예쁩니다. 이때 할머니는 '아이고, 가엾어라'라는 표현을 합니다. 애틋하게 지켜 보는 할머니의 모습에서 저는 참사랑을 느낍니다. 예쁜 아가를 지켜 보는 사람들은 조심스럽습니다. 행여나 다치지나 않을까 조바심을 일으킵니다. 노파심도 일어날 겁니다. '노파심(老婆心)'이라는 단어에 할머니를 뜻하는 '노파(老婆)'가 들어 있어 흥미롭습니다.

'예쁘다'는 보호하고 싶다는 감정입니다. '아름답다'와 느낌이 다른 것은 바로 보호에 방점이 찍혀 있기 때문입니다. 예쁘다면서 함부로 하면 안 됩니다. 꽃도, 아이도, 사랑하는 사람도 모두 그렇습니다. 어여삐 여긴다는 것은 그런 의미입니다. 아끼는 겁니다. '아끼다'라는 말은 '아깝다'는 말과도 연관이 됩니다. 쥐면 터질세라, 불면 날아갈세라 자식을 예뻐하고 아끼던 부모님의 감정이 떠오르는 말입니다. '아름답다, 예쁘다, 아깝다'에서 한국인의 감정을 살펴보기 바랍니다.

언어로 본 한국인의 문화유전자

23

'사랑하다'와 '그립다'

생각하며 사랑하고 그리며 그리워하고

'사랑하다'와 '그립다'라는 말은 우리에게 매우 소중한 단어이고 한국인을 나타내는 중요한 단어입니다. '사랑'이란 무엇일까요? 노래 가사 속에도 무수히 들어 있고 정의도 수많은 사람들에 의해서 내려졌지만 사랑은 빈 마음의 공간처럼 때에 따라, 곳에 따라, 내 마음에 따라 뜻이 달리 새겨집니다. 사랑의 종류를 나열하면서 육체적, 정신적 사랑을 나누기도 하지만 사랑은 근본적으로는 '그리움'이라는 생각이 듭니다. 그리움이 먼저고 몸은 따라오는 것이죠. 그렇다고 마음 사랑만 중요하다는 말은 아닙니다. 마음 사랑, 몸 사랑 모두 중요한 것이죠.

우리 민요에도 사랑 이야기는 정말 많습니다. 창부(倡夫)타령에 보면 '사랑 사랑 사랑이라니 사랑이란 게 무엇이더냐, 보일 듯이 아니 보이고, 잡힐 듯하다 놓쳤으니. 나 혼자서 고민하는 게 그것이 사랑의 근본이냐'라는 가사가 나옵니다. 사랑은 안타깝고, 그리운 것이고, 혼자서 앓는 마음입니다. 안 만나고 있을 때는 보고 싶고, 만나고 있을 때는 헤어질까 두려워하는 왠지 바보스러운 마음이기도 합니다. 사랑은 아프지만 아름답고, 슬프지만 기쁘기도 한 설명하기 어려운 마음입니다.

'사랑'이라는 말의 어원은 조금 복잡합니다. 우리말의 어원을 생각할 때 한자가 끼면 길을 잃는 경우가 많습니다. 저는 사랑이 대표적인 예라고 생각합니다. 사랑의 어원을 한자어 사량(思量), 즉 '생각 사(思)'와 '양(量)'에 해당되는 것에서 찾는 경우가 있습니다. 왜냐하면 '사랑'이라는 말이 옛말에서는 '생각한다'는 의미였기 때문입니다. 한자어 '사량'의 뜻이 '깊이 생각하다'라는 의미여서 서로 통한다고 보는 것이 어쩌면 자연스러운 일이었습니다.

하지만 제가 볼 때는 두 말을 잇는 명확한 증거를 찾기는 어렵습니다. '사랑'이라는 말의 발음이나 모양이 '사람'과 닮아 있으면 금방 눈치 챌 수 있습니다. 사람이 생각하고 그리워하는 대상이 사람이라는 것을 떠올리면 사랑의 어원을 사람에서 찾아야 하는 게 아닌가 하는 생각을 하게 됩니다. 하지만 이 역시 명확한 증거를 찾기가 쉽지

언어로 본 한국인의 문화유전자

않습니다. '살다', '삶', '사랑', '사람'을 같은 어원으로 보고 설명하려는 학자도 많습니다. 의미 있는 설명이죠.

사람이 삶을 살아가는 데 사랑이 필요하니 이러한 설명을 하려는 것이죠. 정답인가 아닌가에 관계없이 저는 좋은 해석이라고 생각합니다. 종종 정답보다는 좋은 해석, 아름다운 해석이 필요할 때가 있습니다. 저는 사랑의 어원을 이야기할 때 한쪽을 강력히 주장하는 것은 좀 피하려고 합니다. 자신이 없다는 말도 맞겠습니다. 다만, '사랑'이라는 말이 원래 '생각하다'라는 의미였음은 분명한 사실이기 때문에 이 점은 잘 기억했으면 좋겠습니다.

저는 우리말에서 '사랑'의 기본적인 의미는 생각하는 것이라고 봅니다. 생각한다는 것은 그리워하는 것입니다. 보고 싶다는 의미입니다. 여러분이 보고 싶은 사람이 많다면 그것은 사랑하는 사람도 많은 겁니다. 반대로 나를 보고 싶어 하는 사람이 많으면 나를 사랑하는 사람도 많다는 의미입니다. 자꾸만 생각나는 사람, 자꾸만 보고 싶고 그리운 사람은 모두 사랑하는 사람인 셈입니다.

생각한다는 말은 위한다는 의미도 됩니다. '우리 생각은 안 해요?'라는 말에서 우리를 위하지 않느냐는 말, 배려하지는 않느냐는 말이 됩니다. 누구 생각을 하고 산다는 말은 그 사람이 잘 되기를 바란다는 말, 행복하기를 바란다는 말이기도 한 것입니다. 사랑은 생각하는 겁니다. 사랑은 그래서 기도이기도 합니다. 두 손을 모으면 그대로 눈앞에 떠오르는 사람이 있습니다. 그 사람이 바로 우리가 사랑하는 사람입니다.

하루하루가 힘들다는 느낌이 드는 세상입니다. 살기가 힘들수록 서로를 사랑해야 하는 겁니다. 바로 생각해야 하는 겁니다. 내가 사랑하는 사람, 나를 사랑하는 사람을 생각하면서 살아야 합니다. 나 때문에 웃고 우는 사람이 참 고맙지 않습니까? 될 수만 있다면, 할 수만 있다면 나를 생각하는 것으로 웃을 수 있기 바랍니다. 될 수만 있다면 나를 사랑하는 것이 기쁘면 좋겠습니다. 그렇게 되려면 어떻게 해야 될까요? 나부터 웃어야 되겠네요. 내가 슬픈데 그가 기쁘기는 어려울 겁니다. 내가 건강하고 밝아야 할 이유가 사랑에도 있는 것입니다. 사랑은 따뜻한 그리움이고 함께하는 행복입니다.

'창문을 닫아도 스며드는 달빛, 마음을 달래도 파고드는 사랑'이라는 노랫말이 다시 창부타령에 나옵니다. 사랑이 서로에게 위로가 되었으면 합니다. 살면서 사랑하는 사람이 점점 많아지기 바랍니다. 토닥토닥 어깨를 두드리고 가만히 안아주고 사랑의 이야기를 건네면서 살 수 있기 바랍니다.

'그립다'라는 말은 어떤 의미일까요? '그립다 말을 할까 하니 그리워'라는 김소월 시의 한 부분이 있습니다. 말과 생각이 어떻게 이어지는지를 보여 주는 애틋한 시입니다. 말보다 생각이 먼저 머리와 가슴에 다가옵니다. 말을 떠올리는 순간 감정이 쓸려옵니다. 그런 의미에서라면 가끔은 '그립다'라는 말을 해보면 어떨까 하는 생각도 들었습니다. 그러면 생각지도 않았던 그리운 일이 먼저 떠오를지도 모릅니다.

그리운 일이 떠올랐을 때 입가에 미소라도 띨 수 있으면 좋겠네요. 물론 어쩌면 눈시울이 괜히 그리움으로 뜨거워질 수도 있을 겁니다. 예전 일을 생각해 보면서 어떤 일이 좋았고 어떤 일이 힘들었는지 생각해 봅니다. 어떤 일이 기뻤고 어떤 일이 슬펐는지 떠올려 봅니다. 그리고 그리운 건 어떤 것인지 생각해 봅니다. 언제로 돌아가고 싶은지, 가서는 누구를 만나고 싶은지 생각이 꼬리를 뭅니다.

저의 경우를 보니까 지금 내가 힘들수록 과거의 힘든 기억은 잘 안 나는 것 같습니다. 오히려 힘이 들 때는 지난날의 좋은 기억, 만나고 싶은 사람의 얼굴이 먼저 떠오릅니다. 안 그래도 힘든데 어려웠던 시절이나 만나기 싫은 사람이 생각나면 더 견디기 어려울 겁니다. 가까운 분께 살면서 언제가 가장 힘들었는지 물어봤습니다. 힘든 기억을 괜히 꺼내는 것은 아닌지 주저되기는 하였지만 그래도 삶을 되돌아볼 기회가 될 수도 있겠다는 생각이 들었습니다. 그런데 대부분의 분들이 힘들었을 때는 잘 기억이 안 난다고 대답하였습니다. 제가 예를 들어드리자 그제야 '맞아, 그런 일이 있었다.'라고 하였습니다. 아팠던 기억, 배신당했던 기억, 가족이나 친구가 힘들어 했던 일, 가까운

이가 세상을 떠난 일 등.

어쩌면 예를 들지 말 걸 그랬습니다. 살면서 힘들었던 기억이 저 깊이 파묻혀 있다는 것은 다행이라는 생각이 들었습니다. 굳이 기억하지 않으려 애쓸 필요도 없긴 하지만 자꾸 떠올려서 괴로울 이유도 없습니다. 조금은 멀리 떨어뜨려 놓고 바라보면서 나를 돌아볼 뿐입니다. 약간은 가슴이 아리기도 할 겁니다. 그때 힘든 기억이 다시 돌아날 수도 있습니다. 하지만 그때의 괴로움을 딛고 서 있는 지금이 더 고마워질 수도 있을 겁니다. 할 수만 있다면 힘든 기억은 모두 단기 기억으로 보내고 좋은 기억은 모두 장기 기억에 남겨 두고 싶습니다. 할 수만 있다면 행복한 기억을 가까이 두고 싶습니다. 자꾸 생각이 나서 괜히 미소 지을 수 있게 말입니다.

'그립다'는 말은 '그리다'는 말과 어원이 같습니다. 그리는 것은 사실 구체적인 행위입니다. 그림을 그리는 게, 그리는 기본적인 행위일 겁니다. 원래는 눈앞에 보이게 그리는 일이었는데 눈에 보이지 않지만 보이는 것처럼 그리기도 합니다. 우리는 이러한 모습을 '그리워하다'라고 합니다. 그리워하는 것은 분명 추상적인 행위이지만 생각 속에서는 구체적으로 돌아갑니다. 어쩌면 손으로 그린 그림보다 마음으로 그리워한 것이 더 간절하고 더 구체적인 느낌일 수 있습니다. 왜냐하면 그리움에는 감정이 한 가득이기 때문입니다.

언어로 본 한국인의 문화유전자

그립다, 그리다와 어원적으로 연결되는 것은 글일 겁니다. 글이 상형문자에서 비롯되었다는 점을 생각해 보면 글과 그리다는 자연스럽게 연결이 될 수 있습니다. 그립다와 글이 같은 어원을 갖고 있음을 생각하면서 그리움에 대한 해결책도 떠오릅니다. 바로 글을 쓰는 겁니다. 편지도 쓰고 일기도 쓰면서 그리움을 글로 달래는 겁니다.

24
'슬프다'와 '싫다', '기쁘다'와 '즐겁다'
그리고 좋다

싫은 일이 많으면 슬픈 것, 좋아하는 일은 옳은 것

우리말에서 '싫다'가 '슬프다'와 어원이 같은 것은 우연이 아닌 것 같습니다. 참으로 놀라운 필연입니다. 옛말에서 '슳다'라는 단어가 '싫다'와 '슬프다'의 의미를 동시에 나타냈습니다. 지금은 '슳다'가 모음이 바뀌어 '싫다'가 되었고, '슳다'에 '-브-'가 들어 '슬프다'가 되었습니다.

우리 선조들은 **싫은 일이 많다는 것은 슬픈 일**이라고 생각한 것 같습니다. 슬픈 일이 생기면 당연히 싫은 감정도 따라 생겨납니다. 한국인은 감정적으로 싫은 감정을 슬퍼했던 것으로 보입니다. 저는 슬픔

언어로 본 한국인의 문화유전자

이라는 감정을 보면서 마음이 아픕니다. 이런 감정이 생기지 않았으면 좋겠다고 생각을 합니다. 하지만 슬픔이 없는 인생은 애초에 불가능합니다. 헤어짐이 없는 삶이 있을 수 없기에 슬픔은 우리에게 필수적인 감정입니다. 그래서 싫었을 겁니다.

슬프다는 말과 싫다는 말은 그래서 어원이 같았을 겁니다. 슬픈 게 싫고, 싫은 게 많아서 슬픈 겁니다. '싫다'와 '슬프다'라는 말을 생각해 보면 슬픔을 피하는 방법이나 싫음을 이기는 방법도 깨닫게 됩니다. 바로 그것은 싫어하지 않으면 슬픈 일도 줄어들게 된다는 것입니다. 슬픈 일을 싫어하지 않으면 덜 슬퍼진다는 의미입니다. 한편 우리가 꼭 기억해야 하는 것은 슬픔은 나쁜 것이 아니라는 점입니다. 싫은 감정은 언제나 생길 수 있습니다. 그리고 그 싫은 감정은 슬픔이 되기도 합니다. 괴롭죠. 하지만 슬픔을 받아들이는 자세가 세상을 기쁘게 살아갈 힘을 줍니다. 슬픔은 나쁜 게 아닙니다. 슬픔은 우리 삶의 일부분입니다. 슬픔이 우리의 삶이라는 것을 받아들여야 하는 것입니다.

'기쁘다'와 '즐겁다'라는 말도 생각해 볼까요? 우리말에서 '기쁘다'라는 말은 '기꺼이' 한다는 의미를 가지고 있습니다. 기꺼이의 옛말인 '깃다'에 '-브-'가 합쳐진 말이라고 할 수 있습니다. '기쁘다'는 마음속의 자연스러운 감정이라고 할 수 있습니다. 기뻐서 웃기도 하지만 기뻐서 눈물을 흘리기도 한다는 점에서 즐거움하고는 좀 다른 감정이라고 할 수 있겠습니다.

　'기쁘다'와 '즐겁다'는 어떤 차이가 있을까요? 우선 둘 다 좋은 감정이라는 공통점이 있습니다. 그런데 사용하는 장면을 보면 '기쁘다'는 주로 개인적인 마음의 상태입니다. 반면 '즐겁다'는 여럿이 함께 느끼는 감정입니다. 배우고 익히는 것이 기쁘고 벗과 함께 하는 것이 즐겁다는 논어의 구절이 '기쁘다'와 '즐겁다'를 잘 나누어 보여 줍니다. 저는 우리말의 감정을 살피면서 스스로 깨달음을 얻고 하루하루 자라는 기쁜 삶이기를 바랍니다. 그러면서도 서로의 마음을 나눌 수 있는 그런 사람들과 즐거운 시간을 보낼 수 있기도 바랍니다. 그것이 '기쁘다'와 '즐겁다'의 구별 방법입니다.

　싫다의 반대로 쓰이는 좋다에 대하여 살펴보겠습니다. 우리가 무엇을 좋아하는지, 좋아하는 것에 대한 태도가 어떠한지를 알면 우리 문화의 방향도 알 수 있습니다. 우리말에서 한 낱말이 여러 뜻으로 쓰이는 경우가 있습니다. 다의어(多義語)라고 하는 현상입니다. 다의어는 중심 의미가 있고 주변 의미가 있습니다. 중심 의미 즉 핵심 의미에서 조금씩 멀어지면서 상황에 따라 다양한 의미가 됩니다. 그런 점에서 다의어를 살펴보는 것은 우리의 사고를 살피는 중요한 방법입니다.

　우리말의 좋다는 '옳다'는 뜻으로 쓰이기도 합니다. 좋은 나라, 좋은 회사라는 말은 여러 가지 의미가 있을 수 있습니다만 근본적으로 옳다는 뜻입니다. 그러기에 좋은 나라의 반대는 싫은 나라가 아니라 나쁜 나라입니다. 나쁘다는 말은 낮다와 관련이 있습니다. 낮아지는 게 나쁜 겁니다. 자신의 가치를 낮게 만드는 것이 나쁜 것이라는 생각이 담겨 있습니다.

좋다는 말의 기본의미는 좋아한다는 뜻입니다. '나는 너가 좋다.' 는 말은 너를 좋아한다는 뜻이죠. 좋아한다는 말이 옳다까지 나아간 이유는 무엇일까요? 저는 여기에서 인간에 대한 믿음, 나에 대한 믿음을 봅니다. 내가 좋아하는 것에 나쁜 게 있을 수 없다는 마음입니다. 우리는 나의 양심에 비추어 세상을 판단합니다. 그러기에 내가 좋아하는 사람이, 내가 좋아하는 나라가 나쁠 수 없다고 생각하는 겁니다. 실제로 우리는 나쁜 것을 좋아할 때 마음에 가책을 느낍니다. 함부로 나쁜 것을 좋다고 이야기할 수 없는 겁니다. 나쁜 일을 하는 것도 마찬가지입니다. 나쁜 일은 내가 좋아하는 일이 아닙니다.

그러기에 우리는 좋다는 말에서 편안함을 느끼고 행복감을 느낍니다. 생각해 보면 내가 좋아하는 사람은 모두 좋은 사람입니다. 내가 좋아하는 이 마을도, 이 나라도 모두 좋은 세상입니다. 그리고 좋은 세상이 되기 위해서 나도 한몫을 합니다. 나의 노력 없이 세상이 좋아질 수 없다는 것을 너무나도 잘 알고 있는 우리입니다. 내가 좋아져야 세상이 나아집니다.

우리는 내가 좋아하는 게 많아서 너무나 좋습니다. 좋은 게 많아서 행복합니다. 내가 좋아하는 것, 좋아하는 사람을 차례로 떠올려 봅니다. 자연스레 웃음이 납니다. 좋은 사람을 만나서 좋아하는 음식을 먹고, 좋은 이야기를 나누고 싶습니다. 그리고 '야, 좋다! 정말 좋다. 다 좋은 세상이다.' 이렇게 외쳐 보고 싶습니다. **우리가 좋아하는 것은 옳다는 생각이 우리 문화유전자입니다.**

언어로 본 한국인의 문화유전자

25
'귀하다'와 '귀찮다' 그리고 다행이다

사람에 대한 관심을 보여 주는 한국어의 감정표현

'귀하다'와 '귀찮다'라는 단어를 살펴볼까요? '귀하다'와 '귀찮다'라는 말을 보면 서로 연관성이 느껴지지 않죠. 하지만 두 단어는 서로 깊은 관련이 있습니다. 세상에서 제일 귀한 것은 무언가요? 나에게 가장 귀하고 소중한 것은 뭔가요? 어쩌면 쉽게 떠오르지 않을 수도 있고 어쩌면 여러 가지가 동시에 떠오를 수도 있겠습니다.

많은 사람들이 가족이 귀하다고 이야기를 합니다. 친구가 소중하고 귀하다고 말하는 사람도 있죠. 요즘에는 무엇보다도 건강이 귀하다고 이야기하는 사람도 있습니다. 물론 돈이 귀하다, 집이 귀하다, 경제적인 것을 귀하다고 이야기하는 사람들도 있습니다. 그렇기 때문에 귀금속(貴金屬)이라는 표현도 있었을 겁니다. 우리는 소중하고 귀한 것을 떠올려 보는 것만으로도 행복함을 느끼게 됩니다. 기분이 좋아지는 거죠.

그런 의미에서라면 나에게 귀한 게 많으면 더 행복할 것 같습니다. 저는 그런데 '귀하다'는 말을 떠올리면 '귀찮다'라는 말이 동시에 떠오릅니다. 왜냐하면 '귀찮다'가 '귀하다'와 관련이 있는 말이기 때문입니다. '귀찮다'는 바로 '귀하지 않다'가 줄어든 말입니다. 그런데 가만히 생각해 보면 '귀찮다'라고 얘기하는 것은 귀하지 않은 것이 아니라 귀한 것을 귀하게 여기지 않는다는 말이라는 생각이 듭니다. 즉 귀한 것을 모르는 것이죠.

'귀찮다'라는 말 속에서도 오히려 참으로 귀한 것이 무엇인가에 대해 더 생각할 기회를 갖기 바랍니다. 우리가 '귀찮다'고 말하는 것 중에는 진정으로 귀한 것도 많이 있습니다. 사람들은 움직이는 게 귀찮다고 얘기합니다. 정말로 위험한 말 아닙니까? 움직일 수 있는 게 얼마나 귀한 것입니까? 걸을 수 있다는 거, 산에 갈 수 있다는 것이 너무나 귀한 말이죠. 그런데 움직이는 게 귀찮다는 말을 하는 겁니다. 가족이 귀찮다고 말하는 사람도 있습니다. 하지만 가족이야말로 나를 이해하고 배려하는 첫 번째 내 편이 아닐까요? 당연히 정말로 귀한 게 가족이겠죠. 그런데 우리는 움직이는 것도 귀찮고 가족도 귀찮다고 이야기를 하고 있는 것입니다.

귀함을 얘기할 때 물질을 떠올릴 수도 있을 겁니다. 값비싼 보석을 떠올리는 사람도 있겠죠. '귀하다'는 말이 '값어치가 높다'라는 의미이기도 하니까 당연히 보석 생각이 날 겁니다. 그런데 보석을 생각해 보면 '귀하다'는 말에는 두 가지 접근이 가능할 것 같습니다. 왜 보석이 귀할까요? 보석이 귀한 이유는 우선 별로 없기 때문입니다. 많다면 귀하다고 하지 않을 겁니다. 그래서 '귀하다'라는 말에는 '드물다'라는 의미도 있습니다. 희귀할수록, 드물수록 더 귀해집니다. 특히 내가 갖기가 어렵다면 더 귀한 것입니다.

또 다른 의미는 그래서 내가 갖고 싶어야 하는 것입니다. 아무리 희귀하다고 하더라도 내가 갖고 싶지 않다면 귀한 것이라고 할 수 없습니다. 아마도 보석은 매우 드물고 사람들이 갖고 싶어 하기에 귀하다고 생각을 하는 것 같습니다. 이런 측면에서 보면 우리에게 귀한 것이 무엇인가를 생각할 때는 드물고 갖고 싶은 것을 찾아야 합니다. 오랫동안 같이 함께 있고 싶은 것을 찾아야 하는 것입니다.

본인이 생각할 때 **세상에 하나밖에 없는 건 자기 자신**일 겁니다. 물론 다른 것도 하나만 있는 것일 수 있지만 내가 없으면 세상이 없어지는 것이니까요. **나를 귀하게 생각하는 것이 바로 나다움의 시작**입니다. 그게 우리가 이야기한 아름다운 것이겠죠. 그런데 그게 참 어렵습니다. 그래서 공부하고 기도하고 수련을 해야 할 것입니다. 어렵다면 포기하는 게 아니라 공부를 해야 한다는 의미입니다.

논어나 수많은 경전에서 어렵다는 말이 나온다면 그 말은 공부를 하라는 뜻입니다. 공부를 해서 그 어렵던 삶의 문제가 깨달음으로 다가올 때 그때 기쁨의 눈물도 나게 될 겁니다. 저도 늘 이런 문제가 괴롭습니다. 스스로가 귀하다는 생각이 들지 않는 거죠. 내가 귀하지 않으면 다른 사람도 귀하지 않습니다. 그럴 때 일어나는 감정이 귀찮은 감정입니다. 사는 게 귀찮고 밥 먹는 게 귀찮고 다른 사람을 만나는 게 귀찮고 그 사람을 배려하고 이해하는 것도 귀찮아지는 겁니다.

문제의 감정이 아닐 수도 없습니다. 나의 문제도 힘이 들지만 가까운 이들의 고통도 참으로 아픕니다. 내가 귀하다는 것을 사무치게 알아야 남이 귀하다는 것도 사무치게 다가옵니다. 남이 귀하게 느껴지지 않는다는 말은 나를 참으로 귀하게 생각하는 것은 아니라는 의미가 되는 것입니다. 많은 종교에서 나를 귀하게 생각하라는 말은 그런 의미인 겁니다. 그런 단계들을 거쳐서 내가 귀하고 남도 귀한 단계를 만나게 되는 겁니다.

우리가 자주 표현하는 감정의 어휘 중에는 '행복하다'는 말이 있습니다. 이것은 인사말로도 사용을 해서 '행복하시기 바란다'고 이야기도 하죠. '바라다'라는 말은 기도라는 말이기도 합니다. 우리의 기도에 행복이라는 말이 함께 쓰이고 있는 겁니다. '바란다'라는 말 앞에는 행복 외에도 건강, 합격 등의 다양한 소망이 얹어집니다. 소망(所望)이라는 말도 '바라는 바'라는 의미입니다. 우리가 누군가를 떠올릴 때는 그에 맞는 소망, 즉 기도가 떠오르게 됩니다.

행복을 바라는 것은 누구나 바라는 소망일 겁니다. '행복(幸福)'이라는 말과 '행운(幸運)'이라는 말은 좀 다릅니다. 우리는 행복을 바라기도 하고 행운을 바라기도 합니다. 공통점은 '행(幸)'입니다. 사전을 찾아보면 '행복'은 '복된 좋은 운수'라고 나옵니다. '행운'을 찾아보니 행운도 '좋은 운수' 또는 '행복한 운수'라는 뜻으로 설명되어 있네요. 사전이 두 단어의 느낌을 구별하지 못하고 있네요. 사전에는 비슷한 말이 종종 꼬리를 물고 돌기도 합니다. 문제죠.

저는 '행운'이라는 말에서는 천운과 같은 미리 정해져 있거나 우연히 나에게 일어나는 일이라는 느낌이 납니다. 하지만 행복에는 나의 노력도 포함되어 있음을 느낍니다. 물론 행복에도 운이 필요하겠죠. 아무리 노력해도 행복해지지 않는다고 이야기할 수도 있기 때문입니다. '복(福)'이라는 말에서도 왠지 노력으로 이루어지지 않을 듯한 느낌을 받게 됩니다. 하긴 '소문만복래(笑門萬福來)'라고 해서 웃기만 해도 온갖 복이 들어온다고 하니 웃는 노력을 하면 되겠네요. 그런데 웃는 노력도 의외로 쉽지 않은 노력입니다.

저는 '행복(幸福)'이라는 말이나 '행운(幸運)'이란 말에서 '행(幸)'에 집중을 해봅니다. '행(幸)'의 느낌을 알기 위해서는 '다행(多幸)'이라는 말을 살펴볼 필요가 있습니다. '다행'은 '뜻밖에 일이 잘 되어 운이 좋음'이라는 의미입니다. 많은 행복인 셈이죠. 그런데 '다행'이라는 말을 쓰는 장면을 보면 대부분 위험한 장면이 많습니다. 때로는 아예 불행해 보이는 순간임에도 '다행'이라는 말을 쓰는 것을 알 수 있습니다. 다행히 크게 다치지는 않았다는 말에서 행복이라는 느낌은 사실 받기가 어렵습니다. 그런데 우리는 그 순간을 다행이라고 말합니다. 그냥 행복도 아니고 많은 행복인 셈입니다. 생각해 보면 '다행'은 참 쉬운 것 같습니다. '다행'은 힘들 때 더 느낄 수 있는 감정입니다.

가수 이적의 '다행이다'라는 노랫말에도 다행의 의미를 가득 담고 있습니다. '그대를 안고서 힘이 들면 눈물 흘릴 수가 있어서 거친 바람 속에도 젖은 지붕 밑에도 홀로 내팽개쳐져 있지 않다는 게 지친 하루살이와 고된 살아남기가 행여 무의미한 일이 아니라는 게 그리고 그대를 만나고 그대의 머릿결을 만질 수가 있어서 다행이다.'라고 말합니다. 그렇게 보면 다행, 참 쉽지 않나요? 힘들 때 누구를 안고 눈물 흘릴 수 있다면, 홀로 내팽개쳐져 있지만 않다면, 그저 머릿결을 만질 사람만 있다면 우리는 다행이라는 겁니다.

다행은 힘들지만 그 속에서 기쁨을 느끼는 겁니다. 저는 '새옹지마(塞翁之馬)'라는 말은 힘든 일 후에 기쁜 일이 생기는 것이 아니라

언어로 본 한국인의 문화유전자

힘든 일이 꼭 나쁜 것은 아니라는 의미를 담고 있다고 생각합니다. 그렇게 생각하면 행복해질 수 있습니다. 그게 행복의 조건입니다. 저는 인사말로서 행복을 기원합니다. 그런데 제가 드리는 인사는 어려워도 힘들어도 그 속에서 기쁘기를 바란다는 인사입니다.

우리말은 감정표현이 발달한 언어입니다. **감정표현이 발달하였다는 것은 사람에 대한 관심이 많고 변화에 대해서 관심이 많았음을 의미합니다.** 이 장에서 이야기한 감정에 대한 단어를 보면서 여러분 모두에게 마음의 위로가 생겼길 바랍니다. 말은 마음이고 감정이고 힘입니다.

6장

자연과
한국어문화

출처: 국립중앙박물관 e뮤지엄 제공

26
북두칠성

한국인의 조상이자 고향인 북두칠성

　이번 장에서는 자연과 한국 문화에 대해서 이야기해 보겠습니다. 자연은 그 자체로는 문화적인 것이 아니지만 우리 삶 속에 지대한 영향을 미치며 문화의 요소가 되었습니다. 그중에 처음으로 다루고자 하는 것은 '별'입니다. 모든 별이 다 한국어 문화와 연관이 되어 있겠습니다만 그중에서도 한국인에게 중요한 별이 있습니다.

　저는 시베리아에 가 본 적이 없습니다. 바이칼 호수도 가 본 적이 없습니다. 끝없이 펼쳐진 시베리아 벌판이나 바다 같다는 바이칼 호수는 제게는 그저 상상의 장소나 마찬가지입니다. 그럼에도 아주 낯설게 느껴지지는 않는 곳이기도 합니다. 오히려 언젠가는 꼭 가야 할 곳으로, 어쩌면 내 마음의 고향으로 시베리아와 바이칼 호수는 자리하고 있습니다. 아득히 먼 땅이고 먼 호수이지만 늘 내 심장에 가까운 곳이라고나 할까요? 제 학문의 스승은 서정범 선생님이십니다.

선생님께 저는 국어사와 어원, 샤머니즘 등을 배웠습니다. 선생님은 강의 시간에 시베리아 이야기를 하실 때가 많았습니다. 시베리아의 브리야트어 등 언어 이야기가 주를 이루었지만 샤먼을 비롯한 문화 이야기도 넘쳐났습니다. 즐거운 시간이었죠. 우리 문화와 가장 닮아 있는 곳이라는 설명에 저의 호기심은 더욱 커져갔습니다. 그때마다 정점을 이루는 이야기는 북두칠성이었습니다. 북두칠성이 바로 머리 위에서 빛나는 곳에 우리 조상의 뿌리가 있다는 말씀이셨습니다.

저도 그때부터 열심히 북두칠성을 찾아다녔습니다. 하늘의 북두칠성을 찾았다기보다는 우리 문화와 역사 속에서 북두칠성을 찾았던 것입니다. 북두칠성에 관한 책을 보이는 대로 찾아서 읽었습니다. 절에 가면 대웅전보다 칠성각을 우선 찾았습니다. 불교 이전의 우리 신앙의 모습이 칠성각이나 산신각, 삼성각에 남아 있습니다. 저는 왠지 부처님을 모신 곳보다 칠성이나 산신을 모신 곳이 더 가깝게 느껴졌습니다. 여러분도 절에 갈 일이 있으시다면 꼭 칠성각을 가보십시오. 오히려 한국의 전통적인 신앙을 만날 수 있을 겁니다.

칠성이 돌에 새겨진 곳도 열심히 다녔습니다. 고인돌이나 큰 돌 위에 칠성을 새겨 놓은 것을 찾을 수 있었습니다. 예로부터 지금에까지 이어진 끈을 느낄 수 있었습니다. 화순에 있는 운주사에서는 산 위에 칠성 모양으로 된 둥그런 바위들을 만날 수 있었습니다. 탑이라고 하면 위로 쌓아 놓았어야 하는 탑을 산 위에 펼쳐 놓았다는 생각을 했습니다. 산 위에 북두칠성의 형상으로 놓여 있는 모습은 큰 감동을 주었습니다. 칠성과 관련된 그림이나 이야기도 찾아서 보고 또 읽었습니다. 우리나라에 북두칠성과 관련된 이야기와 유적이 많은 것은 모두 우리가 북두칠성에 대한 깊은 관심이 있기 때문입니다.

예전에 할머니나 어머니는 새벽에 정화수를 떠 놓고 가족의 건강과 평안을 칠성님께 빌었습니다. 절에 가서도 칠성각을 찾아서 빌고 또 빌었습니다. 또 사람이 죽으면 관 속 칠성판(七星板)에 놓았습니다. 칠성판에 올려서 북두칠성으로 보내 드린 것입니다. 우리가 칠성과 관련된 수많은 이야기 속에 살고 있는 것은 북두칠성을 조상과 연관 지어 생각하기 때문입니다. 더 정확히 말하자면 북두칠성 아래 바이칼 호수 주변을 떠올리는 것일 수도 있습니다.

우리 민족의 이동을 연구하는 학자들은 대체적으로 이동의 시작을 바이칼 호수 주변으로 봅니다. 바이칼 호수 주변이 한민족의 시작이라는 것이죠. 민족의 DNA를 비교 연구하는 학자들도 비슷한 결론을 내립니다. 바이칼 주변의 민족과 한민족의 DNA가 비슷하다는 거죠. 언어적으로도 바이칼 주변의 언어와 한국어는 공통점이 아주 많습니다. 샤먼을 비롯한 전통, 종교적인 풍습도 많이 닮아 있습니다. 그리고 무엇보다도 우리 문화 속에 수없이 남아 있는 북두칠성의 흔적은 우리의 기원을 바이칼 호수로 이끌어 줍니다.

저는 바이칼 호수에 간 적은 없습니다만, 카자흐스탄에서 밤하늘의 북두칠성을 찾은 적이 있습니다. 카자흐스탄도 한국보다는 훨씬 북쪽에 있는 나라죠. 놀랍게도 카자흐스탄에서 찾은 북두칠성은 바로 가깝게 머리 위에 있었습니다. 아마도 바이칼 호수에 가면 훨씬 더 가까이에서 북두칠성을 찾을 수 있을 겁니다. 만약에 바이칼에서 민족의 이동이 시작되었다면 북두칠성은 고향의 상징이 되었을 겁니다. 고향에서 멀어지면 멀어질수록 북두칠성은 조상의 모습으로 빛이 났겠죠. 그대로 칠성을 보면 고향이 생각나고 조상이 생각났을 겁니다. 그대로 북두칠성은 신앙이 되고, 죽으면 돌아가고 싶은 마음의 고향이 되었을 겁니다. 북두칠성에 가면 먼저 가신 조상을 만날 수 있고, 보고 싶은 사람들과 아주 저리지만 기쁜 해후가 이루어질 것입니다.

저는 북두칠성을 우리의 가장 중요한 키워드라고 생각합니다. 왜냐하면 한국 사람에게 가장 중요한 신앙이 조상 숭배, 부모에 대한 효이기 때문입니다. 북두칠성은 그냥 별이 아닙니다. **북두칠성은 한국인에게 종교이고, 한국인에게 조상이고, 한국인에게 고향인 셈입니다.**

27

해

날마다 해마다 밝을 해를 보며 새로워지는 것

이번 대상은 '해'입니다. 태양, 많은 나라에서 많은 민족이 태양을 숭배하죠. 해는 우리에게 어떤 의미를 갖고 있을까요? 해 이야기를 하기 전에 색을 먼저 살펴보겠습니다. 우리말에서 '색'은 아주 구체적입니다. 우리는 아예 색을 구체적으로 표현합니다. 밤의 색깔을 가지고 있으면 밤색, 수박의 색이면 수박색, 우리 몸의 색이면 살색, 쑥과 같은 색이면 쑥색과 같이 표현하기도 합니다. 내가 어떤 색을 말하면 공통적으로 사람마다 떠올려야 하는 색이 있어야 하기 때문일 겁니다.

그러면 흰색은 어떤 색일까요? 무엇과 연관이 될까요? 아마도 흰색이라고 하면 많은 사람은 눈을 떠올릴 겁니다. 눈을 흰색의 대표라고 생각하는 거죠. 하지만 우리말의 '희다'라는 단어를 살펴보면 어원적으로는 '희다'와 '눈'의 관련성을 찾기가 쉽지 않습니다. 그리고 지역에 따라서는 눈을 보기가 힘들 수도 있습니다. 또 눈이 내린다고 하여도 사시사철 계속해서 눈이 내리는 것이 아니니까 '눈'을 색의 대표라기에는 어려운 점이 있을 것 같습니다.

그렇다면 흰색은 도대체 무엇과 관계가 있을까요? 의외의 실마리는 중세 국어에서 찾을 수 있습니다. 중세 국어에서 '희다'의 어간은 모양이 해와 같았습니다. 보통 용언의 어간은 명사와 관련이 있습니다. 예를 들어서 우리가 빨간색이라고 얘기하는 '붉다'는 '불'과 관련이 있는 말입니다. 우리나라 사람들은 붉은색을 불과 관련 지어 생각하였던 것입니다. '푸르다'라는 말도 '풀'과 관련이 됩니다. 한국 사람들은 '푸르다'라는 말을 풀에서 찾았던 것이죠. 그렇기 때문에 우리말에서 '푸른 산'이라는 말이 가능합니다. '푸르다'라는 말은 어간 '푸르–'가 '풀'과 관련이 있다고 이야기를 할 수 있습니다.

따라서 하늘의 '해'와 색깔 '희다'는 같은 어원일 가능성이 있습니다. 어쩌면 쉽게 납득이 가지 않을 수도 있겠습니다. 오히려 태양은 노란색이나 붉은색과 관련이 있지 않을까 생각할 수도 있겠습니다. 우리가 주로 많이 비유를 하는 '황금빛 태양'이나 '붉은 태양'이라는 말에서 그러한 근거를 찾을 수도 있겠네요. 그런데 우리말에서도 해가 흰색을 나타내는 경우가 많습니다. 그렇기 때문에 매우 흥미로운 것이죠. 가장 대표적인 예는 '해오라기'라는 새입니다. 해오라기라는 새는 기본적으로 흰 새를 의미합니다. 여기에서 해가 바로 '희다'라는 의미입니다.

흥미로운 것은 과학적으로도 빛은 흰색과 관련이 된다는 점입니다. 초등학교 다닐 때 배웠던 기억이 나는데요. 색은 서로 합쳐지면 검은색이 되지만 빛은 서로 모이면 흰 빛이 된다는 이야기였습니다. 즉 빛이 모이면 흰색이 된다는 것이니까 해에서 흰색을 발견했다는 건 놀라운 일이 아닐 수 없습니다. 옛 사람은 종종 현대인들도 잘 알기 어려운 과학적인 지식이 있었던 것 같습니다.

해를 흰색과 연결하는 경우는 다른 언어에도 나타나는데요. 가장 대표적으로는 한자입니다. 한자에서 '희다'에 해당하는 단어는 '흰 백 (白)' 자를 볼 수 있겠는데요. '흰 백(白)' 자는 사실은 '날 일(日)'과 관련이 있는 글자입니다. '날'이라는 말은 해라는 뜻이거든요. 그리고 재미있는 것은 '날 일(日)' 위에 있는 모양은 바로 햇빛이라는 뜻입니다. 그렇기 때문에 '흰 백(白)' 자는 해의 빛을 형상화한 글자라고 이야기할 수 있습니다. 한자에서도 흰색은 바로 태양인 것입니다.

'해'라는 말은 '새'라는 표현과도 통합니다. '새'는 태양을 나타내는

언어로 본 한국인의 문화유전자

경우에도 아주 다양하게 쓰입니다. 해가 뜰 무렵을 우리는 '새벽'이라고 합니다. 여기에서 '새'가 바로 태양, '해'라는 뜻입니다. 또 해가 뜨는 것을 뭐라고 하나요? 우리는 해가 뜨는 것을 '날이 새다'라고 표현합니다. 여기에서도 '새'는 태양의 의미를 갖고 있습니다. '새롭다'라는 말은 어떤가요? '새롭다'라는 말도 생각해 보면 해와 관련이 있습니다. 왜냐하면 '새롭다'라는 말은 해가 뜨는 것이 늘 새로운 세상이 되는 느낌이었기 때문에 생긴 말일 겁니다. 즉 해가 새로 뜨는 것이 새로운 것이죠.

그렇기 때문에 우리는 새로운 곳을 동쪽이라고 이야기하기도 합니다. 동쪽을 나타내는 단어들 중에는 그래서 '새'라는 표현이 많이 들어갑니다. 동풍을 나타내는 높새바람이 대표적이죠. '새'는 동쪽을 의미하기도 한다는 것이죠. 해가 뜨는 쪽이니까요. 한편 '새'가 들어가는 나라, 즉 '새 신(新)' 자가 들어가는 나라 '신라(新羅)'가 동쪽에 있었던 것도 우연은 아니라고 할 수 있겠습니다.

우리말에서는 '새롭다'에 해당하는 표현에 아예 '해'를 쓰기도 합니다. 어떤 단어가 있을까요? '햇것, 햇곡식, 햅쌀, 햇과일, 햇병아리' 등은 모두 새롭다는 뜻입니다. 즉 '새'가 해를 의미하기도 하지만 '해'가 그대로 새로움의 뜻이기도 한 것입니다. 즉 해는 새로움의 상징이 되기 때문입니다. 그런데 이 '새'라는 말이 우리말에서는 아예 흰색을 의미하는 경우도 있습니다. 바로 '새치'라는 단어입니다. 새치는 머리에 부분적으로 흰 머리카락이 있는 것을 의미합니다. 물론 머리가 전부 하얀 사람에게 새치라는 표현은 쓰지 않습니다. 젊은 사람이 한두 개, 몇 개의 흰머리가 있을 때 새치가 생기는 거죠. 나이가 많지는 않은데 흰머리가 있을 때 쓰는 말이 바로 '새치'인 것입니다.

'해'나 '새'가 흰색과 관련이 된다는 것은 참 재미있습니다. 우리가 1년의 시작을 '새해'라고 하는 것도 저는 우연은 아닐 거라고 생각합니다. 해는 날마다 뜨죠. 하지만 우리는 그 '해'를 1년의 개념으로도 사용합니다. 그래서 해는 날마다 뜨기는 하지만 '해'는 1년에 한 번씩 돌아오기도 하는 것입니다. 아침마다 우리는 해를 만나고 새로워집니다. 그리고 해마다 우리는 다시 또 새로워집니다. 새로운 해를 기다리면서, 저 역시 밝은 해를 기다리면서 하얀 그리움들을 키워 갑니다. 날마다 새로운 삶을 살았으면 좋겠습니다. 해를 보며 새로운 희망이 생겨 났으면 좋겠습니다. 그것이 바로 해가 보여 주는 한국 문화의 정신입니다.

언어로 본 한국인의 문화유전자

28
달

어두운 밤에 내 이야기를 들어주는 사람

한민족에게는 '해'보다 '달'이 중요한 키워드가 되는 것 같습니다. 저는 종종 한민족은 '달의 민족'이라고 이야기를 합니다. 세계에서 가장 달에 관한 축제가 성대하게 이루어지는 곳이 한국이 아닐까 싶습니다. 저는 추석이 올 때마다 '한민족은 참 달을 사랑하는 민족이구나.'라는 것을 새삼 느낍니다. 보름달이 떠오르기를 기다리는 마음에서 간절함이나 애틋함도 만나게 됩니다. 달이 뜨면 아마도 우리는 빌고 싶은 것이 많기 때문이겠죠.

우리 민족은 정말로 달의 민족이라고 할 수 있을 정도로 달을 좋아합니다. 특히 보름은 축제의 날도 되고 감사의 날도 되고 기원의 날도 됩니다. '보름'이라는 단어가 별도로 존재하는 언어도 별로 없다고 합니다. 해는 우리 민족에게 중요한 존재이기는 하지만 달만큼 기원의 대상이 되지는 않는 것 같습니다. 다른 나라에서 태양신을 모시거나 태양을 숭배하는 것에 비해서는 매우 특이한 일이라고 볼 수도 있겠죠.

저는 그래서 우리에게 달이 해보다 귀하게 여겨지는 이유가 무얼까 하는 생각을 해보았습니다. 달을 숭배하는 민족이기 때문에 왜 달이 귀한지에 대해서 살펴볼 필요가 있었던 것이죠. 해는 달보다 훨씬 밝아서 세상을 환하게 비춥니다. 놀라운 힘이죠. 그야말로 안 비치는 곳이 없을 정도로 곳곳을 비추어 줍니다. 하지만 달은 빛이 그다지 밝지 않습니다. 모든 것을 환하게 비추는 것도 아니죠. 당연히 달보다는 해가 훨씬 귀하다고 생각을 할 겁니다. 그렇기 때문에 많은 나라에서 태양을 위대하다고 이야기하는 것이죠.

그럼에도 왜 달이 귀할까요? 저는 달이 귀한 것은 기본적으로 밤에 나타나기 때문이라고 생각합니다. 낮에 해가 구름 뒤로 숨어도 우리는 세상을 보는 데 큰 지장이 없습니다. 하지만 달은 어둠 속에서 빛을 보여 줍니다. 밤길을 찾아갈 수 있게 하는 귀한 존재가 바로 달인 셈입니다. 달은 밝을 때 존재를 나타내는 것이 아니라 어둠 속에서 빛을 발한다는 점에서 귀한 것이죠. 어두운 길에서는 별빛만으로는 어림없습니다. 별빛도 반갑고 좋습니다만 우리의 앞길을 비춰 주는 데는 달빛이 필요한 것이죠.

해는 달보다 훨씬 뜨거워서 곡식도 자라게 하고 열매도 익게 합니다. 생각해 보면 생각해 볼수록 고마운 존재죠. 그래서 많은 식물들이 해를 향해 자라납니다. 해를 보기 위해서 더 높이 자라는 경우도 있습니다. 동물도 해가 없으면 살 수 없을 겁니다. 사람도 마찬가지로 해가 없으면 살 수 없겠죠. 힘 센 태양의 모습이라고 이야기할 수 있겠습니다. 다른 민족은 아마도 이러한 이유 때문에 해를 신처럼 모실 겁니다. 태양신이라든가 왕을 태양이라고 칭하는 것은 바로 이러한 이유 때문일 겁니다.

하지만 우리 민족은 달을 보면서 달의 위로에 마음이 더 갔던 것 같습니다. 달은 비록 아주 밝지도 않고 곡식이나 열매를 자라게 할 수는 없지만 어두운 길을 조용히 비추어 주는 장점이 있습니다. 어두운 길을 걸어본 사람이라면 아마도 달의 고마움을 잘 알 겁니다. 그렇기 때문에 초승달이나 그믐달보다 보름달이 더 고마운 것은 밝은 보살핌이 있기 때문일 거라고 생각합니다.

물론 해도 필요하고 달도 필요하겠죠. 우리가 살아가는 데는 당연히 해의 고마움도 필요할 것입니다. 하지만 밝고 뜨거워서 눈이 부셔

쳐다볼 수조차 없는 해보다는 내 어둡고 외롭고 쓸쓸한 마음을 비춰주는 달이 더 좋았을 겁니다. 달은 아무리 바라보아도 눈부시지 않습니다. 얼굴이 화끈거리지도 않습니다. 오히려 우리에게 심리적인 안정감을 줍니다.

저는 종종 달을 바라보곤 하는데요. 특히 어두운 날 밝게 비추는 보름달을 바라보고 있으면 마음이 편해집니다. 달을 한참동안 바라보아도 싫증이 나지 않는다는 생각을 하게 됩니다. 편안한 거죠. 구름 사이로 들락날락하는 모습이 때로는 신비롭기까지도 합니다. 구름이 있다고 해서 달이 싫어지는 건 아니죠. 오히려 가끔은 어두워지고 가끔은 다시 밝아지는 것이 기쁨이 되기도 합니다.

우리 민족은 달을 보며 비는 사람이 많습니다. 이것도 재밌는 것 같습니다. 태양을 보고 비는 사람은 거의 없는데 달을 보고 비는 사람이 많다는 것이죠. 소원도 빌고 가족의 안정과 평화와 행복도 빕니다. 먼 길을 떠난 부모님이나 친구의 안부를 달에게 묻기도 합니다. 반대로 부모님들은 달에게 자식의 건강과 안부를 물어보기도 하죠. 그런 의미에서 보면 달은 들어주는 사람입니다. 누군가의 이야기를 묵묵히 듣는 거죠. 우리가 살면서 힘든 일이 있을 때, 슬픈 일이 있을 때 그 이야기를 달은 들어주는 겁니다. 어쩌면 대꾸 없이 묵묵히 들어주는 역할을 달이 하고 있습니다.

참으로 귀한 일입니다. 저는 종종 생각합니다. '말하는 것보다 들어주는 것이 훨씬 더 중요하다.' 들어주는 것이 바로 위로의 시작입니다. 잘 들어주어 어두운 마음을 조금이나마 밝힐 수 있게 되기 바랍니다. 저는 해도 귀하지만 달이 해보다 귀하다는 생각을 합니다. 특히 세상이 밝고 즐거울 때가 아니라 세상이 어두울 때는 더더욱 달이 귀한 순간입니다. 마음이 괴로울 때, 힘들 때, 내 이야기를 들어줄 사람이 없을 때 우리나라 사람들은 달에게 내 이야기를 전했습니다. 어두운 밤에 내 이야기를 들어주는 달을 귀하게 생각하고 소원을 빌고 감사의 뜻을 전했던 것입니다. 한국인에게 달이 중요한 이유라고 할 수 있겠습니다.

29
물

여러 어휘 속에 들어 있는 '물'의 흔적과 한국인의 사고

자연에서 어쩌면 우리가 살아가는 데 가장 중요한 것은 '물'입니다. 물이 없으면 살기가 어렵죠. 한국인, 한국 문화에서 가장 중요한 키워드 중에 하나가 '물'일 수밖에 없는 이유입니다. 저는 그래서 '물'의 어원에 대해서도 관심이 많습니다. 한 단어의 어원을 찾아가는 것은 마치 얽히고설킨 실타래를 푸는 것 같기도 하고 수수께끼를 푸는 즐거움도 맛보게 됩니다. 우리 주변에 가장 가깝게 보이는 물과 관련된 어원들을 한번 찾아가 볼까요? 우리 문화의 키워드라고 얘기하는 물에 해당하는 다양한 어휘를 만나면서 서로의 연관성을 찾아보는 즐

언어로 본 한국인의 문화유전자

거움을 느끼게 될 겁니다.

어떤 어휘가 물과 관련이 될까요? 물과 연관된 어휘로는 우선 '맑다'가 있습니다. '맑다'라는 단어는 '묽다'와 관계가 있는 어휘입니다. 모음교체에 의해서 어사분화가 이루어진 것입니다. 모음교체라는 말은 모음이 다른 모음으로 바뀌었다는 뜻이죠. 여기에서는 'ㅏ'가 'ㅜ'로 바뀌었다는 의미가 됩니다. '어사분화'라는 말은 말의 의미가 달라진 것입니다. 새로운 단어가 만들어진 것이죠. 그래서 '맑다'와 '묽다'로 새로운 단어를 만든 것입니다.

용언의 어간은 명사와 관련된 경우가 많습니다. '묽다'의 경우는 어간이 물과 관련이 된다고 볼 수 있습니다. 모음교체는 한국어에서 어사분화를 위해서 자주 나타나는 현상입니다. 한국어의 중요한 새로운 단어 만들기의 방법인 것이죠. 어사분화까지는 가지 않더라도 뉘앙스, 즉 어감의 차이를 보이는 예도 많습니다. 대표적으로는 의성어와 의태어를 들 수 있습니다. '물렁물렁'과 '말랑말랑'의 예를 생각해 보면 '물렁물렁'과 '말랑말랑'은 모음의 차이로 느낌이 달라집니다.

'물렁물렁'과 '말랑말랑'은 어원적으로 무엇과 관련이 있을까요? 역시 '물렁'의 '물'도 물과 관련이 있다고 얘기할 수 있겠습니다. 당연히 바뀐 '말랑'도 물과 관련이 있는 말입니다. 앞에서 얘기한 '맑다'도 역시 '묽다'와 마찬가지로 물과 관련이 있는 어휘라고 볼 수 있습니다. 벌써 많은 어휘들이 물과 관련돼 있다는 것을 알게 되었죠. 다른 단어를 더 볼까요? 우리가 '밥을 물에 말아 먹는다.'라는 표현을 쓰는데요.

그럴 때 '물에 말다'라고 이야기를 합니다. 이때 '말다'라는 말도 바로 물과 관련이 되는 어휘라고 할 수 있습니다. 당연한 얘기겠지만 '말다'와 함께 쓰이는 어휘들은 대부분 액체에 해당합니다. 물이나 국이 바로 '말다'의 대표적인 예라고 볼 수 있겠습니다.

'마르다'라는 말도 있습니다. '목이 마르다'라고 할 때 쓰이는 표현입니다. 여기에서 '마르-' 역시 물과의 의미적인 연관성을 찾아볼 수 있습니다. 물론 다른 접근들도 가능하겠습니다만 '마르다'를 물로 보는 것도 하나의 방법이라는 것을 말씀을 드리는 것입니다. '소변이 마렵다'라고 말을 하는 경우도 있는데요. '소변이 마렵다'의 '마렵다'도 물과 관련이 되는 것이 아닐까 생각해 볼 수 있겠습니다.

그런데 '마렵다'의 '말' 자체가, 그대로 '변'의 의미를 나타내는 어휘였기 때문에 물과의 관련성을 단정적으로 이야기하기는 좀 어렵지 않을까 합니다. 옛말에서 소변을 '작은 말', 대변을 '큰 말'이라고 했습니다. '변을 보다'라는 말도 예전에는 '말보기'라는 표현으로 사용을 했었는데 저는 종종 다시 되살려 보면 어떨까 하는 생각을 합니다. 왠지 오줌, 소변, 대변, 똥, 이런 말들을 더럽게 느끼는 경우가 있지 않습니까? 그런 경우에 과거로 돌아가서 '작은 말', '큰 말', '말보기 간다.'라

언어로 본 한국인의 문화유전자

고 표현을 하면 재미있지 않을까 하는 생각을 하고 있습니다.

우리말에서 '마'라는 표현도 물과 관련이 됩니다. 금방 연상이 되지 않겠죠. 가장 대표적인 어휘로는 '장마'를 들 수 있습니다. 장마는 사실 '긴 물'이라는 뜻입니다. 장마는 오랫동안 물이 계속된다는 의미인 거죠. 재밌는 것은 '메마르다'라는 말의 옛말이 '마마르다'라는 점입니다. 여기에 '마마르다'의 '마'가 앞부분에 보이는 거죠. '메마르다'라는 말의 의미는 물기가 없다는 의미입니다. 즉 '마마르다'의 '마'는 물의 의미로 볼 수 있는 겁니다. 우리가 바람 중에 남쪽에서 부는 바람은 '마파람'이라고 하는데, 그 마파람의 느낌은 뭔가 하면 바로 '물기를 가득 머금은 바람'입니다. 당연히 여름에 남쪽에서 불어오는 바람이 마파람인 것입니다. '마파람'은 '물기가 가득한 여름 바람'인 셈입니다.

한편 고구려어에서도 말을 찾을 수 있는데요. '물'을 '매(買)'라고 표현한 것입니다. 수성(水成)이라는 곳을 '매홀(買忽)'이라고 하고 있습니다. 여기에서 '수(水)'가 바로 '매' 또는 '마'라고 발음을 하였을 것이고요. '성(成)'이 바로 '홀'이라고 표현한 것입니다. 역시 '성'의 순우리말인 '홀'도 잘 살려서 쓰면 어떨까 합니다.

'못'이라는 표현도 물과 관련된 어휘로 볼 수 있습니다. '못'을 '연못'이라고도 하는데 사실 '연못'의 '연(淵)'이라는 말은 한자로 '못'이라는 뜻입니다. '연'도 못이고 '못'도 못인 셈이죠. 이렇게 같은 뜻이 반복된 단어를 동의중첩이라고 합니다. 연못도 역시 같은 뜻이 반복된 동의중첩의 어휘라고 할 수 있겠습니다. '못'과 관련된 동사는 보이지 않는데 모음교체를 시켜 보면 맛과 관련된 용어는 찾아볼 수 있습니다. 가장 대표적인 단어가 바로 '마시다'죠. '마시다'의 경우도 물과 관련성을 생각해 볼 수 있습니다. 왜냐하면 마시는 것 자체가 액체와 관련된 행위이기 때문입니다.

물은 '미'의 모양으로도 나타납니다. '미'가 들어가는 말들이 생각이 나는가요? 풀, 꽃 중에 나리라는 것이 있죠. 나리 중에 물가에서 피는 것은 '개나리'라고 하고요. 물속에서 자라는 것은 '미나리'라고 합니다. 여기에서 '미'는 물의 의미를 갖고 있다고 할 수 있습니다. 이는 '개구리'의 예에서도 비슷하게 찾아볼 수가 있습니다. 물론 개구리는 '개굴개굴' 하고 울어서 '개구리'라고 본다는 입장이 대부분인 것은 알고 있습니다. 하지만 '개구리'라는 단어가 문헌에 나타나는 것은 17세기 정도입니다. 그 전까지는 '개구리'라는 단어가 없었습니다. 그 전까지는 '개구리'가 아니라 '머구리'라는 표현으로 나타납니다.

'개구리'를 '개나리'와 연계해서 살펴보면 재미있는 생각을 할 수 있게 됩니다. 즉 '개구리'의 '개'도 물가의 의미를 갖고 있는 거죠. 왜냐하면 머구리가 '머굴머굴'이라고 해서 '머구리'가 된 것이 아니기 때문에, '개구리'도 '개굴개굴'과는 관련이 없을 수 있다고 생각을 하는 겁니다. 그렇기 때문에 '개구리'를 '개나리'와 연계해서 살펴보면 재밌는

언어로 본 한국인의 문화유전자

예들을 더 찾을 수 있게 됩니다. 바로 미꾸라지입니다. 미꾸라지라는 동물은 중세 국어에서는 '미꾸리'라고 나타납니다. 앞에서 얘기한 '머구리', '미꾸리', '개구리' 모두 '−구리'가 공통되는 거죠. 앞에 있는 것은 다른 뜻이 있는 것이라고 생각해 볼 수 있습니다. 따라서 개구리와 달리 미꾸라지의 '미'도 역시 물의 의미라고 볼 수 있는 겁니다. 개구리는 물과 물가에서, 미꾸리, 미꾸라지는 물속에서 사는 것이라고 생각해 볼 수 있는 것이죠.

'미더덕'이라는 우리가 주로 먹는 음식도 있습니다만 미더덕도 '미'가 들어가 있는데요. 저는 미더덕에서도 '미'를 찾을 수 있다고 생각을 합니다. 즉 우리가 일반적으로 먹는 도라지와 비슷한 더덕과는 달리 물속에서 사는 더덕, 즉 '미더덕'이라고 생각을 했다고 보는 겁니다. 좀 큰 미더덕의 경우에는 자세히 보면 더덕의 뿌리 모양과 비슷하다는 것도 발견할 수 있을 겁니다. 여기에서 저는 미더덕의 '미'도 물과 관련이 된다고 생각을 합니다. 더 많은 재구가 필요할 것으로 봅니다.

한국어와 가장 관련성이 깊다고 얘기하는 일본어에도 물은 '미'로 나타나는 예들이 많이 있습니다. 제가 가본 도시 중에 이바라기 현에 있는 미토(mito)라는 도시가 있는데요. '미토[水戸]'라는 말에서 '미'는 바로 '물'이라는 뜻이고 '토'는 '문'이라는 뜻입니다. 여기에서도 '미'가 '물'이라는 뜻으로 나타남을 알 수 있습니다. 실제로 일본어에서는 물에 해당되는 많은 단어들이 '미'로 시작을 합니다. '미즈(mizu)'나 '미다

(mida)' 같은 단어가 있습니다. 일본에서는 '나미다[淚]'라는 말이 '눈물'이라는 뜻인데 여기에서 '미다(mida)'는 '물'이라는 뜻으로 해석할 수가 있습니다.

물과 관련된 어휘로 '맑다', '묽다', '말다', '마르다', '마', '미' 등의 어휘를 찾았습니다. 물론 이 중에는 더 엄밀한 연구가 필요한 어휘도 있습니다. 그리고 여기에 제가 예로 들지 않았지만 관련성이 있는 어휘도 더 있을 겁니다. 이렇게 같은 계통의 언어의 어휘들을 더 찾아 보면 재미있는 현상들을 발견할 수가 있습니다. 어휘의 어원은 인간의 사고를 찾아가는 순례의 길입니다. 저는 물이라는 말은 우리의 중요한 언어 문화유전자라고 생각합니다.

언어로 본 한국인의 문화유전자

30
소나무와 잣나무

잣 가지 높아 서리 모르실 님이시여!

　식물 중에서는 '나무'를 살펴보고자 합니다. 어쩌면 살면서 우리 주변에서 가장 자주 만날 수 있는 게 나무일 겁니다. 그래서 우리는 나무와 관련돼서 많은 이야기를 하고 나무에 의미를 부여하기도 합니다. 상징적인 의미, 비유적인 의미도 부여하죠. 그중에서 어떤 나무가 우리 한민족이 좋아하는 나무이고 왜 좋아할까에 대해서 조금 더 생각해 보도록 하겠습니다.

　여러분에게 식물이라고 하면 제일 먼저 떠오르는 단어는 무엇인가요? 깊이 생각하지 않고 떠오르는 단어를 말하면 우리나라 사람들은 주로 소나무, 개나리, 진달래를 이야기하는 경우가 많습니다. 저는 매우 특이한 일이라고 생각했습니다. 왜냐하면 식물에는 나무만 있는 것이 아니기 때문입니다. 또한 식물은 꽃만 있는 게 아니기 때문입니다. 외국인들에게 '식물' 하면 떠오르는 단어가 무엇인지 물어보면 과일이나 야채와 관련된 단어도 많이 이야기합니다. 그런데 한국 사람들에게 물어보면 과일이나 야채는 거의 등장하지 않습니다. 주로 식물이라고 하면 꽃과 나무를 생각하는 것이죠. 특히 나무가 많습니다.

1) 소나무

나무 중에서 우리와 가장 가까운 나무는 바로 소나무입니다. 애국가에도 들어있고 많은 사람들이 노래한 소나무이죠. 늘 푸른 소나무는 상록수의 대표입니다. 2022년 국립산림과학원의 조사에 따르면 한국인이 제일 좋아하는 나무는 소나무라고 합니다. 일반인 조사나 전문가 조사에서 압도적으로 1위를 차지했습니다. 일반인은 37.9%, 전문가는 39.3%가 가장 좋아하는 나무로 소나무를 꼽았다고 합니다. 아마도 상록수인 소나무를 우리나라 사람들이 아주 좋아하는 것 같습니다.

상록수는 심훈 선생의 소설 제목이기도 하고 김민기 선생의 노래 제목이기도 합니다. '상록수'라고 하면 떠오르는 이미지나 추억이 다를 겁니다. 상록수의 대표주자는 물론 소나무죠. 늘 푸른 소나무. 김민기 선생의 '상록수'라는 노래 가사를 보면 참 좋습니다. '상록수'의 노래 가사에는 힘든 역경을 이겨내는 장면이 담겨 있습니다. 아주 감동적이죠. 늘 푸르고 싶다는 것, 거친 세상을 꿋꿋이 이겨내고 싶다는 희망을 안고 사는 것은 처절한 아름다움이라고 생각합니다.

'푸르다'라는 말은 '풀'에서 온 말입니다. 그래서 우리말의 푸른색은 풀색인 셈입니다. 물론 '푸르다'라는 말이 하늘이나 바다를 뜻하는 경우도 있습니다만, 푸름의 기본은 풀이나 나뭇잎의 색깔입니다. 많은 언어에서 풀색과 하늘색을 구분하지 못하는 경우가 많습니다. 이렇게 색깔의 구분도 중요한 문화의 특징이라고 이야기할 수 있겠습니다. 우리말에서도 구별하지 못하는 색이 많기도 하고 또 반대로 다른 언어보다 세밀하게 구분해 내기도 합니다. 보통은 한국인이 색깔을 가장 잘 구별하는 나라라고 얘기를 하죠. 붉은색이 있고, 빨간색이 있고, 붉으스름한 색이 있고, 새빨간 색이 있습니다. 또한 노란색이 있고, 누런색이 있고, 노르스름한 색이 있고, 누리끼리한 색이 있고, 샛노란 색과 싯누런 색도 있습니다. 색깔을 이렇게 다양하게 구별하는 언어는 별로 없습니다.

푸름의 상징이라고 하면 바로 소나무를 들 수 있습니다. 그래서 보통 사람들은 상록수라고 하면 소나무를 떠올리는 사람이 많습니다. 아마도 솔잎이 사철 푸르기에 생긴 상징일 겁니다. 우리나라 애국가에도 '남산 위에 저 소나무 철갑을 두른 듯 바람서리 불변함은 우리 기상일세.'라는 구절이 나옵니다. 소나무는 사군자 중에 하나가 아닌데 우리나라 사람들은 사군자인 매란국죽(梅蘭菊竹)보다도 더 소나무를 좋아한다는 생각이 듭니다. 사철 푸르게 우리와 함께 늘 있기 때문이겠죠.

'늘 푸르다'라는 말을 우리는 늘 변하지 않는 모습이라고 생각하고 칭송을 합니다. 잎이 나고 자라고 색이 변하고 낙엽이 되는 다른 나무와는 달리 늘 푸르기에 지조라든가 정조를 상징하기도 합니다. 그런데 정말 그럴까요? 저는 얼마 전에 산을 걷다가 소나무에 대한 설명을 보고 놀라게 되었습니다. 어쩌면 당연한 사실일 텐데 무감각하게 지나간 것일지도 모르겠습니다. 늘 푸른 소나무의 비결을 설명해 놓은 글이었습니다. 소나무는 늘 잎이 떨어지고 다시 생겨나는 것을 반복하고 있다는 것입니다.

당연한 얘기지만 소나무도 잎이 떨어집니다. 한 번 나온 잎이 언제까지나 푸른 것이 아니라는 겁니다. 그래서 늘 푸른 모습을 유지하고 있다는 설명이었습니다. 당연한 일이겠죠. 한 번 생겨난 잎이 오랜 세월을 지켜갈 수는 없겠죠. 늘 똑같은 잎으로 푸를 수는 없는 노릇이었을 겁니다. 그런데 우리는 '상록수'라는 말에서 같은 푸름, 변하지 않는 푸름이라고 오해를 하고 있었던 겁니다. 상록은 늘 같은 푸름이 아니고 늘 변하지 않는 게 아닙니다. 달리 말하면 늘 푸른 소나무는

언어로 본 한국인의 문화유전자

늘 변하는 소나무입니다. 그리고 늘 새로운 소나무입니다.

저는 이 말을 하면서 가슴이 막 뜁니다. 늘 새로워지는 나무가 바로 상록수인 셈입니다. 어제가 오늘이 되고 오늘이 내일이 되고 마침내 어제가 내일의 희망이 된 소나무입니다. 그래서 늘 푸른 소나무는 바로 시시각각 새로운 소나무입니다. 어쩌면 우리가 소나무를 좋아하는 것은 늘 똑같기 때문이 아니라 늘 새롭기 때문이 아닐까 하는 생각이 들었습니다. 한국인에게 '소나무'라는 키워드는 변하지 않는 것이 아니라 늘 새로운 것이죠. 늘 달라지는 것이고 늘 새로워지는 것이라는 그 이유 때문에 소나무가 한국인에게 변하지 않음을 상징하는 문화유전자가 되었을 것이라고 생각합니다.

2) 잣나무

잣나무는 소나무하고 비슷한 나무라고 할 수 있겠네요. 2022년 조사에서 한국인이 좋아하는 나무 9위에 선택된 잣나무는 사실 한국인에게 아주 특별한 나무입니다. 저는 소나무와 함께 잣나무를 한국인을 상징하는 나무라고 생각합니다. 어쩌면 소나무보다 더 오랜 세월 우리와 함께 하는 나무라고 할 수 있습니다.

왜 잣나무가 한국인에게는 특이한 나무가 되었을까요? 이것은 신라 향가를 보면 알 수가 있습니다. **'잣 가지 높아 서리 모르실 님이시여!'**

라는 '찬기파랑가'의 구절 속에 잣나무가 나옵니다. 헌화가에서는 붉은 바위가에 핀 꽃이 나옵니다만 남아 있는 향가 중에서 나무의 종류가 나오는 것은 잣나무가 유일하지 않을까 싶습니다. 잣나무가 기록 속에 남아 있는 순우리말로서는 가장 오랜 나무 이름일 수 있겠습니다.

잘 자란 잣나무는 매우 큰 키를 자랑합니다. 40m 이상 자라기도 합니다. 실제로 여러분이 잣나무를 보시면 '와, 정말로 대단하구나.'라는 생각을 하실 정도로 키가 큰 것은 50m, 60m를 올라가기도 합니다. 잣나무는 키가 매우 크고 열매가 위쪽에 열려서 잣을 따기에 매우 고생을 한다고 합니다. 그렇기 때문에 서리 정도의 고통은 모른다고 이야기를 했을 것입니다. 고고함을 비유하기에는 저는 잣나무만한 것이 없다고 생각합니다. 그렇기 때문에 잣나무는 우리의 기상을 나타내는 나무입니다. 요즘에는 잣나무보다는 소나무를 주로 기상을 나타내는 비유로 쓰는데, 우리 시가인 향가에서는 최초의 비유로 잣나무를 사용한 겁니다.

그렇다면 잣나무는 어떤 나무일까요? 잣나무를 소나무와는 완전히 다른 것처럼 생각하지만 잣나무와 소나무는 그다지 다르지는 않습니다. 구별이 어려운 경우도 많습니다. 그래서 바늘 모양 잎이 다섯 개씩 뭉쳐 있는 것을 잣나무, 두세 개가 달려 있는 것을 소나무로 구별합니다. 참고로 저도 최근에 알게 된 것이지만 우리가 알고 있는 '홍송(紅松)'도 사실은 소나무가 아니라 잣나무를 가리키는 말이라고

언어로 본 한국인의 문화유전자

합니다. 놀라운 일이죠. 중국에서는 잣나무를 홍송이라고 합니다. 잣나무를 소나무라고 본 것이죠.

잣나무에는 이보다도 훨씬 놀라운 비밀이 있습니다. 그 비밀은 무엇일까요? 바로 잣나무는 '우리나라의 나무'라는 점입니다. 잣나무의 학명이 'Pinus koraiensis'인데요. 이 말은 '한국 소나무'라는 뜻입니다. 즉 영어로 하면 'Korean Pine'이 바로 잣나무입니다. 소나무 종류 중에서 '한국' 하면 잣나무인 겁니다. 예전에 중국에서는 잣나무를 '신라송(新羅松)'이라고도 하였다고 합니다. 신라의 소나무라는 뜻이죠. 잣나무를 일본어로 하면 '조선송(朝鮮松)'입니다. 어떤 학명에 Korean이 들어가면 반갑죠. 조선송이나 신라송이 전부 다 이 잣나무가 우리 땅 조선, 한국을 원산지로 하고 있다는 이야기를 들려주고 있는 것입니다. 이 땅을 원산지로 하고 있는 식물이니까 우리를 닮았고 또 반대로 이야기하면 우리가 닮은 식물이라고 이야기할 수 있겠습니다.

잣나무는 건축이나 가구에 널리 쓰이는 나무입니다. 한편 잣나무의 '잣'은 열매의 이름입니다. 소나무, 전나무 등과 달리 열매도 우리에게 익숙합니다. 잣은 기름으로 만들어서 잣기름으로 사용을 하거나 팥죽이나 식혜 등에 넣어서 먹기도 합니다. 음식으로 사용을 하고 있는 것이죠. 또한 잣나무는 스트레스 해소에 무척 도움이 된다고 합니다. 피넨이라는 스트레스 해소 물질이 잣나무에서 엄청나게 뿜어져 나옵니다. 그렇기 때문에 잣나무 숲이 치유의 숲이 되는 경우가 많습니다. 잣나무 숲을 치유의 숲으로 만든 곳도 많이 있습니다. 잣나무는 이렇게 나무의 모든 부분이 우리와 가까운 고마운 나무인 셈입니다.

왠지 걷고 싶을 때, 마음이 너무나 힘들 때, 외로울 때 잣나무 숲을 걸어보기 바랍니다. 잣나무 숲을 걸으면서 먼 옛날 우리 조상의 뿌리들을 느끼고 오랜 세월 이 땅을 지켜온 힘을 느껴보시기 바랍니다. 잣 향기에서 세속의 때를 떨구고 서리마저 이겨내는 기를 받아 보시기 바랍니다. 우리나라에 잣 향기가 좋은 숲들이 많이 있습니다만 그중에서도 가평에 가면 '잣 향기 푸른 숲'이라는 걷기 좋은 숲이 있습니다. 잣 향기를 맡으면서 우리 민족 문화의 키워드를 생각해 보는 시간이 되면 좋을 것 같습니다.

언어로 본 한국인의 문화유전자

7장

사람과
한국어문화

출처: 국립중앙박물관 e뮤지엄 제공

31
사람

한국어의 '사람'은 살고 생각하고 사랑하는 존재

우리말에서 사람에 해당하는 말은 아주 많습니다. 제가 이렇게 이 야기하면 '사람'이라는 단어 말고는 생각이 나지 않는다고 이야기하는 사람도 있습니다. '사람'을 나타내는 말은 때로는 접미사로 쓰이기도 하고 의존명사로 쓰이기도 합니다. 물론 대명사로 쓰이는 경우도 있죠.

예를 들어서 '가난뱅이' 이렇게 얘기할 때 '-뱅이'도 사람을 나타내는 말이고요. '장난꾸러기' 이렇게 얘기할 때 '-꾸러기'도 사람을 나타내는 말입니다. '-다리'라는 말도 있는데 키가 큰 사람을 이야기하는 '꺽다리', '키다리' 이런 말도 사람을 나타내는 말입니다. '−바리'도 사람을 나타내는 말입니다. 제주도 방언에서는 처녀를 '비바리', 과부를 '냉바리'라고 합니다. 요즘에 우리가 쓰는 말들 중에서는 군인을 '군바리'라고 하는 경우도 있죠. '−비리'도 사람을 나타내는 말입니다. 옛날에 쓰는 말 중에 '꽃비리'와 같이 아이들을 나타내는 말이나 '−삐리'라는 표현들도 쓰기도 합니다. '고삐리' 이런 식으로 표현하기도 합니다.

'−보'라는 말도 사람을 나타내는 말이기도 하죠. '먹보', '바보' 이럴 때 '−보'는 사람을 나타내는 접미사라고 할 수 있습니다. 우리가 자주 쓰는 말은 '놈'도 있습니다. '놈'이라는 말은 나쁜 말처럼 보이긴 합니다만 원래는 일반적인 말이었습니다. '미운 놈'은 '미운 사람'이라는 의미이기도 합니다. '미운 놈 떡 하나 더 준다.' 이럴 때 '놈'은 나쁜 뜻은 아니라고 할 수 있습니다.

사람에 해당하는 표현이 이렇게 다양하게 있다는 것을 기억하는 게 좋을 것 같습니다. 특히 다른 언어와 비교할 때도 '사람'이라는 어휘 하나만 갖고 비교하면 오류가 발생할 수가 있습니다. 때로는 '다 대 다(多對多)'의 비교도 연구 방법이 됩니다. 사람에 대한 한 어휘가 아니라 사람에 대한 다양한 어휘와 다른 언어의 사람에 대한 다양한 어휘를 함께 비교해 보는 것이죠.

사람이라는 말의 어원에 대해서도 다양한 의견이 있습니다. 크게 두 가지 관련이 있는 어휘를 생각해 볼 수 있습니다. 하나는 '살다'입니다. '살다'라는 말과 '사람'이라는 말은 '살'이 공통점입니다. '살'에 '-암'이 붙으면 '사람'이 된다고 할 수 있습니다. 이 땅에 사는 것이 사람이라는 의미입니다. 마찬가지의 의미에서 '삶'도 연결할 수 있습니다. 사람이 사는 것이 삶이죠.

한편 사람을 나타내는 말이 국명, 민족명과 연결이 되는 경우가 많습니다. 민족명이 사람의 의미인 것입니다. 이것은 아마도 자신을 '사람'이라고 칭하는 것을 보고 다른 민족이 그것을 그 사람들의 민족명으로 삼았을 것으로 보입니다. 일본의 아이누족이나 시베리아의 나나이족의 경우는 '아이누'와 '나나이'가 각각 사람이라는 뜻입니다. '너는 누구야?'라고 물어보면 '우리는 사람이다.'라고 대답하기 때문에 민족명과 사람이라는 뜻의 단어가 연결된다는 것입니다.

현재 우리말에서 사람의 어원과 가장 닮아 있는 국명은 바로 신라입니다. 신라는 '사라(斯羅)', '사로(斯盧)'라고도 했습니다. '서라벌(徐羅伐)'의 '서라'도 관계가 있는 말입니다. '벌'은 '땅, 성'이라는 뜻입니다. 여기에서 '사라, 사로, 서라'와 사람의 연관성을 생각해 볼 수 있습니다. 고구려나 백제의 경우에 정확하게 사람이라는 말은 어떤 어휘로 불렀는지 알기는 어렵습니다만, 현재의 우리말이 신라 말을 근간으로 하고 있음은 틀림없는 사실입니다. 따라서 '신라', '사로' 등을 사람의

언어로 본 한국인의 문화유전자

어원과 연결시키는 것은 타당한 접근이라고 봅니다.

한편 사람과 관련이 있는 어휘 중에서 논란이 있는 말은 '사랑'이라는 단어입니다. '사랑'의 어원에 대해서는 깊이 헤아린다는 의미의 한자어 '사량(思量)'에서 유래되었다는 설도 있습니다. 그 이유는 '사랑하다'의 의미가 중세국어에서는 '생각하다'의 의미였기 때문입니다. 그러나 '사량'과 '사랑'을 명확하게 연결하기에는 어려움이 있는 것도 사실입니다. 사랑의 형태로 미뤄보건대 저는 '살다', '사람' 등과 관련이 있을 개연성이 있다고 생각합니다. 왜냐하면 사람은 생각하는 존재이기 때문입니다. 만약 이러한 추론이 가능하다면 사람은 살고 생각하고 사랑하는 존재라고 할 수 있습니다. **한국어에서 사람은 살고 생각하고 사랑하는 존재라는 의미입니다.**

32
나와 너와 누

우리는 모두 이어진 사람이고 서로에게 특별한 사람

인칭대명사 역시 사람을 나타내는 말이라고 할 수 있습니다. 가장 대표적인 말이 '나'와 '너'와 '누'죠. 우리말은 인칭대명사가 발달하지 않은 언어라고 이야기를 하는데요. 특히 3인칭이 발달하지 않았습니다. '그'나 '그녀'는 원래 우리말이 아닙니다. 서양어를 번역하여 사용한 것이고, 그나마도 우리가 만든 것도 아닙니다. 일본어에 영향을 받은 말이라고 이야기할 수 있습니다. 황순원 선생 같은 경우는 '그네'라는 표현을 사용하기도 하였습니다.

언어로 본 한국인의 문화유전자

저는 항상 '그녀'라는 단어를 볼 때마다 참 말도 이상하게 만들었다는 생각을 합니다. 말의 구조가 이상한 겁니다. 왜냐하면 기본적으로 보자면 '그녀'라는 말이 있으면 '그남'이라는 말도 있어야 될 것 같은데 '그남'이라는 말은 없죠. 왜냐하면 일본어에서도 남자는 피(彼), 여자는 피녀(彼女)라고 구분해서 사용을 하고 있거든요. 그러니까 '그'와 '그녀'를 일본어식으로 따온 거라고 이야기할 수 있겠습니다. 우리말의 구조와는 어울리지 않는 말이고요. 거기에 '그녀'라는 식으로 '녀'라고 표현하는 것 자체는 매우 이상하고 어색한 표현이라고 이야기를 할 수 있겠습니다.

우리말에서는 3인칭에 해당하는 말은 제3자를 높일 때 사용하는 '당신(當身)'이라는 표현이 있습니다. 물론 이 말도 순우리말은 아니죠. 돌아가신 부모님을 표현을 하거나 선생님을 이야기할 때 '당신께서'라고 표현을 하는 경우가 있습니다. 이 말은 높임말이고 좋은 말에 해당하는 표현이라고 이야기할 수 있겠습니다. 2인칭에서 얘기하는 '당신은 이랬어.'라고 얘기하는 '당신'과는 완전히 다른 말입니다.

1인칭과 2인칭이 있다고 해서 우리말에서 아주 자주 쓰이는 것도 아닙니다. 이른바 생략이 많습니다. 제가 '이른바'라고 한 것은 이유가 있습니다. 왜냐하면 서양어의 관점에서 보면 생략이라고 할 수 있지만 우리말의 입장에서 보면 없는 게 오히려 자연스러운 것일 수도 있기 때문입니다. 즉 '생략'이라는 말은 원래 있었던 것인데 거기에서 없어졌다는 의미로 사용하는 것이지만 원래 없었던 것이라고 생각하면 전혀 관점이 달라질 수 있기 때문입니다. 원래 없었던 것인데 생략이 될 수는 없는 것이죠. 즉 관점에 따라서는 '나'와 '너'를 쓰는 것이 오히려 첨가라고 볼 수 있는 것입니다. 원래 안 쓰는 것이니까 첨가한다고 이야기할 수 있는 거죠.

조사의 경우도 비슷한데요. 우리말의 조사도 말할 때 생략이 되는 경우가 많습니다. 아니, 생략이 되는 경우가 많다고 이야기를 합니다. 그런데 저는 이게 생략이 맞는지 고민이 됩니다. 왜냐하면 조사도 없는 게 더 자연스러운 경우가 많기 때문이죠. 예를 들어 '밥 먹었어?'라는 표현에 '밥을 먹었어?'라고 하는 게 더 자연스러운 표현인가요? 그렇지 않죠. 그렇기 때문에 저는 조사의 경우도 생략보다는 첨가라고 얘기하는 게 맞지 않을까 생각을 합니다.

우리말에서는 대명사보다는 명사나 고유명사로 표현하는 경우가 많습니다. 예를 들어서 엄마를 '그녀는'이라고 하면 어색합니다. 아니, 말도 안 되죠. 외국인이 한국어를 배울 때 이렇게 표현하는 경우가 있습니다. '엄마는 선생님입니다. 그녀는 수학을 가르칩니다.'라고 표현할 때가 있습니다. 그야말로 아주 이상한 한국어가 되어버린 것이죠. 우리말에서 '그녀'라는 말은 3인칭의 대표적인 말이 아니라는 뜻입니다. 엄마는 수학을 가르친다고 표현해야 자연스럽습니다.

　　　　　　　　　　　　　　　언어로 본 한국인의 문화유전자

인칭대명사 중에 1인칭 대명사로는 '나'가 있습니다. '나'가 1인칭 대명사의 대표죠. 2인칭의 경우에는 '너'가 있습니다. 2인칭 대명사로 '그대'라는 표현도 있습니다. 중세국어에도 '그디'라는 표현으로 나타납니다. 그런데 재밌는 것은 우리말의 대명사 '나'와 '너'는 서로 연결이 되어 있다는 것입니다. '나'와 '너'는 모음의 차이로 어사분화가 이루어지고 있습니다. 그야말로 '나'와 '너'는 공통적이지만 조금 다른 의미를 갖고 있는 것입니다. 왜냐하면 '어사분화'라는 것은 공통적인 의미를 갖고 있고 의미가 조금 달라졌다는 뜻이기 때문입니다. 그게 바로 우리말에서 1인칭과 2인칭의 관계라고 할 수 있습니다.

조금 더 자세하게 볼까요? '나'라는 말에는 'ㅏ'라는 모음이 들어가 있습니다. 그리고 '너'라는 말에는 'ㅓ'라는 모음이 들어가 있습니다. 이 것도 매우 흥미로운 점입니다. 왜냐하면 우리말 속담에 '아 다르고 어 다르다.'라는 말이 있기 때문입니다. 이 말은 우리말의 모음의 어감에 대해서 아주 기가 막히게 설명한 속담입니다. 밝은 모음의 느낌과 어두운 모음의 느낌이 다르다는 설명이기도 하고, 어떻게 표현하느냐에 따라 비슷한 표현도 말의 느낌이 달라질 수 있음을 이야기하는 말이기도 합니다.

그런데 저는 아 다르고 어 다른 것의 대표적인 말이 바로 '나'와 '너'라고 생각합니다. '나'와 '너'는 사람이라는 공통점을 가지고 있습니다. 나도 사람이고 너도 분명히 사람이죠. 하지만 '나'와 '너'는 분명히 다릅니다. 여기에서 주목해야 할 말은 '다르다'는 것입니다. '다르다'는 말과 '틀리다'는 말은 똑같은 말이 아닙니다. 동의어가 아니라는 뜻이죠. 즉 '틀리다'라는 말은 하나가 맞고 하나가 잘못되었다는 뜻이 되지만, '다르다'라는 말은 둘 다 맞지만 조금 차이가 있다는 의미가 되는 것입니다. 저는 그래서 이 속담의 매력은 '다르다'에 있다고 생각합니다.

'다르다'라는 말을 한자어로 표현하면 '특별하다'는 의미로 이어집니다. '다르다'라는 말을 한자어로 하면 '별(別)'입니다. 한자어 별(別)이 이럴 때 쓰는 말입니다. 별이 쓰이는 가장 대표적인 표현을 보면 '부부유별(夫婦有別)'이나 '남녀유별(男女有別)'이 있습니다. '부부유별(夫婦有別)'이나 '남녀유별(男女有別)'에서 쓰는 별은 본래의 의미는 '특별하다'는 뜻입니다. 이 별(別)을 잘못해서 차별의 의미로 사용하면 문제가 되는 겁니다. 특히 '남녀유별'은 남녀가 마치 차별받아야 되는 것처럼 얘기하면 문제가 되는 것이죠.

별(別)은 그런 뜻이 아닙니다. 제가 종종 강의할 때 별(別)을 가장 나쁘게 사용하면 '차별(差別)'이 되고 가장 좋게 사용하면 '특별(特別)'이 된다고 얘기합니다. 우리말에서 '다르다'라는 말은 차별이 되어서는 안 됩니다. 왜냐하면 차별은 '틀리다'라는 뜻이기 때문에 그렇습니다. 그런데 '다르다'가 좋은 의미로 사용되면 특별의 의미가 되는 것입니다.

'나'와 '너'는 3인칭에서도 연결이 됩니다. 그게 바로 '누'입니다. '누'

언어로 본 한국인의 문화유전자

라고 제가 이야기하면 잘 모르겠다고 얘기하는 사람이 많습니다. 조금 더 생각을 해보면 모르는 사람을 가리킬 때 우리는 '누구', '누가'라는 표현을 씁니다. 이때 '누'가 바로 3인칭의 대명사인 셈입니다. 그런데 '누'는 '나'와 '너'와 모음이 바뀐 모양입니다. 따라서 '나'와 '너' 그리고 '누'도 모두 이어져 있는 것이라고 이야기를 할 수 있겠습니다. 3인칭의 '누'는 '나'와 다른 사람입니다. '너'와도 다른 사람입니다. 그러나 틀린 사람은 아닙니다.

우리는 서로 다르지만 서로 이어져 있는 사람들입니다. '나'와 '너'와 '누'가 보여 주는 인간관계라고 이야기를 할 수 있습니다. 우리가 꼭 기억해야 되는 말은 '나'와 '너'와 '누', 우리는 모두 이어진 사람이고 서로 서로에게 특별한 사람이라는 점입니다.

33
우리

공동체와 소유를 넘어 서로 가까운 감정을 나타내는 '우리'

　한국어 표현 중에서 사람에 대한 이야기를 하면 제일 많이 나오는 낱말이 '우리'입니다. '우리'라는 말은 아마도 한국어 중에서 한국인을 나타내는 중요한 키워드로 이야기가 될 겁니다. 왜냐하면 '우리'라는 말은 좀 특이한 단어이기 때문입니다. 일단 같은 '나'의 복수이기는 하지만 '우리'와 '저희'는 좀 다릅니다. '저희'를 우리의 겸양 표현으로 이야기하는 경우도 있지만 엄밀히 말하면 맞는 말은 아닙니다. '저희'는 상대에 대해서 자신 쪽을 낮추는 표현이기 때문에 상대편은 '저희'라는 말의 범위에는 들어가지가 않습니다. 하지만 '우리'라는 말에는 상대편이 포함될 수도 있습니다.

물론 포함되지 않는 경우도 있지만 포함될 수도 있다는 점이 매우 중요합니다. 그렇기 때문에 '우리'를 써야 될 자리에 '저희'를 쓰면 어색해지는 경우가 많습니다. 예를 들어서 같은 나라 사람, 같은 직장 사람끼리 이야기할 때는 '저희'라는 표현을 쓰면 안 됩니다. 왜냐하면 같은 직장 사람이고 같은 나라 사람인데 '저희'라는 말을 쓰면, 듣는 사람은 '넌 우리나라 사람 아니야.', '넌 우리 직장 사람 아니야.'라는 느낌을 갖게 되기 때문입니다. 그렇기 때문에 그런 경우에는 반드시 '우리'라는 표현을 써야 하는 것입니다.

'우리'라는 말의 어원에 대해서는 이야기가 아주 많습니다. '울타리'의 '울'과 어원이 같다는 입장도 있고 사람을 나타내는 말과 어원이 같다는 주장도 있습니다. 저는 '울타리'의 '울'과는 큰 관계가 없다고 생각을 합니다. 왜냐하면 '우리'라는 말처럼 사람을 나타내는 우리말 중에는 모음으로 시작하는 말이 많기 때문에 그렇습니다. 사람에 해당하는 표현들이 '우리'라는 말이 어원이 같다는 주장을 뒷받침하는 논리이기도 하죠.

저는 '우리'는 사람을 나타내는 말일 것이라고 생각을 하고 있습니다. 앞에서 말한 것처럼 '우리'라는 말처럼 사람을 나타내는 말에는 모음으로 시작하는 말이 많기 때문입니다. '아빠, 엄마, 아저씨, 아주머니, 오빠, 언니, 아들, 아이, 아기, 아가씨' 등 많은 말이 전부 다 모음으로 시작하고 있습니다. 우리말의 '우리'와 사람을 나타내는 말들의 연관성에 대해서 더 깊이 고민할 필요가 있다고 생각합니다.

'우리'라는 말을 이야기할 때 빠지지 않는 말이 '공동체 의식'이라는 말입니다. 다른 외국어에서는 '나의 나라, 나의 집, 나의 학교'라고 하는 반면에 한국어에서는 '우리나라, 우리 집, 우리 학교'라고 하는 겁니다. 그래서 외국 학자의 의견들을 보면 한국어가 매우 특이하다고 얘기하는 경우가 있습니다. 그런데 우리가 생각해 보면 외국어가 훨씬 더 특이합니다. 집에 나 혼자 사는 것도 아닌데 '나의 집'이라고 하는 것이 이상하죠. 우리가 함께 사는 곳이니까 '우리 집'이 맞고, '우리나라'가 맞고, '우리 회사'가 맞고, '우리 마을'이 맞는 게 아닐까 합니다.

이런 표현들을 보면서 사람들은 한국인은 아마 공동체 의식이 강해서 '우리'라는 표현을 좋아한다고 주장을 하는 것 같습니다. 그런데 저는 '우리'라는 표현에서 오히려 무소유의 의식을 찾았습니다. 공동체라는 말도 좋은 느낌이 있습니다만, 반대로 얘기하면 단결의 느낌이 있고 투쟁의 느낌이 있고 경쟁의 느낌이 있습니다. 특히 다른 편과 싸우려고 하는 그런 느낌이 나타나기도 합니다. 그렇기 때문에 지나친 '우리'의 강조는 다툼의 원인이 되기도 합니다.

하지만 '우리'라는 말을 쓰는 많은 장면을 살펴보면, 이건 오히려 내 것만이 아니라는 의미를 담고 있습니다. 내 것만이 아니고 이것은 우리가 함께 쓰는 것, 함께 살아가는 곳이라는 생각이 들어 있는 경우가 많습니다. 우리에 대해서 이렇게 생각하고 이렇게 이야기를 하고 나면 욕심이 조금씩 덜어져 나가게 됩니다.

'내 것'이라고 얘기할 때와 '우리 것'이라고 얘기할 때는 그런 차이점이 있습니다. '집'이라고 얘기할 때도 '우리 집'이라는 표현과 '내 집'이라는 표현은 전혀 다른 느낌입니다. '내 집 마련'이라는 말에는 소유의 개념이 들어갑니다. '우리 집'이라는 말은 그런 소유의 개념이 옅어져 있습니다. 소유와 관련된 표현으로 '우리'를 생각할 수 있는 중요한 근거가 됩니다.

우리에 대하여 한 가지 더 이야기해 보겠습니다. 제가 이야기하려는 '우리'는 무소유에서도 한 걸음 더 나아간 개념입니다. 우리는 가끔 사람 이름 앞에 '우리'라는 말을 꾸미는 말로 사용합니다. 보통은 자식을 가리킬 때 제일 많이 사용하는 말이죠. '민재가', '해민이가'보다 '우리 민재가', '우리 해민이가'라고 부를 때 훨씬 더 표현에 감정이 담기게 됩니다. 훨씬 더 가깝고 훨씬 더 아낀다는 의미가 들어가게 되는 것입니다.

저는 그래서 '우리'라는 말이 공동체, 소유를 넘어서 서로 가까운 감정을 나타내는 표현이라고 생각을 합니다. 그런데 재밌는 것은 가족이 아닌 경우에도 '우리'라는 말을 앞에 붙일 때가 많다는 것입니다. 물론 같은 학교 사람, 같은 직장 사람이기 때문에 '우리'라는 말을 붙이기도 합니다. 그때는 같은 학교, 같은 직장 사람이기 때문에 '우리'라는 말을 붙인 것은 아닙니다. 가깝다는 의미가 더 강하기 때문이죠.

내가 다른 사람을 이야기할 때, 다른 사람을 소개할 때, 다른 사람에 관해서 무언가를 이야기하려고 할 때 언제 '우리'라는 말을 사용하는지를 한번 살펴보시기 바랍니다. 그러면 내가 생각하는 '우리'라는 말의 느낌을 훨씬 더 가깝게 자세하게 느낄 수 있을 겁니다. 나는 누구에게 '우리 ○○'라는 표현을 쓰는가요? 반대로 누가 나를 부를 때 '우리'라는 말을 붙여서 사용하는지도 가만히 한번 지켜봐 보세요. 정말로 나를 가깝게 여기는 사람이고, 나를 귀하게 여기는 사람이고, 나에게 힘이 되는 사람인 경우가 많습니다.

내 이름 앞에 '우리'라는 말을 제일 많이 붙이는 사람은 역시 부모님이시죠. 그런 부모님의 사랑을 가장 잘 느낄 수 있는 표현 중에 하나가 바로 '우리 누구'라는 표현인 겁니다. 제 이름 앞에 '우리'라는 말을 붙여서 '우리 현용이가'라는 말을 들을 때 저는 훨씬 더 위로를 느끼고 따뜻함을 느끼게 되는 것이죠. '우리'라는 말을 사용할 사람이 많다는 말은 나와 함께 살아가는 사람이 많다는 그런 의미도 됩니다. '우리'라는 단어를 통해서 우리의 감정을 만나게 되었고, 그러고 났더니 우리 사이가 훨씬 더 귀해지게 되었습니다. 이렇

언어로 본 한국인의 문화유전자

게 단어를 공부하고 우리말의 문화유전자를 공부하면 감정이 새로워지는 기쁨도 만날 수 있게 될 것입니다. '우리'라는 관계가 더 깊어지기 바랍니다.

34
선비

선비는 물질적인 욕심에서 멀고, 배움을 중요시 여기며, 옳지 않은 것을 옳지 않다고 말하는 사람

　　선비는 예전에, 학식은 있으나 벼슬하지 않은 사람을 이르던 말입니다.(표준국어대사전) 선비가 되고 싶다든지, 선비로 살고 싶다든지 하는 마음도 이런 정의와 관계가 있어 보입니다. 기본적으로 선비는 배우는 사람이고, 욕심이 적은 사람이라는 이미지입니다. 한민족의 정신을 이야기할 때 선비 정신을 들기도 하는 것은 한민족의 태도와 지향을 잘 나타내는 사람이기 때문일 겁니다.

　　선비는 순우리말인데, 어원을 살피기가 쉽지 않습니다. 몽골족에

속한다고 하는 '선비(鮮卑)'라는 민족이 있어서 연관성을 이야기하는 경우도 있습니다. 우리와 언어적으로 관련이 있는 몽골의 민족명이기에 관계가 아예 없다고 단정할 수는 없습니다. 왜냐하면 부족명이 사람을 나타내는 경우가 많기 때문입니다. 선비와 선비족이 관련성이 있다면 그것은 '사람'의 의미를 공유하기 때문으로 볼 수 있습니다.

선비에서 주목되는 부분은 '선'입니다.(서정범, 새국어어원사전) 선은 우리말에서 사람을 나타내는 다른 어휘와 연관성이 보입니다. 우선 연관을 지을 수 있는 말은 '산'입니다. 산은 중세국어에서 '丁'의 의미입니다, 장정(壯丁)의 의미라고 할 수 있습니다. 산과 선은 모음교체에 의한 어사분화로 볼 수 있습니다. 선비가 남성을 의미하는 것도 의미의 연결고리가 될 수 있습니다.

모음교체의 말을 하나 더 찾아보면 '손'도 있습니다. 손은 손님을 나타내는 말입니다. 쉽게 증명하기는 어렵지만 손이 부족하다는 말을 설명할 때 '손[手]'이 사람[人]의 의미로 확대되었다고 보는데 손 그 자체를 사람의 의미로 볼 수도 있을 겁니다. 요즘은 손님이라는 말로만 주로 쓰이지만 예전에는 손만 따로 쓰이는 예도 많았습니다. '저 손아 마저 잠들어 홀로 울게 하여라.'라는 이은상 선생의 성불사의 밤이라는 시가 생각이 납니다.

한편 산은 사람을 나타내는 여러 어휘와 관련을 맺고 있습니다.

대표적인 어휘는 사나이입니다. 이 말은 '산 + 아히' 또는 '산 + 나히'로 분석합니다만 어떻게 나누더라도 산은 남습니다. 사나이와 사내도 관계가 있습니다. 사내는 뒤에 아이를 붙여 사내아이로 나타내기도 합니다. 산은 주로 남자를 나타내고 있음을 알 수 있습니다. 이렇게 '산, 선, 손'은 사람을 나타내는 어휘라고 볼 수 있습니다.

단어의 폭을 넓혀보면 '사위'도 연관 지어 볼 수 있습니다. 남편을 나타내는 옛말에는 '샤옹'도 있었습니다. 시집의 '시'도 관련성을 생각해 볼 수 있습니다. 시를 한자로 시(媤)라고 쓰지만 남자라는 의미의 말이었음을 배제할 수는 없습니다. 한자말 중에는 그 기원이 북방민족인 경우도 많습니다. 따라서 우리말의 요소가 한자어로 들어가 있다고도 볼 수 있습니다. 선비에서는 모습이 많이 달라졌습니다만, 시옷으로 시작하는 사람 관련 어휘로는 '스승, 사돈' 등도 있습니다. 사돈은 몽골어에서는 친척이라는 뜻입니다. 그리고 물론 대표적인 우리말 어휘로 '사람'을 들 수 있습니다.

선비와 관련된 어휘를 주로 시옷으로 시작하는 어휘 속에서 찾아보았습니다. 이것은 엄밀한 연구가 아니기 때문에 연구의 스케치 정도로 볼 수 있습니다. 그림도 마찬가지지만 연구도 스케치가 중요합니다. 스케치를 다른 말로 가설이라고 할 수 있습니다. 밑그림이 제대로 안 되어 있으면 연구가 정밀하지 않습니다. 더 철저히 살펴야 할 겁니다.

'선비'는 우리 민족의 중요한 문화어휘라고 할 수 있습니다. 우리의 정신을 '선비 정신'이라고 이야기하기도 합니다. 물질적인 욕심에서 멀고, 배움을 중요시 여기며, 옳지 않은 것을 옳지 않다고 말하는 사람입니다. 조금은 답답해 보였겠지만, 이런 사람들이 우리 민족의 정신을 만들었습니다. '이 시대의 선비는 누구인가요?', '그분은 선비이시다!'라는 말은 멋진 칭찬입니다. 선비라는 칭찬을 들을 수 있는 사람이 많아지기 바랍니다. 청렴하고 꼿꼿한 선비가 그리운 시대입니다. 선비는 한국인이 좋아하는 사람이고, 대표적인 언어문화유전자입니다.

35
스승과 무(巫)

제사장이자 스승이자 치유자이자 수련하는 사람

'스승'은 너무 좋은 말이죠. 여러분은 좋은 스승이 있습니까? 스승이라는 존재는 가장 나에게 필요하고 고마운 존재이기도 합니다. 저는 종종 인생을 살면서 좋은 스승이 있다는 것만큼 행복한 일이 없다고 이야기를 합니다. 실제로 좋은 스승이 있다고 얘기하는 사람도 많지 않습니다.

초등학교 선생님 중에 한 명, 중학교 선생님 중에 한 명, 고등학교 선생님 중에 한 명, 대학교 선생님 중에 한 명씩이라도 찾아뵙고

언어로 본 한국인의 문화유전자

이야기를 듣고 싶은 선생님이 있다면 무척이나 행복한 것이겠죠. 그래서 우리나라 사람은 스승의 날이라는 특별한 날을 만들어서 이를 기리기도 합니다. 물론 여러 가지 문제점들도 있긴 합니다만 저는 스승을 기리고 따르고 찾는 과정은 너무나도 좋은 과정이라고 생각합니다. '스승'이라는 말은 원래 무슨 뜻이었을까요? 또 스승과 '무'와는 어떤 관계가 있을까요? 이런 이야기에 대해서 조금 더 깊게 생각해 보면 스승의 의미에 대해서 더 알게 될 것 같습니다.

먼저 '무'와 '무당'이라는 단어를 생각해 볼까요? '무(巫)'를 다른 말로 하면 '무당'인 겁니다. 그런데 '무당'이라고 하면 왠지 천한 직업의 사람을 일컫는 느낌입니다. 아마도 그것이 지금의 현실일 겁니다. 왜냐하면 무당이나 점쟁이는 여전히 현대 사회에서는 많은 이가 의존하는 대상이면서도 스스로 되기를 꺼려하고 함께하기를 싫어하는 존재이기도 합니다. 저는 이 점도 무척 이상하다고 생각합니다. 왜냐하면 필요는 한데 꺼린다는 말이 이상한 것이기 때문이죠.

우리의 전통적인 종교가 무당 속에 남아 있기 때문에 그 내용을 어떻게 현대에 맞게 되살리는가 하는 것도 저는 매우 중요하다고 생각을 합니다. 우리나라 사람들은 '머리'는 고등 종교라고 얘기하는 기독교나 불교를 향해 가 있지만 마음이 담긴 '가슴'은 여전히 무속을 향하고 있는 형국이라고도 할 수 있겠습니다. 실제로 일본의 전통 종교라고 얘기하는 '신도(神道)'나 중국의 도교는 무속에서 발달한 것이라 할 수 있습니다.

이런 종교들은 무속에서 출발하여 지금까지 넓은 영향력을 미치고 있는 것입니다. 그런데 우리의 경우는 무속이 낮은 차원의 종교로 확 떨어져 있습니다. 아마도 유교의 영향이 큰 것 같습니다. 실제로 보면 전 세계에서 유교라는 종교가 가장 제대로 남아 있는 곳이 한국이라고 할 수 있습니다. 오히려 다른 나라에서 한국의 유교를 배우러 오기도 하고요. 제례행사들을 와서 참관하기도 할 정도입니다.

'무당'과 같은 의미의 단어이지만 '무당'을 '무(巫)'라고 쓰면 왠지 조금 더 표현에 신뢰가 가게 됩니다. 이는 저도 마찬가지인데요. 저도 글을 쓸 때는 두 표현을 가려서 쓰곤 합니다. 조금 더 객관적이고 학문적인 느낌으로 표현하고자 할 때는 '무'라는 표현을 주로 씁니다. '샤먼'이라 표현을 쓸 때도 있는데 아무래도 전체적으로 보면 '무'와 관계가 있는 건 맞지만 '샤먼'과 '무'는 좀 느낌이 다릅니다. 왠지 샤먼이라고 하면 시베리아에서 춤을 추면서 신에게 기원을 올리는 조금 더 원시적인 모습이 떠오르기 때문일 겁니다. '무'와 '무당'은 같은 말이지만 느낌이 다르다는 점은 기억을 해 두셔야 될 것 같습니다.

1) 스승과 '무'라는 말

그러면 '스승'이라는 말과 '무'라는 말은 어떤 관련성이 있을까요?

우리말에서 '무'에 해당하는 표현이 제일 먼저 등장하는 것은 〈삼국유사〉로 보입니다. 〈삼국유사〉에서는 신라의 두 번째 임금인 남해왕, 즉 남해거서간에 대해서 설명하면서 남해거서간을 다른 말로 '차차웅(次次雄)'이라고도 한다고 이야기를 하고 있습니다. 그리고 그 차차웅의 의미는 '무당'이라는 뜻이라고 김대문의 주장을 덧붙여 설명을 하고 있습니다.

물론 당시의 김대문의 어원설을 모두 다 받아들일 수는 없을지 모르지만 '차차웅'이라는 표현이 '무당'이라는 표현이고 '존장자'를 나타낸다는 말은 그 당시의 사회가 제정일치 사회, 즉 제사장과, 정치가 일치되는 사회라는 점을 미루어서 생각해 보면 충분히 가능한 이야기라고 할 수 있겠습니다. 대부분의 학자들은 '차차웅'과 '자충'은 '스승'의 옛 표현이라고 보고 있는 것입니다.

'스승'이라는 표현을 중세국어를 찾아보면 바로 '무'를 의미하는 단어였습니다. 달리 말해서 '무당'의 의미였던 것이죠. 중세국어에서 스승은 '무(巫)' 또는 '화상(和尙)' 또는 '선생[師]'의 의미였습니다. 화상은 주로 스님을 나타내는 표현입니다. '스승'이라는 말은 종교인이라는 의미를 갖고 있었다는 반증으로 사용할 수도 있을 것 같습니다. 또한 '스승'이 무당과 화상, 선생이라는 의미였다는 점을 보면 그중에서 선생님의 뜻이 지금까지 남아 있다는 것도 알 수 있습니다.

이렇게 스승이라는 말의 다의를 살펴보면 그 당시 스승, 즉 무의 역할이 어떠했는지에 대해서 더 자세하게 살펴볼 수 있습니다. '무(巫)' 즉 스승은 화상, 즉 승려와 같은 존재이면서 동시에 선생님이었던 겁니다. 또한 무당은 치유자이기도 했습니다. 치료를 하는 사람이죠. 병을 고치는 사람이라는 의미이기도 한 것입니다. 우리가 의사라고 할 때 '의(醫)'라는 한자를 보면 지금은 아래에 '술 주(酉)' 자가 들어가 있습니다만, 예전의 한자에는 '술 주(酉)'자가 아니라 '무(巫)'라는 글자가 쓰여 있었습니다.

왜 그럴까요? '무(巫)'라는 의미는 자세하게 보면 '의사'의 의미도 되었다는 것을 알 수 있는 것입니다. '무'는 종교인이면서 정치인이면서 의사이면서 선생님의 역할을 하고 있었다고 볼 수 있겠습니다. 그런 의미에서 본다면 신라의 남해차차웅은 당연히 '무'였습니다. 지금 우리가 생각하는 무당이 아니라 신라의 중요한 가장 높은 제사장이었고, 백성의 마음을 치유하는 치유자였고, 가르침을 주는 선생이었고, 존장자였던 것입니다. 우리가 생각하는 것처럼 만만한 존재가 아닌 거죠. '무당'이라는 표현을 낮게 사용했던 것은 더더욱 아니었다는 점을 기억하여야 될 것 같습니다.

2) 신라의 무

다음으로는 신라에서 생각하는 '무'는 어떤 존재였는지에 대해서

언어로 본 한국인의 문화유전자

살펴보겠습니다. 먼저 남해 차차웅의 왕비인 운제부인 이야기를 하겠습니다. 지금도 포항 쪽 영일현 서쪽에 가면 운제산 성모가 있어서 가뭄이 들 때도 기도를 드리면 영험이 있다고 얘기를 합니다. 이 말은 무슨 뜻이냐 하면 왕비 역시 성모, 즉 성스러운 어머니이니까 무당으로 볼 수 있다는 뜻입니다.

신라에는 무당으로 볼 수 있는 수많은 사람이 〈삼국유사〉에 나오고 있습니다. 〈삼국유사〉의 제17대 내물왕 때 박제상이 나옵니다. 일본에서 볼모로 간 왕자를 구하고 죽임을 당하자 박제상의 부인이 슬픔을 이기지 못해서 '치술령'이라는 고개에 올라가서 통곡을 하다가 마침내 죽었다고 전해집니다. 그 죽은 부인을 치술신모(鵄述神母)라고 한다고 전하고 있습니다. 치술령에 있는 신어머니라는 뜻이죠. 이 '신모(神母)'라는 말은 바로 무당과 관련되는 말입니다. 즉 운제성모와 마찬가지로 죽어서 신이 된 것이라고 이야기를 할 수 있습니다. 일반인이 아니라 '무'였음을 보여 주는 증거라고 이야기를 할 수 있겠습니다. 신모도, 성모도 대부분 그런 의미를 갖고 있습니다.

신라 제8대 아달라왕 때의 '연오랑과 세오녀'는 아주 유명한 이야기입니다. 연오랑과 세오녀 역시 '무'로 볼 가능성이 많습니다. 왜냐하면 연오랑과 세오녀가 일본으로 가자 해와 달이 광채를 잃었다는 유명한 이야기가 나오기 때문입니다. 연오랑의 '랑(郞)'을 '무(巫)'의 의미로 볼 가능성에 대해서도 더 연구할 필요가 있을 것 같습니다. 신라

시대에 '화랑'이 있죠. 가장 중요한 사람들이 아닙니까? 그 '화랑'이라는 말도 중세국어 자료인 훈몽자회라는 자료에 보면 '화랭이' 즉 남자 무당인 박수무당의 의미로 설명이 되고 있습니다. 화랑도 무당으로 볼 수 있는 겁니다. 물론 지금 우리가 이야기하는 무당의 개념과는 매우 먼 상태이죠. **제사장이고 스승이고 치유자이고 수련하는 사람**이라고 볼 수가 있을 것입니다.

제25대 진지대왕이 죽은 후에 진지대왕이 도화녀라는 사람을 찾아가서 7일 동안 함께 한 후에 비형랑이라는 아들을 낳는 이야기가 나옵니다. 비형랑에도 역시 '랑'이라는 말이 들어가 있죠. 이 비형랑이 자라서 귀신을 데리고 놀았다고 표현이 되고 있는데, 귀신을 아무나 데리고 놀 수는 없을 거 아닙니까? 당연히 비형랑도 '무'로 볼 수가 있을 것입니다. 그리고 물론 비형랑의 어머니인 도화녀 역시 죽은 진지대왕과 관계를 하고 있기 때문에 죽은 사람을 맞이할 수 있는 능력이 있는 사람 역시 '무'로 볼 수밖에 없겠죠. 그런 의미에서 본다면 비형랑도, 비형랑의 어머니인 도화녀도 전부 '무'로 볼 수가 있습니다.

신라의 수많은 이야기들이 이렇게 무당과 관련된 이야기이고, 이 무당들은 현재 우리가 생각하는 무당과는 매우 다른 종류의 사람이었다는 것을 알 수가 있습니다. 모두 중요한 위치 또는 왕에 해당되는 위치에 있는 사람이었습니다. 그 사람들은 사회의 지도층이기도 했습

언어로 본 한국인의 문화유전자

니다. 또한 놀라운 능력을 발휘하는 사람이었다는 점도 우리가 꼭 기억해야 되는 점이라고 생각을 합니다.

'스승'과 '무'에 관해서 좀 더 깊이 보도록 하겠습니다. 전체적으로 예전의 노인, 스승, 무당, 이런 이야기가 나오기 때문에 어려운 부분이 있겠습니다만, 한국인을 나타내는 중요한 키워드가 '스승', '무'라는 점에서 조금 더 자세하게 살펴볼 필요가 있다고 생각합니다.

3) 노인과 무

먼저 '무'와 관련된 표현 중에 노인이 많이 나타납니다. 〈삼국유사〉의 곳곳에 등장하는 신비한 노인의 이야기도 무가 섬기는 신이라고 할 수 있습니다. 신라 제21대 비처왕 때 까마귀가 가는 곳을 따라가서 연못에서 나온 노인에게 글을 받는 이야기가 나옵니다. 연못에서 노인이 나온다는 것 자체가 일반 사람이 아닌 것을 보여 줍니다.

우리에게 널리 알려진 '헌화가'의 이야기에서도 노인을 찾을 수 있습니다. 제33대 성덕왕 때 순정공의 부인인 수로부인은 사람이 닿을 수 없는 높은 봉우리에 핀 꽃을 지나가던 암소를 끌고 가는 노인에게 꺾어 바치라고 하는 이야기를 담고 있습니다. 또한 수로부인을 용이 나타나서 바다 속으로 데리고 들어가기도 합니다. 이 수로부인은 분명히 무당이라고 볼 수 있는 사람입니다. 높은 봉우리를 쉽게 올라가는 노인이나 용이 데리고 가는 장면을 볼 때 수로부인은 '용'이나 '노인'을 섬기는 무당이라고 볼 수 있겠습니다.

진성여왕 때는 '거타지'라는 사람이 나오는데요. 연못 속에서 나온 노인의 청을 들어줍니다. 역시 또 연못이 나오죠. 그 후에 두 용의 호위를 받아 당나라에 갔다 오고, 꽃으로 변해 있던 노인의 딸이 다시 여인으로 변해서 함께 살게 됩니다. 여기에서는 못 속의 노인은 용왕을 의미하고, 꽃이 되었다가 다시 여인이 되는 노인의 딸도 역시 무당을 상징한다고 할 수 있습니다. 꽃은 이렇게 무의 상징이 되기도 합니다. 이렇게 용과 꽃과 노인이 무의 상징으로 자주 등장하고 있다는 점도 기억하시면 좋겠습니다.

4) 화랑과 무

화랑과 무도 마찬가지인데요. 화랑이었고, 후에 삼국통일을 한 김유신 장군을 볼까요? 화랑은 다른 말로 '국선(國仙)'이라고 합니다. 김유신은 화랑이었는데 '내림, 혈례, 골화'의 호국신 세 여인을 만나는 이야기가 나옵니다. 호국신을 만났다는 장면 자체가 김유신이 화랑이고 '무'였음을 보여 주는 내용입니다. 또한 김유신이 고구려와 싸울 때 위험에 닥쳐서 성부산에 단을 설치하고 신술(神術), 즉 신기한 기술을 쓰는 이야기가 나오고 있습니다. 신술 역시 아무나 쓸 수 있는 것은 아니었겠죠. 당연히 화랑이었던 김유신도 무로 볼 수 있겠습니다.

언어로 본 한국인의 문화유전자

화랑과 무의 관계를 생각해 볼 수 있는 것은 죽지랑과 득오의 이야기에서도 찾아볼 수 있습니다. 신라 제32대 효소왕 대에 죽지랑과 득오곡의 이야기가 나옵니다. 죽지랑은 어떤 거사, 스님이 죽어서 다시 태어난 것으로 믿어지며, 득오곡의 사모 노래의 대상이 됩니다. 득오곡은 향가의 하나인 모죽지랑가를 지은 사람이죠. 죽지랑은 무리 가운데 득오라는 사람이 보이지 않자 찾았으나 익선이라는 사람에 의해 일에 끌려간 것을 알고 137명이나 되는 사람과 함께 득오를 찾으러 갑니다. 그리고 익선에게 득오의 휴가를 청하였으나 허락을 받지 못하자 술과 떡, 조 30석, 말안장 등을 주어 겨우 허락을 받아냅니다.

생각을 해보면 득오라는 부하를 위해서 137명과 함께 찾아갔다는 점에서 보통의 관계는 아니라고 할 수 있겠습니다. 또한 죽지랑이 거사의 환생이라는 점과 죽지랑에 대한 득오의 사모 노래로 미루어 볼 때 죽지랑은 남성 무당이었을 가능성이 있습니다. 왜 죽지랑은 그렇게도 득오곡을 데려오려고 했을까요? 또 왜 익선은 그렇게 득오곡을 보내지 않으려 했을까요? 죽지랑과 득오의 관계는 '무'의 관계 또는 연인의 관계라고 보려는 서정범 선생님의 주장도 일리가 있습니다.

화랑(花郞)이라는 말이 중세국어에서 남자 무당의 의미였다는 점과 화랑이 명칭이 바로 무의 상징이었다는 점 그리고 '꽃 화(花)' 자가 쓰인다는 점도 화랑이라는 단어에 대해서 깊이 생각해 보아야 할 점이 아닌가 합니다. 한편 화랑이라는 사람은 아주 용맹한 사람인데,

그 앞에 '꽃 화(花)' 자가 쓰인다는 것은 매우 특이한 일이라고 할 수 있겠습니다.

5) 용과 무

수로부인의 이야기나 거타지의 이야기에서도 등장을 하고 있는 용 이야기는 무와 관련 지어 생각해 보면 무당이 섬기는 신이라고 볼 수 있겠습니다. 용에 관한 이야기는 여기만 나오는 게 아닙니다. 용에 관한 이야기는 여러 곳에서 등장을 합니다.

신라 제31대 신문왕이 바다에 떠서 감은사를 향해 왔다 갔다 하는 산에 들어가니 용이 검은 옥들을 만들어서 왕에게 바쳤다는 이야기가 나옵니다. 왕의 이름에 '신(神)'이 들어가 있다는 점부터가 매우 특이하죠. 그리고 용과 대화를 나눈다는 점에서 신문왕 역시 무당으로 볼 수가 있습니다. 원성대왕은 비밀리에 북천에 있는 신에게 제사를 지내는 장면이 나오고, 두 용의 아내를 만나는 장면이 나옵니다. 용의 아내 역시 무라고 볼 수 있을 것입니다.

제49대 헌강대왕 때는 우리가 너무나도 잘 알고 있는 처용의 이야기가 나옵니다. 헌강대왕 때 동해에 용왕이 나타나서 왕의 덕을 찬양하며 춤을 추고 음악을 연주하였습니다. 그리고 용왕의 일곱 번째 아들 처용이 서라벌에 와서 정사를 도왔다는 이야기입니다. 7이라는 것도 숫자도 특이한 것이죠. 이 처용의 아내를 역신이 흠모하였다고 나오는데, 역신은 보통 병을 주는 신을 의미합니다. 처용의 아내와 몰래 동침을 하였고 이를 본 처용이 노래와 춤을 추며 물러 나오자 병을 전하는 역신이 감동해서 처용의 형상이 그려진 것만 봐도 들어가지 않겠다고 했다는 이야기는 매우 유명한 이야기입니다.

이는 처용이 무당이었음을 보여 줍니다. 그리고 처용이 문신(門神), 즉 문에서 지키는 신이었음을 보여 주는 것입니다. 왜냐하면 역신이 처용의 형상만 봐도 들어가지 않겠다고 해서 처용의 그림을 문에 붙였기 때문입니다. 처용이 용왕의 아들이었다는 점, 그리고 역신을 쫓기 위해 노래와 춤을 추는 점 그리고 문신이 되었다는 점에서 무당의 대표적인 모습이라고 설명을 할 수 있겠습니다.

6) 왕과 무

다음으로는 왕과 무당에 대해서 조금 더 살펴보겠습니다. 헌강대왕이라는 왕 역시 무당으로 볼 수가 있겠습니다. 헌강대왕이 신라의 유명한 정자인 포석정에 갔을 때 남산의 신이 나타나서 왕 앞에서 춤을 추었는데 다른 사람에게는 보이지 않고 헌강대왕에게만 보였다는 것은 왕이 '무'였음을 보여 주는 것입니다. 또한 왕이 금강령이라는 곳에 갔을 때 북악의 신들이 나타나서 춤을 추었는데 이를 '옥도령(玉刀鈴)'이라고 했습니다.

여기에서 춤의 이름이 '옥도령'인 것은 매우 흥미로운 일이 아닐 수가 없습니다. 즉 그 춤은 무당의 춤, 무무(巫舞)라고 볼 수 있는 것입니다. 옥도령이 의미하는 구슬, 칼, 방울은 무당이 사용하는 도구, 즉 무구(巫具)라고 이야기할 수 있기 때문입니다. 모두 무당과 관련되는 것이라고 이야기할 수 있습니다. 또한 동례전에서는 잔치를 할 때는 지신(地神)이 나와서 춤을 췄는데 이 신의 이름을 '지백급간'이라고 했습니다. 이렇게 산신도 볼 수 있고 지신도 볼 수 있다는 것은 바로 헌강대왕이 '무'였음을 나타내는 것입니다. 또한 다른 사람들 눈에는 보이지 않고 있다는 것은 이 헌강대왕이 '무'의 신통력을 가지고 있다는 것을 보여 주는 것이라고 할 수 있겠습니다.

남해 차차웅 이후에도 신문왕, 헌강대왕과 마찬가지로 왕이 여전히 '무'의 역할을 하는 것으로 볼 수 있습니다. 제정일치의 사회가 계속 이어졌음을 보여 주는 근거라고 할 수 있겠습니다. 신라 경덕왕 때는 오악 삼산의 신이 간혹 모습을 나타내 뜰에서 왕을 모셨다는 얘기가 나옵니다. 경덕왕이 아들이 없어서 표훈 대덕에게 상제께 청하여 아들을 두게 해달라고 부탁하는 장면도 나옵니다. 이에 '표훈'이 하늘에 올라가 상제께 청하는 이야기가 나오게 됩니다. 딸을 아들로 바꿔서 혜공왕이 태어나게 되고, 이로 인해서 나라가 위태로워지는 것으로 이야기가 이어집니다.

그리고 〈삼국유사〉에서는 표훈 이후에는 성인이 나타나지 않았다고

언어로 본 한국인의 문화유전자

얘기를 하고 있습니다. 삼산의 신들이 왕을 모셨다는 것으로 볼 때 왕은 신통력, 신력이 있다고 이야기할 수 있습니다. 삼산은 삼신산(三神山)이라는 말의 준말입니다. 보통 삼신은 생명을 주관하는 신입니다. 표훈은 상제에게 청할 수 있는 것으로 봐서 역시 '무'라고 할 수 있겠습니다.

또한 경덕왕이 능력 있는 스님을 모시고 오라고 하니까 충담사라고 하는 스님을 모셔오는데, 충담사는 차를 달여서 남산에 삼화령의 미륵세존에게 차를 드리는 스님으로 나옵니다. 또한 기파랑이라는 화랑을 찬미하는 향가, 즉 사뇌가를 지어 부른 스님이기도 합니다. 이렇게 삼화령에 있는 미륵세존에게 차를 바치거나, 기파랑이라는 화랑을 찬양하는 노래를 부른 것으로 봐서 충담사 역시 '무'로 볼 수가 있습니다.

신라 제48대 경문대왕은 나이 18살의 국선이 되었다고 하고 있습니다. 왕이 된 후에 잠자리, 즉 침전에는 수많은 뱀이 모여들었다고 합니다. 왕이 잠을 잘 때는 언제나 뱀들이 혀를 날름대며 온 가슴을 덮고 있었다는 이야기가 전해집니다. 왕이 화랑의 다른 이름인 국선이었다는 점과 수많은 뱀이 모여들었다는 점에서 역시 '무'라고 볼 수 있습니다.

저는 〈삼국유사〉를 읽으면서 특히 그중에서 기이 편을 읽으면서 신라와 관련된 부분 중에 많은 이야기들이 무당과 관련되어 있다는 것을 알게 됐습니다. 저는 그래서 감히 신라는 '무'의 나라였다고 이야기를 하고 싶습니다. 왕도 무당인 경우가 많았고, 화랑도 무당인 경우가 많았고, 스님이나 스승 등도 전부 무의 의미를 가졌음을 알 수가 있습니다. 수많은 이야기가 신라의 무가 중요한 인물이었음을 증명을 하고 있습니다. 우리가 지금 단순히 무당을 취급하는 것으로 당시의 무를 평가해서는 절대로 안 됩니다. 당시 무의 위치나 능력 등을 감안한 평가가 이루어져야 할 겁니다.

무(巫)는 나라를 평화롭게 이끌기 위해서 노력했던 사람이고, 외적의 침입을 막기 위해서 노력했던 사람이고, 병을 치유하는 치유자이기도 했고, 백성을 위로하는 수많은 행위를 했던 사람입니다. 그 '무'가 통치도 하고 제사도 지내는 역할을 했던 것이죠. 그런 의미에서 본다면 '무'는 그대로 우리의 스승인 존재였습니다.

8장

생활 문화 –
의식주와
노래 문화

36
한복

언어와 문화 속에서 살아 숨쉬는 한복

이번 장에서는 우리의 생활문화의 주요 키워드를 의식주와 노래 문화를 통해서 살펴보려고 합니다. 의식주라고 하면 생활 문화의 가장 기본적인 거죠. 그리고 노래라고 하면 우리의 삶을 다루는 예술의 가장 중요한 장르라고 얘기를 할 수 있겠습니다. 의식주라고 할 때 가장 오해를 많이 하는 게 '무엇이 원조다.'라고 하는 겁니다. 저는 무엇이 원조라고 얘기하기보다는 항상 어떤 것들이 어떤 영향을 받아서 지금 현재의 모습으로 나타났다고 얘기하는 게 옳은 것 같습니다. 옷도 마찬가지고 음식도 마찬가지고 주거 형태도 마찬지고 어떤 한 문화가 다른

언어로 본 한국인의 문화유전자

문화에게 일방적으로 영향을 미친다는 것은 어려울 것 같습니다.

먼저 의식주 중에서 의, 즉 옷에 대해서 살펴보도록 하겠습니다. 한국의 대표적인 의복 문화라고 하면 한복이라고 할 수 있는데, 실제로 보면 지금 한복을 입고 다니는 사람들은 거의 없기 때문에 '한국의 대표적인 의복 문화가 정말 한복이야?'라고 질문을 할 수 있을 것 같습니다. 지금 한복은, 글쎄요, 사극에 나오는 정도 아니면 한복 체험에 사용되는 정도 또는 무슨 명절 때 연예인들이 입고 나오는 정도라고 할 수 있을 것 같아요. 이제는 한복을 일상복으로 사용하는 예는 거의 없다고 봐야 하고, 요즘에는 명절 때도 일반인들은 한복을 입는 경우가 많지 않아서 명절복이라고 얘기하기도 어려울 것 같습니다.

하지만 한복은 여전히 우리의 언어 표현 속에서는 깊게 자리하고 있기 때문에 우리 언어와 관련된 키워드를 이야기할 때는 한복은 여전히 중요한 위치를 지니고 있다고 할 수 있습니다. 많은 언어 표현이 있죠. 그런데 그중에서 제가 중요하게 생각하는 표현은 '같은 값이면 다홍치마다.'라는 표현입니다. 다홍치마라는 말은 원래는 '대홍(大紅)'에서 온 말입니다. '아주 붉은 치마'라는 의미여서 요즘에는 잘 이해가 되지 않겠지만 예전에는 붉은 치마가 여성들이 많이 입고 싶어 하는 치마였다고 합니다. 여기에서 치마를 표현의 중심에 둔 것도 흥미로운 일입니다.

우리말에서는 사실은 치마가 저고리보다는 더 중요한 요소여서 치마저고리라는 표현을 쓰기도 하죠. 저고리보다는 치마가 앞쪽에 있다는 점에서 다르다고 할 수 있겠습니다. 또한 한복은 좀 다른 옷들과 달리 특이한 점이 반팔이 없다는 건데요. 대부분 다 긴팔로 이루어져 있기 때문에 노출이 거의 이루어지지 않는 복장이라고 할 수 있습니다. 제가 사우디아라비아나 아랍 에미리트, 이집트 이런 이슬람권에 간 적이 있었는데 그 나라들에서도 한국의 드라마가 매우 큰 인기를 얻고 있었습니다. 그중에서도 한국 사극이 아주 인기가 좋았는데 제가 그쪽에 있는 관계자 분들께 여쭤봤을 때 특이한 대답이 돌아왔습니다. 한복이 노출이 거의 없기 때문에 편하게 이슬람 문화권에서도 방영을 할 수 있었다는 이야기를 해서 흥미로웠습니다. 또 하나는 외출할 때 우리가 장옷이라고 해서 뒤집어쓰는 옷이 있는데, 이슬람의 히잡 문화와 통하는 점에 있어서 재미있어하는 경우도 많았습니다. 물론 내용에 가족을 중요시 여기고 효(孝)를 중요시하는 문화를 다루고 있었기 때문에 한복이 들어간 사극이 훨씬 더 인기를 끌었다고 할 수 있겠습니다.

다음으로는 모자를 들 수 있겠습니다. 모자가 한국인의 의복문화를 나타내는 키워드라고 한다면 놀라는 경우가 많습니다. 그만큼 이제는 우리나라 사람들이 모자를 안 쓰기 때문일 겁니다. 하지만 제가 읽었던 책 중에서 외국인이 생각하는 한국의 특징을 보면 대부분 모자 이야기가 나옵니다. 19세기 말이나 20세기 초에 한국에 온 외국인이 놀랐던 것은 바로 모자였습니다. 특히 한국 남자의 경우에는 어린 아이를 제외하고는 대부분 모자를 쓰고 있었다는 겁니다. 그것도 같은 종류의 모자가 아니라 너무나도 다양한 종류의 모자를 쓰고 있었다는 말입니다. 그런 의미에서 보자면 모자는 한국 문화의 중요한 키워드라고 할 수 있겠습니다. 특히 갓은 전통적인 상징이기도 하지만 외국인에게는 매우 특이한 모자라고 볼 수 있겠습니다. 왜냐하면 갓은 종종 세상에서 가장 가벼운 모자라고 얘기할 만큼 가볍습니다. 그리고 빛은 통과가 되지 않지만 바람은 통과가 되는 특이한 모자라고 할 수 있습니다. 요즘에는 한국 사극에 갓이 자주 등장하여서 외국인도 갓을 특이한 한국의 모자로 보고 좋아한다고 합니다.

버선도 요즘에는 신는 사람이 거의 없는 의복 문화입니다. 버선에 대해서 얘기할 때 '버선발로 맞이한다.'는 표현을 소개하곤 합니다. '버선발로 뛰어나오다.'라는 표현도 있는데 여기에서 '버선'이라는 말은 반가움을 나타내는 표현이라고 할 수 있습니다. 그럴 때 '한달음'이라는 표현도 같이 쓰기도 합니다. '버선발로 한달음에 달려가서'라는 표현은 반가움을 극대화하는 말입니다. 버선발이라는 말은 '신발을 신지 않은 채'라는 의미를 갖고 있지만 실제로는 '적극적으로 반갑게'라는 의미를 담고 있어서 한국 문화에서 중요한 요소라고 볼 수 있습니다. 버선은 앞부분, 즉 버선코의 곡선 모양이 매우 아름다워서 버선의 모양을 한국의 곡선 문화로 연결한다는 점도 기억하시면 좋을 것 같습니다.

한복도, 갓도, 버선도 이제는 우리가 평상시에는 쓰지 않는 문화가 되어가고 있습니다. 특별한 날이나 특별한 장소, 특별한 행사에서만 사용을 합니

다. 하지만 한국인을 하나로 묶는 주요한 문화유전자라는 점은 기억하여야
할 겁니다.

37
숟가락

국 문화와 연결되어 한국 문화의 중요한 상징이 된 숟가락

식(食) 문화에 관련된 키워드 중에서 제가 제일 중요하게 생각하는 키워드는 숟가락입니다. 숟가락이라는 말은 '술'과 '가락'이 합쳐져 있는 말입니다. '한 술, 두 술'이라고 할 때 '술'과 '가락'이라는 말이 붙어 있는 말입니다. 두 말이 합쳐지면서 술이 '숟'으로 바뀐 것이라고 할 수 있습니다. 젓가락과는 달리 순우리말이죠. 젓가락의 '저(箸)'는 한자어입니다.

우리 표현에 '어느 집의 숟가락이 몇 개인지도 안다.'라는 말이 있는데요. 이 말을 외국인이 들었다면 '무슨 소리일까?'라고 할 것입니다. 그리고 '왜 하필이면 숟가락을 안다고 했을까?'라는 의문도 들 수 있을 것입니다. 하지만 한국 사람에게 숟가락은 매우 특별한 것입니다. 숟가락이라는 말은 사람을 나타내고, 숟가락이 몇 개 있는지 안다는 말은 그 집의 사정을 자세하게 알고 있다는 의미가 되기 때문입니다. 이 정도로 숟가락은 한국 문화를 상징하는 중요한 키워드입니다.

우리말과 문화를 보면 숟가락은 정말로 중요한 역할을 합니다. 한국어에서 '숟가락'이라는 단어가 쓰이는 장면을 보면 숟가락의 위력을 실로 실감하게 됩니다. 우리말에서 '숟가락을 놓았다.'라는 말이 요즘에는 덜 쓰이지만 제가 어릴 때만 해도 많이 쓰였던 말입니다. 이 말은 누군가 세상을 떠났다는 뜻으로 사람이 죽었다는 의미입니다. 달리 말해서 숟가락을 놓는다는 것은 목숨이 끊겼졌다는 의미입니다. 숟가락이 그만큼 중요한 겁니다.

서양 사람은 동양 문화를 이야기할 때 쉽게 '젓가락 문화'라고 하는 경우가 많습니다. 아무래도 서양 사람이 젓가락을 사용하지 않기 때문에 젓가락이 금방 눈에 띄었을 것입니다. 하지만 한국은 중국이나 일본, 베트남과는 달리 젓가락보다는 숟가락이 훨씬 더 중요한 문화입니다. 예기치 않게 손님이 오면 '숟가락만 하나 더 얹으면 돼.'라고 이야기를 하였었죠. 젓가락에 관한 이야기는 아예 없습니다.

앞에서 이야기한 것처럼 숟가락을 놓았다는 말에도 젓가락은 나타나지가 않습니다. 식탁에서 제일 중요한 거는 숟가락이죠. 그런데 중국이나 일본의 식탁을 보면 숟가락이 아예 보이지 않습니다. 한국 사람들이 중국이나 일본에 가면 제일 불편한 것이 '숟가락이 없어서' 라는 말도 일리가 있다고 생각을 합니다. 한국인은 숟가락이 가장 중요한 문화이기 때문에 숟가락이 없는 밥상은 너무나도 불편하기 때문이죠. 한중일 삼국을 젓가락 문화라고 한꺼번에 이야기하면 저는 안 된다고 생각합니다.

한국은 젓가락 문화가 분명히 아닙니다. 정확하게 말하자면 숟가락과 젓가락 문화이고요. 그중에서도 젓가락보다는 숟가락이 훨씬 더 중요한 문화라고 이야기할 수 있습니다. 숟가락이 몇 개인지도 안다는 말은 그 집의 식구가 몇 명인지, 같이 식사할 만한 사람은 몇 명인지 다 안다는 뜻이 됩니다. 또한 부엌에 살림살이가 어떻게 되어 있는지도 서로 다 잘 알고 지낸다는 그런 이야기가 됩니다. 뭐가 부족한지, 뭐가 여유가 있는지에 대해서도 서로 알 수 있는 가까운 사이라는 의미가 되는 것입니다.

옛날에는 이런 사이를 이웃이라고 했죠. 그래서 '가까운 이웃이면 친척보다 낫다.'라는 말은 이런 사이를 두고 하는 말입니다. 이웃이라고 해도 서로의 사정을 잘 모른다면 이웃이라고 할 수 없습니다. 단순히 옆에 산다는 거리적 개념으로 이웃을 말할 수는 없겠죠. 이웃은 나에 대해서 잘 알고 있는 사람이고, 나의 고통과 나의 기쁨을 제일 먼저 나눌 수 있는 사람이기도 합니다. 아침에 눈 뜨면 집을 나서

며 만나고, 동네에서 마주치고, 서로의 집에 '마실'을 다니는 허물없는 사이이기도 하죠. 그래서 쉽게 내 부엌살림들을 내 보여 주기도 하는 사이인 것입니다. 숟가락 문화는 이렇게 관심과 관련되는 문화라고도 이야기할 수 있겠습니다.

왜 한국인에게 숟가락 문화는 중요한 문화가 되었을까요? 저는 숟가락 문화를 이야기할 때 우리가 꼭 기억해야 되는 것이 '국 문화'라고 생각합니다. 한국인의 음식 문화에서 숟가락과 국 문화는 연결되어 있는 문화입니다. 국 문화는 국에 무엇인가를 말아 먹는 문화입니다. 일반적으로는 밥을 말아 먹는 문화이죠. 한국 사람들은 그래서 반드시 숟가락이 필요한 것입니다. 숟가락이 없으면 말아 놓은 밥을 먹을 수 없기 때문입니다.

한국의 음식문화에서 중요한 요소는 국입니다. 중요한 순간에는 국이 함께합니다. 국 중에서 가장 특별한 국은 떡국일 겁니다. 설날에는 떡국을 먹습니다. 떡을 넣은 국을 먹으면서 새해를 시작하고 나이를 먹습니다. 떡국이 특별한 이유는 한국문화에서 떡도 중요하기 때문입니다. 떡국은 떡과 국이 합쳐진 특별한 음식이라고 할 수 있습니다. 백설기, 시루떡, 송편, 팥죽의 새알심 등은 우리 떡 문화를 보여 줍니다. 떡도 중요한 날을 상징합니다.

국 문화의 또 다른 대표는 미역국입니다. 생일이면 우리는 미역국을 먹습니다. 미역국이 어머니의 은혜를 감사하는 국이면서 동시에 우리에게 새로운 출발을 보여 주는 국이기도 한 것입니다. 그 외에도 여러 가지 국 문화가 우리에게 어떻게 살 것인지, 어떤 삶을 살고 있는지를 보여 줍니다. 그리고 그 **국 문화는 숟가락 문화와 연결되어 한국인의 문화유전자가 되어 있다는** 점도 기억하기 바랍니다.

38
온돌

'배부르고 등 따뜻하다'는 온돌이 만들어 낸 만족의 척도

한국인의 주거 문화에서 가장 대표적인 것을 꼽으라고 한다면 온돌 문화를 들 수 있습니다. 온돌 문화는 동아시아의 주거 형태에서도 특이한 문화입니다. 온돌이 있기 때문에 주거 형태의 특별함을 가져오게 됩니다. 온돌은 기본적으로 의자 생활하고는 거리가 좀 멉니다. 소파하고도, 식탁하고도, 침대하고도 거리가 멀게 됩니다. 온돌 문화가 발달하지 않은 곳에서는 식탁과 소파와 침대가 발달을 하게 되죠.

우리말에서는 '온돌'을 예전에 '구들'이라고 했습니다. '구들'이 원래

언어로 본 한국인의 문화유전자

우리말입니다. 온돌은 한자로 '따뜻하다'에 해당되는 '온(溫)'과 '구들'에 해당되는 '돌(突/堗)'이 합쳐진 것이라고 보는 게 옳을 것 같습니다. 현대어에서는 '구들'이라는 말보다는 '온돌'이라는 표현을 더 많이 쓰고 있죠. 대부분의 나라에 온돌 문화는 없습니다만 굳이 따지자면 중국의 신장 위구르 지역이나 요녕성 지역에 부분 온돌이 나타난다고 이야기를 하고 있습니다.

제가 요녕성에 가서 청나라의 궁궐에 간 적이 있었는데, 거기 자는 곳에 부분 온돌이 나타나는 것을 발견할 수 있었습니다. 요녕성 지역이 예전에는 고구려 문화와 관련되는 지역이라는 점에서 요녕성 지역의 온돌 문화 역시 한국 문화와 관련성이 있다고 봅니다. 부분 온돌이라고 하는 것은 침대나 앉는 곳에만 온돌이 들어간 형태의 주거 구조라고 이야기를 할 수 있겠습니다. 최근에는 한국의 버스 정류장의 의자에도 온돌 시스템이 되어 있습니다. 겨울에 아주 따뜻합니다. 한국인다운 발상이라고 할 수 있습니다.

온돌 문화를 보여 주는 대표적인 표현으로는 **'배부르고 등 따뜻하다.'**라는 말이 있습니다. 이것은 만족에 대한 표현이죠. '배부르다'라는 것이 대부분의 문화에서는 만족의 표현이 될 겁니다. 그런데 한국어에서는 특이하게도 '등 따뜻하다'는 말이 함께 나타납니다. 이는 배부른 것도 좋지만 등이 따뜻해야 좋다는 것을 보여 주는 것이죠. 이게 바로 온돌 문화의 모습을 보여 주는 것이라고 이야기할 수 있습니다.

온돌을 좋아하는 민족이기 때문에 등이 따뜻한 것이, 즉 바닥이 따뜻한 것이 만족의 척도가 되는 것이라고 할 수 있겠습니다.

예전에는 방에서도 아랫목이 더 따뜻하였습니다. 아랫목에서 이루어지는 문화 역시 예전의 온돌 문화에서 가능했던 것입니다. 아궁이에 불을 때면 방의 아랫부분이 집중적으로 따뜻했기 때문에 아랫목은 좋은 자리라는 의미가 되고 윗목은 좋지 않은 자리가 되는 거죠. 그래서 '아랫목을 차지하다'라는 말은 좋은 자리를 차지한다는 말로 사용되곤 했습니다. 아랫목에 이불을 깔고 그 안에서 이야기를 나누는 모습들이 예전의 다정한 집안의 묘사였고 아랫목에 밥을 넣어놓고 따뜻하게 데우기도 했죠.

'누워서 떡 먹기'라는 표현도 온돌 문화와 관련이 있습니다. 온돌이 아니라면 주로 누워서 무엇을 먹는 문화들은 그다지 발전하지 않을 겁니다. '누워서 떡 먹기'를 똑바로 누워서 하늘을 향한 모습으로 생각하는 사람들이 있는데 그것은 한국 문화를 잘 몰라서 하는 이야기인 것 같습니다. '누워서 떡 먹기'는 옆으로 누워서 보료라고 하는 것에 기대어, '가장 편한 자세로 떡을 먹는다.'라는 의미로 해석하는 게 옳을 것 같습니다. 역시 바닥에 누워 있다는 점에서는 온돌 문화와 연결이 되는 문화라고 이야기를 할 수 있겠습니다.

양반다리를 하고 앉거나 예전에 부인들이 앉는 자세 등도 사실은 모두 온돌 문화와 관련이 있습니다. 양반다리는 현대어에서는 '아빠다리'라는 표현으로도 쓰곤 하는데, 양반다리의 형태 자체가 다른 나라의 가부좌하고는 좀 다릅니다. 가부좌에 비해서는 허벅지가 바닥에 닿는 면이 많다고 하는데, 이 역시 온돌 문화와 관련이 있다고 할 수 있습니다. 즉 앉을 때조차도 다리의 많은 부분이 바닥에 닿게 해서 따뜻하게 앉으려는 문화라고 이야기를 할 수 있습니다.

바닥에서 생활해야 훨씬 더 온돌문화의 장점들을 누리는 것이지만 대부분의 가정에서 사용하는 침대, 식탁, 소파 등은 온돌과는 거리가 멉니다. 하지만 그럼에도 여전히 서양문화와 온돌문화가 조화롭게 지속되고 있는 점도 특이합니다.

침대나 소파에도 온돌을 까는 경우가 있어서 새로운 온돌 문화가 나타나고 있습니다. 다양한 형태의 찜질방의 문화가 발전하고 있다는 것도 온돌 문화와 연결시켜서 볼 수 있겠습니다. 특히 다른 나라에서도 새로 짓는 아파트 등에 온돌을 넣는 경우가 많다는 점도 특이할 만한 사실이라고 얘기할 수 있겠습니다. 이제 온돌 문화가 한국 문화만이 아니라 세계화한다고 할 수 있겠습니다. 한국인의 문화유전자 중에 가장 중요한 요소 중에 하나가 바로 온돌이라는 점도 꼭 기억하기 바랍니다.

39
아리랑의 의미

아리다, 쓰리다, 쓰라리다

　한국인을 대표하는 노래, 한민족을 대표하는 노래라고 하면 '아리랑'을 들 수 있겠죠. '아리랑'이라는 말에는 특별한 의미가 있을까요? 한민족의 대표 민요인 아리랑은 민족의 감성을 불러일으키는 노래이긴 하지만, 그 의미에 대해서는 명확하게 밝혀지지가 않았습니다. '아리랑'의 어원 또는 그 의미에 대해서는 여러 이야기가 있지만 그중 어느 것을 정답이라고 이야기하기는 좀 어려운 것도 사실입니다.

　어원 연구가 원래 그런 것이라고 이야기할 수도 있겠지만, '아리랑'

　언어로 본 한국인의 문화유전자

이라는 노래가 워낙 한반도에 널리 퍼져 있음도 어원을 단정하기 어려운 이유라고 이야기를 할 수 있겠습니다. '아리랑'이라고 하면 고개가 연상되듯이 고개의 이름으로 보는 경우도 있고, '아리랑'을 부르는 곳이 강과 관련된 곳이 많아서 물과 관련성을 이야기하기도 합니다. 발음의 유사성에서 실마리를 찾아서 '아리수'와 연관성을 찾기도 하죠.

저는 어느 것을 어원으로 단정하기에는 이미 아리랑이 많은 변화를 겪었다고 봅니다. 그 말은 아리랑을 현재의 기준으로 해서 살펴볼 수밖에 없다는 뜻이기도 합니다. 통시적인, 즉 역사적인 관점보다는 공시적인, 즉 현재의 관점을 우선시하는 접근이라고 할 수 있겠습니다. 그런 의미에서 보자면 아리랑이라는 말은 단순한 후렴구처럼 보입니다. '아리아리랑 아라리가 났네'나 '아리랑 아리랑 아라리요'에서 볼 수 있듯이 흥을 돋우는 조흥구(助興句)로서의 후렴이라고 할 수도 있습니다. 조흥구라고 하면 굳이 의미를 밝히지 않아도 되기 때문에 의미에 관한 논의는 여기서 끝나게 됩니다. '아리랑'도 의미 없이 운율을 맞추거나 흥을 돋우는 것이라고 생각할 수도 있기 때문입니다.

한편 후렴이라고 해서 꼭 의미가 없는 것은 아니라는 점도 살펴볼 필요가 있습니다. 우리 민요의 옛 형태를 보여 주고 있는 고려가요에는 다양한 후렴구가 나타납니다. 그런데 이러한 후렴구를 보면 분명하게 의미가 나타나기도 하는 경우가 있습니다. 가시리의 '위 증즐가 태평성대'에서는 '태평성대(太平聖代)'라는 말이 명확하게 드러나게 되죠.

'동동(動動)'의 '아으 동동다리'라는 말에도 의미 추론이 가능합니다. 왜냐하면 '동동(動動)'이라는 말이 한자로 발을 동동 구르며 안절부절 못하는 모습을 의미하는 것으로 보기 때문입니다. 연구자들에 따라서는 '청산별곡'의 '얄리얄리 얄라성 얄라리 얄라'도 의미가 있다고 주장하는 경우도 있습니다.

저는 아리랑의 경우는 의미를 밝힐 수 있는 몇 가지 실마리 또는 추론의 근거가 있다고 봅니다. 그러면 아리랑의 의미는 어떻게 찾을 수 있을까요? '아리다'와 '아리'가 비슷하다는 점은 하나의 힌트가 될 것 같습니다. '아리랑'의 '랑'은 '아리 아리랑'으로 보아서 분리가 가능해 보입니다. 그렇다면 의미는 '아리랑' 전체보다는 '아리'에서 찾아야 할 것입니다.

이 경우에 '자장자장'의 경우를 참고할 만합니다. '자장'이라는 말은 '자자'라는 말의 끝을 '이응'으로 해서 운율을 부드럽게 하는 것입니다. 이는 제주 방언에서는 '웡이 자랑'이라고 하는 데서 더 뚜렷이 알 수 있습니다. '자라'라는 말을 '자랑'이라고 표현하는 것입니다. 물론 제주 방언에는 종결형이 이응으로 끝나는 예가 많습니다. '자장'이나 '자랑'이라 해서 '자'가 어간 부분입니다. '자다'의 '자'인 셈입니다. 따라서 같은 관점에서 본다면 '아리랑'의 '아리'가 어간일 가능성이 있습니다. 그리고 '아리'를 어간으로 본다면 '아리다'라는 용언을 재구할 수 있습니다. '아리다'라는 말은 현재도 한국어에 사용되는 어휘죠. 표준국어대사전에서는 다음과 같이 뜻을 설명하고 있습니다.

가. 혀끝을 찌를 듯이 알알한 느낌이 있다.
나. 상처나 살갗 따위가 찌르는 듯이 아프다.
다. 마음이 몹시 고통스럽다.

'아리다'는 중세 국어에서는 '알히다'의 형태로 나타납니다. 이는 현대의 의미에서도 알 수 있듯이 '아프다'의 의미인 '앓다'와 어원이 같다고 추론할 수 있습니다. 즉 '아리다'는 말은 아프다의 의미와 상통하는 것입니다. 즉 '아리다', '앓다', '아프다'는 모두 같은 어원의 말이라고 이야기를 할 수 있겠습니다. 한편 '아리다'의 아픔은 '알알하다'에서 알 수 있는데 이는 '얼얼하다'와 관련이 되는 고통인 것입니다.

그럼 '아리다'와 '쓰리다'의 관계에 대해서도 한번 알아볼까요? '아리다'가 '앓다', '아프다'와 관련이 있는 어휘라는 것을 가장 명확히 보여 주는 근거는 오히려 '아리랑' 노래 속에 있습니다. 즉 '아리랑'과 '아리다'의 관련성을 가장 잘 보여 주는 근거는 '쓰리랑'입니다. '아리 아리랑 쓰리 쓰리랑'이라고 할 때 '쓰리랑'에서 어간 '쓰리'를 찾을 수 있고 이는 '쓰리다'와 연결할 수 있습니다.

물론 모든 '아리랑' 노래마다 '쓰리랑'이 등장하는 것은 아니지만 '쓰리랑'이 나오는 경우가 있다는 것은 '아리랑'과 '쓰리랑'을 대구(對句)

의 형식과 의미로 보았기 때문입니다. 우리말에서 된소리는 후대에 발달한 것으로 봅니다. 예를 들어서 '꽃'이라는 단어는 중세 국어에서는 '곶'이었습니다. 따라서 '쓰리다'는 '스리다'로 재구가 가능합니다. 현대의 '아리랑' 가사 중에도 '스리 스리'라고 하는 경우들이 나타납니다. '쓰리랑'에서 '쓰리'를 어간으로 보고 '쓰리다'를 추출한다면 '아리다'와 대비가 이루어진다고 이야기를 할 수 있습니다. 표준국어대사전에서 '쓰리다'의 의미를 찾아볼까요?

가. 쑤시는 것같이 아프다.
나. 몹시 시장하거나 과음하거나 하여 배 속이 거북하다.
다. 마음이 쑤시는 것처럼 아프고 괴롭다.

이상의 설명을 보면 '아리다'와 대비를 이루고 있음을 알 수 있습니다. 특히 '다'에 해당하는 심리적인 고통은 아리랑과 쓰리랑이 마음의 고통을 나타내는 표현 '아리다'와 '쓰리다'에서 온 말임을 충분히 추론할 수 있게 합니다. 그렇다면 '쓰리다'의 경우는 '스리다', '슳다', '슬프다'의 의미와 연결이 되는 것입니다. 여기에서 '슳다'는 중세 국어에서는 '슬프다'의 의미로 나타납니다. 중세 국어에서 '슬히다'의 경우는 '시리다', '차다'의 의미로 나타나서 현대어 '시리다'도 '쓰리다'와 관련이 있다고 볼 수 있겠습니다. 한편 제가 볼 때는 '쓰리다'의 아픔은 '쑤시다', '쓸어내리다'와도 관련이 있을 것으로 보입니다. 사전에서는 '쑤시다'로 아픔을 표현하고 있지만 어휘 형태로 봐서는 '슳다', '쓰리다', '시리다'와 관련이 있는 고통이라고 이야기할 수 있겠습니다.

즉 '아리랑, 아리다, 앓다, 아프다'와 '쓰리랑, 쓰리다, 슳다, 슬프다'가 짝을 이루는 것이라고 할 수 있습니다. 아리랑은 아픔을 나타내는 말이고 쓰리랑은 슬픔을 나타내는 표현이라고 추론을 할 수 있는 것입니다. 한편 '아리다', '쓰리다'와 관련해서 재미있는 표현이 있습니다. 그 표현은 바로 '쓰라리다'라는 표현입니다. 중세 국어에도 '쓸알히다'라고 나타나는데 이 표현은 '쓰리다', '아리다'가 짝을 이루어서 사용되는 표현임을 오히려 잘 나타내는 말이라고 할 수 있습니다. '아리랑'과 '쓰리랑', '아리다'와 '쓰리다' 당연히 서로 연계되어 있는 표현이라는 점을 기억을 하면 좋겠습니다.

40
아리랑 고개

인생에서 반드시 거쳐야 할 고통이나 내려가는 길도 있다는 것

그렇다면 아리랑 고개는 어떤 고개일까요? 노래 가사대로 하자면 아리랑 고개는 웬 고개일까요? 이 아리랑 고개가 어떤 고개를 나타내는지가 중요한 내용이 될 것 같습니다. '아리랑 고개는 웬 고개인가?'는 진도 아리랑 가사에 나타나는 '문경새재는 웬 고개인가?'라고 하는 질문에서 실마리를 찾을 수 있겠습니다.

문경새재라고 하면 특정한 지역의 고개이기도 하지만 사실은 아픔의 고개이기도 한 거죠. '아리랑 고개'라는 말 자체가 앞에서 설명

언어로 본 한국인의 문화유전자

한 것처럼 '아픔의 고개'라는 뜻으로 해석이 가능하기 때문입니다. 그래서 진도 아리랑에서는 '구부구부가 눈물이 난다.'라고 답을 하고 있습니다. 이런 표현을 볼 때 굽이굽이마다 눈물이 나는 고개니까 아픔의 고개라고 할 수 있겠습니다.

아리랑 고개를 구체적이고 실제적인 고개의 이름이 아니라 추상적인 아픔의 고개라고 보면, 다른 가사의 내용도 아픔을 잘 지나가게 해 달라는 소망을 담고 있는 것으로 해석이 가능합니다. 예를 들어서 우리가 제일 잘 알고 있는 본조 아리랑의 '아리랑 고개를 넘어간다.'라는 가사는 고통을 겪어내고 이제 고통을 넘어가는 내용이라고 볼 수가 있습니다. 그래서 '나를 버리고 가시는 님', '우리네 가슴에 수심이 많다' 등의 내용은 너무나도 고통스러운 현실을 보여 주는 표현이라고 이야기를 할 수 있겠습니다.

또한 밀양 아리랑의 '아리랑 고개로 날 넘겨주소.'라는 말은 내가 겪고 있는 지금 이 아픔을 넘어가게 해달라는 희망으로 해석을 할 수 있습니다. 아리랑 고개를 아예 지나가지 않으면 좋겠지만 지나가지 않을 수는 없기 때문에 나를 잘 넘어가게 해달라고 이야기를 하는 것입니다. 밀양 아리랑의 경우는 국악 리듬 중에 세마치장단으로 하고 있는데요, 비교적 흥겨운 장단입니다. 그래서 가사는 힘들어 하는 내용이지만 노래는 비교적 흥겹게 노래를 부르고 있는 거죠. 그런데 가사는 '정든 님이 오셨는데 인사를 못해, 행주치마 입에 물고 입만 방긋'

이라고 하면서 즐겁지만 뭔가 슬픈 그런 내용들을 담고 있다고 할 수 있겠습니다. 따라서 이런 아픔을 천천히 힘들게 넘어가는 것이 아니라 빨리 넘어갈 수 있게 해달라는 의미에서 '아리랑 고개로 날 넘겨주소.'라는 소망을 보이는 것이라고 할 수 있겠습니다.

아리랑 고개는 구체적인 고개가 아닙니다. 오히려 아리랑 고개는 추상적인 고개라고 할 수 있습니다. 추상적인 의미는 '아리다'에서 찾을 수 있는데 그 의미는 아픔이죠. 따라서 아리랑 고개는 아픔의 고개라고 이야기를 하는 것이 옳은 접근으로 보입니다. 아리랑, 쓰리랑 고개는 그래서 아픔과 슬픔의 고개라는 것을 알 수 있습니다. 따라서 아픔과 슬픔의 삶을 잘 이겨내고 싶은 소망을 담은 노래라고 할 수 있습니다. 그런 의미에서 보자면 **아리랑의 노래는 치유의 노래**라고 할 수 있는 것입니다.

아리랑 고개를 아픔의 고개, 쓰리랑 고개를 슬픔의 고개라고 한다면 우리가 세상을 살아가면서 아프지 않을 수 없고 슬프지 않을 수 없는 거죠. 그렇기 때문에 아리랑 노래에서는 아리랑 고개를 넘지 않게 해달라는 부탁은 아예 처음부터 하지를 않습니다. 아리랑 고개를 넘어갈 수 있게 해 달라고 하고, 잘 넘어갈 수 있게 해 달라고 하고, 빨리 넘어갈 수 있게 해 달라고 하고, 머무르지 않게 해 달라고 이야기하는 것입니다.

아리랑 고개에서 고개라는 말은 '고갯마루'라는 뜻입니다. 제일 높은 부분이 아니고 지나가는 부분이라는 의미를 갖고 있습니다. 그래서 고개가 산에서 가장 높은 부분이 아니라 길에서 가장 높은 부분이라는 점이 오히려 중요한 것 같습니다. 왜냐하면 산의 정상은 길이 아닌 경우가 대부분입니다. 따라서 산의 정상은 일반인이 올라갈 이유가 없는 곳이기도 합니다. 하지만 길은 다릅니다. 길은 누구나 지나가는 곳이죠. 만약에 목적지가 그곳이라면 그 목적지를 향해서 반드시 지나가야만 하는 곳이 고개라고 할 수 있습니다. 그런 의미에서 아리랑 고개, 쓰리랑 고개는 지나가지 않아도 좋은 고개가 아니라 우리가 반드시 지나가야 되는 고개라고 할 수 있는 것입니다. 그렇기 때문에 아픔의 고개, 슬픔의 고개라고 이야기를 할 수 있는 거죠.

일단 고개에 올라가기까지는 너무나 큰 고통이 있죠. 너무 힘듭니다. 어찌할 바를 모르게 될 겁니다. 그래서 그 아리랑 고개를 올라가고 나서야 드디어 쉴 틈이 생기는 겁니다. 고개를 오르기까지 수많은 고비가 닥치고 굽이굽이 고통이 몰아닥칠 것입니다. 하지만 일단 고개에 다다르고 나면 내려갈 길을 만나게 됩니다. 이제는 고통이나 아픔이나 슬픔이나 한을 풀어낼 수 있는 고개가 되는 거죠. 즉 **고개는 올라가는 고개와 내려가는 고개가 있다는 점도 기억해야 합니다.**

인생도 고개와 마찬가지입니다. 인생을 길로 비유하는 것은 태어나서 죽음에 이르기까지 우리가 지나가야 하는 과정이기 때문입니다. 인생의 길목에는 수많은 고비가 숨겨져 있습니다. 죽을 고비도 있고 낭떠러지도 만날 겁니다. 때로는 끝이 보이지 않는다고 원망을 하게 될 수도 있습니다. 가다가 다치기도 하고 사랑하는 사람을 잃을 수도 있습니다. 아리랑은 이렇게 힘든 현실을 살아가는 민중들에게 치유와 희망의 음악이었던 것입니다.

저는 종종 이런 생각을 합니다. '아리랑 고개를 넘고 나면 뜻밖의 시원한 숲길이 나타날 수도 있다. 계곡의 물소리가 우리를 반겨 줄지도 모른다. 아니, 어쩌면 헤어졌던 사람과 반가운 만남, 해후를 할 수도 있다. 그리고 또 새로운 벗들을 사귈 수도 있다.'는 생각을 합니다. 아리랑 고개를 넘어가면 치유의 순간이 우리를 기다릴지도 모른다는 희망으로 민중들은 아리랑을 불렀던 것입니다.

아리랑을 부르면서 우리는 하나의 감정에 머무르지 않게 됩니다. 시종일관 같은 감정은 아니라는 것입니다. 어차피 살면서 고개는 만나게 됩니다. 올라야 합니다. 힘이 들겠죠. 숨도 차고 땀도 나고 때로는 눈물도 날 겁니다. 그래서 〈해주 아리랑〉에서는 넘어갈 적, 넘어올 적 눈물이 난다고 했을 겁니다. 그러기에 〈진도 아리랑〉에서는 문경새재는 굽이굽이 눈물 고개인 겁니다.

하지만 우리가 제일 많이 알고 있는 〈본조 아리랑〉의 후렴에서 보듯이 우리는 아리랑 고개로 날 넘겨달라고 이야기를 합니다. 슬픔을 잊고 다른 삶을 살 수 있도록 고개를 넘는 것입니다. 그러고 나면 〈밀양 아리랑〉처럼 동지섣달 꽃 본 듯이 날 좀 봐달라고 웃으며 노래하기도 하고, 행주치마 입에 물고 입만 방긋 웃기도 합니다. 아리랑이 슬프다고 하는 것은 한 면만 바라보기 때문입니다. 아리랑을 듣고 부를 때는 이렇게 다양한 아리랑을 만나보기 바랍니다. 아리랑마다 담긴 우리의 감정, 한국인의 감정을 느껴보고 함께 어우러지며 사는 것이다 우리 모두 그렇게 아리랑 고개를 오르듯이 올라가고 사는 것이 다 지나가는 것이라는 것을 느낄 수 있게 되기 바랍니다.

민요는 우리 한국인들의 정서를 담고 있고 한국인을 이해하는 데 가장 좋은 방법입니다. 직접적인 방법이기도 합니다. 그런 의미에서 틈나는 대로 한국의 민요를 듣고 배우고 따라하는 시간을 갖기 바랍니다. 민요는 한 곡이 한 곡이 한국인의 문화유전자를 담고 있다고 이야기할 수 있는 것입니다.

9장

언어 표현으로
본
한국인

출처: 국립중앙박물관 e뮤지엄 제공

41
시간 표현

인간의 감정, 사람의 마음을 표현하는 데도 사용되는 시간 표현

이번 장에서는 언어 표현으로 본 한국인의 모습에 대해서 알아보겠습니다. 먼저 시간 표현에 대해서 알아볼까요? 시간 표현 중에서도 재미있는 '거의 다 왔다'라는 말을 중심으로 살펴보려고 합니다. 우리 말에서 시간을 나타내는 표현은 참 다양합니다. 그만큼 한국어의 시제가 외국인에게는 쉬운 게 아닙니다.

일단 현재와 미래는 잘 구별이 되지 않습니다. 미래를 표현할 때도 그냥 현재의 모습으로 표현하는 경우가 많습니다. 예를 들어 '비가

옵니다.'라는 말은 시제가 무언가요? '지금'이라는 말이나 '밖에'라는 말을 더하면 '지금'의 의미일 겁니다. 그런데 '내일'이라는 말이 붙으면 어떻게 될까요? '내일'이라는 말이 앞에 오면 시간을 미래로 바꿉니다. '내일 비가 옵니다.'라는 말을 생각해 보면 금방 알 수 있습니다.

물론 우리말에서 미래를 표현하는 다른 방법이 있기는 합니다. 즉 '~ 할 거예요'나 '~ 하겠습니다'처럼 미래를 나타내는 경우도 있는데, 이것은 주로 의지나 추측을 나타내는 표현으로 미래를 표현하고 있는 겁니다. 생각해 보면 자신의 의지를 나타내거나 어떤 일을 추측하는 행위는 근본적으로 미래의 일인 경우가 많습니다. 앞으로 다가올 일이기 때문에 결심을 하고 추측을 하는 일이 많은 겁니다. 그렇기 때문에 '-겠-'이 꼭 미래를 나타내는 것도 아닙니다. 많이 배가 고팠겠다고 하면 그야말로 추측이지 미래하고는 관계가 없습니다.

한편 미래의 일인데도 과거로 표현하는 경우가 있어서 흥미롭습니다. 가장 대표적인 말이 '거의 다 왔다'라는 표현입니다. 주로 등산을 가거나 멀리 갈 때 자주 쓰이는 말입니다. '거의 다 왔다'라는 말은 아직 오지 않은 미래를 표현하는 말입니다. 즉 목적지에 도착하지 않았지만 이미 형태는 과거형이죠. 등산을 할 때마다 늘 느끼는 거지만 정상이 가까울수록 왠지 아직 많이 남은 듯해서 내려오는 사람에게 자꾸 묻게 됩니다. '얼마나 더 가야 합니까?' 그때 내려오는 사람에 대답은 한결같습니다. '얼마 남지 않았다.', '조금만 더 가면 된다.', '힘내라.' 이런 말입니다. 정말로 얼마 남지 않은 경우도 있지만 꽤 남았는데도 그렇게 말을 해서 힘을 북돋기도 합니다.

저는 '거의 다 왔다.'라는 말과 대립을 이루는 말로 '아직 멀었다.'라는 말이 있다고 생각합니다. '아직 멀었다.'라는 표현을 다른 사람에게 들으면 힘이 쭉 빠집니다. 그런데 재밌는 것은 겸손의 말로 자신에 대해서 '아직 멀었다.'라는 표현을 쓸 때는 느낌이 전혀 다르다는 것입니다. 누가 저에게 '아주 잘하시네요.'라는 칭찬을 하면 우리는 '에이, 뭘요. 아직 멀었어요.'라고 대답하는 것도 바로 이런 의미죠. '멀었다'는 과거를 돌아볼 때 쓰면 이해가 되는 표현이지만 앞으로 일어날 일을 표현할 때는 어색한 말입니다.

그래서 저는 '거의 다 왔다'는 표현과 '아직 멀었다'는 말의 짝이 묘한 대조를 이루고 있다고 보는 겁니다. '거의 다 왔냐?' 질문에 '아직 멀었다.'는 대답을 하면 당연히 힘이 빠지죠. 반면에 자신의 능력을 생각하면서 끝까지 노력하는 모습을 보이면서 '아직 멀었습니다. 더 노력하겠습니다.'라고 표현하는 것은 힘을 내려는 마음이 느껴집니다. 마지막 순간까지 최선을 다하는 모습이라고나 할까요?

남을 위해서는 거의 다 왔으니까 힘을 내라고 용기를 주는 말로 완료의 과거의 표현을 쓰고 나에 대해서는 조금 더 노력하겠다는 마음으로 과거의 표현을 쓴다면, 저는 이 세상이 조금 더 아름다워지지

언어로 본 한국인의 문화유전자

않을까 생각을 합니다. 이렇게 시제는 고정되어 있는 것이 아닙니다. 우리말에서는 현재와 미래가 같은 모습으로 같은 표현으로 사용되기도 하고 과거의 표현처럼 보이기는 하지만 미래를 나타내는 표현으로 사용되기도 합니다.

그리고 그 **시간 표현은 단순하게 언어에서 머무르는 것이 아니라 인간의 감정, 사람의 마음을 표현하는 데도 사용한다**는 것을 잊지 않았으면 좋겠습니다. 한국어의 시간과 관련된 다양한 표현을 볼 때마다 한국의 감정을 만나기 바랍니다.

42

숫자 표현

수많은 사람들이 숫자로 보여 주고자 했던 삶의 이야기

　　이번에 살펴볼 언어표현은 숫자 표현입니다. 숫자표현 중에서 우리의 감정과 관련된 숫자를 살펴보겠습니다. 한국어의 숫자라고 하면 우선 일, 이, 삼, 사, 오, 육, 칠, 팔, 구, 십과 같은 한자어 숫자가 생각날 거고요. 아니면 하나, 둘, 셋, 넷, 다섯, 여섯, 일곱, 여덟, 아홉, 열과 같은 순우리말 숫자도 생각이 날 겁니다. 어쩌면 첫째, 둘째, 셋째, 넷째와 같은 순서를 나타내는 숫자도 생각이 날 수 있겠네요. '한, 두, 세, 네'처럼 달라진 모양도 생각날 수 있겠죠.

숫자는 대상을 하나하나 나누는 역할도 하지만 우리의 감정을 보여 주기도 합니다. 우선 우리의 성(姓)을 보면 숫자와 연관이 있는 경우가 많다는 것입니다. 실제로 수라는 의미가 아니라 수와 동음이의어가 많은 겁니다. 저는 종종 외국 학생들에게 한국의 성을 가르칠 때 수와 연관시켜 기억하게 하는데요. 이렇게 하면 반대로 수를 외우는 데도 도움이 되기도 합니다.

언어유희 같은 접근이니 자신의 성과 수에 대해서 심각하게 받아들이지는 않기 바랍니다. '방'은 조금 강조해서 이야기하면 '빵'처럼도 되는데 이 두 숫자는 0과 관련이 있는 숫자입니다. 빵점이라고 하면 영이죠. '공'이라는 성도 영과 관련되는 성입니다. 또한 한국인에게 많은 성인 한 씨는 1과 관련이 있다고 할 수 있습니다. 한 사람, 두 사람 이렇게 할 때 '한'이죠. 사, 오, 육, 구 모두 수와 관계가 있는 성입니다. 육 씨가 있나 생각하는 분도 있겠지만 박정희 대통령의 부인이 육영수 여사입니다.

저는 농담으로 큰 수가 좋은 성이라고 외국학생들에게 말해 줍니다. 학생들은 순진하게도 제가 하는 말이 정말인가 하는 표정을 짓습니다. 그리고 나서 이제 백과 천으로 갑니다. 그러면 학생들은 깜짝 놀랍니다. 너무 큰 수라고 생각하는 거죠. 그러면 저는 슬쩍 우리나라 성 중에는 억의 만 배에 해당하는 '조'라는 성도 있다고 이야기를 합니다. 학생들이 정말 깜짝 놀라면서 '조'라는 성은 너무나도 큰 숫자구나.'라고 이야기를 하게 되는데요. 그때서야 제 성이 조 씨라는 것을 알고 웃음을 터뜨리게 됩니다. 저는 공부는 즐거워야 한다고 생각합니다. 숫자와 성의 관련성을 가르쳐 줬는데 학생들이 금방 숫자를 기억하게 되었기 때문입니다.

언어에 따라서는 숫자를 보면 실제로 몇 개 안 되는 경우도 많습니다. 우리말에서도 물론 예전에 사라졌다고 이야기를 할 수도 있겠지만 고유어로 숫자가 얼마까지 있는지 살펴보면 놀라게 될 겁니다. 어느 나라 말이나 고유어로 그 언어의 숫자가 얼마까지 있는지 살펴보면 그 언어의 수 개념을 알 수 있을 겁니다. 순우리말에서 백을 나타내는 '온'은 '온갖'이라는 말에 남아 있습니다. 즉 우리말에서 '온'은 '모든'이라는 의미로도 쓰입니다. 백이 엄청나게 큰 숫자인 셈입니다. '온'이 들어가서 '모든 세상'을 나타내는 표현으로 '온누리'가 됩니다.

천을 나타내는 순우리말 '즈믄'은 이제 사라졌습니다. 단어도 생로병사(生老病死)가 있어서 태어났다가 죽기도 하는 것입니다. 저는 우리가 많이 사용해서 '즈믄'이라는 표현을 부활시켜 주면 어떨까 하는 생각도 해봅니다. 실제로는 새천년에 태어난 아이를 '즈믄둥이'라고 부르기도 했습니다. 잠깐 살아난 겁니다.

수에 해당하는 감정을 더 살펴볼까요? 아이들에게 '네가 생각할 때 제일 큰 숫자가 뭐야?'라고 물어보면 '열'이라고 많이 이야기를 합니다. 아마도 아이들에게는 '열'이 구체적으로 상상할 수 있는 가장 큰 숫자이기 때문이 아닐까 싶은데요. 우리는 보통 수를 셀 때 '손가락을 꼽는다.'라고 하는데, 손가락을 꼽아서 셀 수 있는 가장 큰 수가 열이기 때문이죠. '꼽다'라는 말은 '손가락을 굽히다'라는 뜻입니다. '굽다'라는 말과 '곱다'라는 말이 관계가 있고 그것을 강조하면 '꼽다'가 되는 것입니다.

물론 여러 번 손을 오므렸다 펴면 더 많이 숫자를 셀 수도 있겠지만, 보통 아이들은 그쯤 되면 몇을 세었는지 잊어버리는 경우가 더 많습니다. 우리도 잠이 안 와서 양 한 마리, 양 두 마리 숫자를 세어 보면 열 넘어가서는 금방 잊어버립니다. 마찬가지로 아이들에게 열은 정말로 큰 숫자입니다. 저는 종종 아이들이 말하는 열이라는 숫자를 들을 때마다 가슴이 아플 때가 있습니다. 왜냐하면 열이라는 말에는 감정이 들어간 경우가 있기 때문입니다.

예전의 영화나 소설을 보면 먼 길을 떠난 아버지를 그리워하는 아이에게 어머니는 늘 '열 밤만 자면 오실 거야.'라고 말하곤 했는데요. 아이들은 그 말을 믿었지만 도대체 열 밤은 줄어들지를 않았습니다. 한참이 지났는데도 또 열 밤이 남은 경우가 많았던 것입니다. 돈 벌러 멀리 떠나가신 아버지는 쉽게 오시지 않았던 거죠. 그저 열 밤이 지난다고 해서 해결될 일이 아니었으니까요. 부모님과 이별을 해 본 사람들은 열 밤이라는 감정이 느껴질 것입니다.

그런데 요즘에는 숫자가 좀 많이 커졌습니다. 세상의 변화에 수의 개념도 달라졌습니다. 요즘에는 간절함을 이야기할 때 '천만 번'이라는 숫자를 이야기하는 사람이 많습니다. 드라마 제목이나 노래 가사, 시 구절에도 '천만 번'이라는 말이 자주 등장하는데요. 물론 우리가 아는 수로는 '조'나 '경'이라는 아주 큰 수도 있지만 그런 수를 아주 큰 수라는 개념으로는 잘 사용하지는 않죠. 아마도 그 수가, 그 크기가 너무나 커서 우리가 쉽게 생각할 수 있는 단위가 아니기 때문일 겁니다. 그런데 저는 뭐니 뭐니 해도 가장 간절한 수는 역설적으로 '한 번'이 아닐까 싶습니다. '제발 한 번만이라도 볼 수 있다면 두 번 다시는 바라지 않겠다.'라는 애절함이 다가오기 때문입니다. 산술적인, 그야말로 세는 의미의 단어일 뿐 아니라 수많은 사람들이 숫자 속에서 담아내고자 했던 삶의 이야기를 느껴 보시기 바랍니다.

'오만(五萬)'이라는 숫자도 한번 생각해 보겠습니다. '오만'이라는 말은 우리가 일반적으로 많이 사용하는 숫자는 아닙니다만, '오만 가지'라는 말에서는 '오만'이라는 숫자가 사용되고 있어서 재미있습니다. 오만상을 쓴다고도 하고, 오만 잡동사니나 오만 방정이라는 표현도 합니다. 그런데 보통 오만상은 좋을 때 쓰는 표정이 아니라는 점에서 우리는 슬프고 괴로운 감정이 얼마나 복잡한 것인지 깨닫게 합니다. 새벽에 잠이 깨면 여러 가지 생각에 괴로울 때가 있습니다. 그때 우리는 바로 오만상을 쓰게 됩니다. 오만 가지 생각이 만들어내는 오만 가지의 인상을 보이는 것입니다.

언어로 본 한국인의 문화유전자

저는 '오만'이라는 숫자를 보면서 인간의 감정과 괴로움을 만납니다. 우리의 감정은 시시각각 변하고, 이렇게 변한 감정은 우리에게 헤어나기 어려운 괴로움을 줍니다. 하지만 오만 가지 감정 속에 숨어 있는 우리가 사랑하는 감정도 꺼내보는 연습을 하면 어떨까 합니다. 오만 가지 감정에는 좋은 감정도 많이 포함되어 있습니다. 힘들수록 좋은 생각, 좋은 표정이 필요한 겁니다. 한 번 입꼬리를 올리고 웃어 보십시오.

43
비유 표현

표현할 수 없는 감정을 표현하는 방법

이번에는 언어 표현 중에서 비유 표현에 대해서 이야기해 보겠습니다. 비유는 우리의 언어를 매우 다양하고 풍부하고 감정적으로 만들어 줍니다. 이해하기 쉽게 설명하기도 하고 내 표현을 더 멋지게 장식하기도 합니다. 비유는 언어 표현의 보물이라고 할 수 있습니다. 수많은 경전들이 비유로 되어 있는 것은 그러한 이유일 겁니다. 문학 작품에도 많은 비유가 나타나죠.

그런데 우리는 사실 생활 속에서 수많은 비유를 사용합니다. 마

언어로 본 한국인의 문화유전자

치, 처럼, 같이, 듯이 등이 쓰이는 직유의 표현도 있고, 은유, 환유 등도 있습니다. 과장이나 의인법, 활유법 등도 중요한 비유 표현이라고할 수 있습니다. 이런 표현은 주로 언어마다 문화마다 다릅니다. 당연히 그 언어문화의 유전자라고 할 수 있습니다. 그럼 어떤 표현이 우리의 감정을 잘 나타내고 있을까요? 몇 가지 비유 표현에 담긴 우리의생각을 살펴보겠습니다.

'애'는 '창자'나 '쓸개' 정도 의미로 쓰이는 고유어입니다. 고유어라는 것을 강조하는 것은 '애'를 '슬프다' 정도로 생각하는 경우도 많기 때문입니다. 아마도 '슬플 애(哀)' 자와 혼동을 하고 있는 것이겠죠. '애절하다'는 단어가 혼동의 시작이라고 보입니다. '애절(哀切)'은보통 슬픔을 유추하는 경우가 많기 때문에 그렇죠. '애'가 창자나 쓸개 같은 신체 내부의 기관을 의미하는 것이기는 하지만, 슬픔과 연계되는 경우가 많아서 자연스럽게 '슬플 애(哀)' 자로 연상되는 듯합니다.

'애'는 한자어 '간장(肝腸)'과 합쳐져서 '애간장'이라는 표현으로도쓰이는 경우가 많습니다. 따라서 '애'를 정확하게 어떤 부위라고 이야기하기는 어려울 듯합니다. 우리말에서는 '애'와 관련된 표현이 아주다양하게 나타납니다. '애를 쓰다', '애를 태우다', '애끓다', '애를 끓다','애가 마르다', '애달프다', '애간장을 녹이다' 등과 같이 다양한 표현이나타납니다. 이렇게 '애'는 우리의 간절한 바람을 나타내는 장소이기도 한 것입니다.

사실 인간에게 '애를 쓴다'라고 하는 것은 내가 가지고 있는 모든 힘을 쓰는 것이고 그 힘을 기울이는 일입니다. 그냥 일을 하는 것과 애를 써서 일하는 것은 완전히 다른 접근이라고 할 수 있겠습니다. '애'는 본래는 창자 등의 의미로 쓰는 것이지만, 표준국어대사전에서 찾아보면 '초조한 마음속 몹시 수고로움'이라는 뜻으로 의미가 바뀌어 있습니다. 애를 태우거나 애를 끓이고 녹이는 것은 초조함을 나타내는 것입니다. 그야말로 어찌할 바 모르는, 안절부절 못하는 모습이라고 이야기할 수 있겠습니다.

이렇게 '애'는 초조하고 수고스러운 마음을 비유적으로 표현할 때 쓰는 말입니다. 우리 선조들은 신체의 기관 중에서 가장 간절함을 보여 주는 게 '애'라는 생각을 하였던 듯합니다. 그중에서도 아마도 가장 심한 표현 '애가 끊어진다.'라는 표현일 겁니다. 임진왜란 때 이순신 장군의 진중시에 보면 '애를 긋다'라는 표현이 나옵니다. 한국전쟁을 소재로 한 노래 중에 반야월 선생이 작사한 '단장의 미아리 고개'라는 옛날 노래가 있습니다. 단장이 바로 애를 끊는다는 뜻입니다. 슬픔을 표현하는 가장 아픈 표현이 애를 끊는 것이 아닐까 합니다.

그런데 생각해 보면 창자가 끊어졌다고 해서 그 아픔이 정말 다 표현되었을까요? 사람들은 애를 끊는다는 표현을 과장이라고 이야기

언어로 본 한국인의 문화유전자

합니다. 그런데 창자가 끊어진다는 표현은 과연 과장의 표현이었을까요? 찾아보니 실제로 반야월 선생이 전쟁 중에 딸을 잃었다고 하는데, 이 가사의 아픔이 더 간절하게 다가옵니다. 사랑하는 사람, 부모님, 아이들과 영원한 이별을 뜻하지 않게 하게 되었다면, 그것도 강제로 이루어진 이별이라면 창자가 끊어지는 것보다 더 아프지 않을까요? 저는 과장이 아니라고 생각합니다.

과장법은 우리의 표현할 수 없는 감정을 표현하는 수단일 뿐입니다. 어쩌면 창자가 끊어지면 그 순간 기절을 해서 아무 기억이 없을 수도 있습니다. 하지만 사랑하는 이와의 갑작스런 영원한 이별은 눈을 뜨고 있어도, 눈을 감고 있어도 아파 오는 고통일 것입니다. 저는 과장법에서도 우리의 감정을 살펴야 한다고 생각합니다. 하늘이 무너지는 고통도 마찬가지의 감정일 겁니다. 간절함을 나타내는 우리말 비유 표현들을 보시면서 마음속의 간절함을 기원해 보기 바랍니다. 비유는 그대로 우리의 문화유전자입니다.

44
관용표현과 유의표현

다양한 표현에 나타난 감정의 차이를 살피는 것이 인간을 제대로 이해하는 것

이번에는 언어표현 중에서 관용표현과 유의표현에 대해서 살펴보겠습니다. 관용표현은 우리 삶 속에서 자주 사용되었기 때문에 '관용(慣用)'이라고 이야기하는 것입니다. '관(慣)'은 '습관'을 나타내고 '용(用)'은 '사용'을 나타내죠. 습관적으로 사용한 것이 관용표현인 것입니다. 관용표현은 우리의 사고와 문화를 담고 있는 보고라고 할 수 있습니다. 여기에서는 감정과 관련되는 예를 살펴보도록 하겠습니다.

우선 '마음'에 관련된 관용표현의 예들을 볼까요? 마음은 추상적

언어로 본 한국인의 문화유전자

이지만 우리는 마음을 구체적으로 표현하는 것을 좋아합니다. 그리고 이렇게 마음을 표현하는 말이 굳어져서 관용적으로 쓰이고 있습니다. 가장 대표적인 표현이 '마음을 비운다'라는 말입니다. 아마도 마음에 무언가가 가득 차 있다고 생각하고, 가득 차 있는 것이 별로 좋지 않다고 생각했던 것 같습니다. 그렇기 때문에 마음을 비우고 싶었던 것이죠. 이렇게 우리는 마음을 그릇처럼 생각하는 경우가 있습니다.

우리는 마음은 주로 가슴속에 있다고 생각하였던 것 같습니다. 다른 언어에서 심장을 마음으로 생각한 것과는 약간 차이가 있습니다. 우리는 '마음이 아프다'라는 말 대신에 '가슴이 아프다'라고 표현하기도 합니다. 그런데 흥미로운 것은 마음이 아프면 실제로 가슴이 아프다는 것입니다. 잘 풀리지 않는 일, 귀찮은 일의 경우에는 가슴이 아니라 머리가 아프다고 표현합니다.

우리말 표현 '마음에 담아두다'라는 말도 마음에 대한 비유를 그릇으로 사용한 것입니다. 그래서 부정적인 내용인 경우에는 '마음에 담아두지 마.'라고 표현하기도 합니다. 왜냐하면 부정적인 생각을 마음에 담아두면 썩기 때문입니다. 마음을 구체적으로 표현한 것 중에서 '마음에 걸리다'라는 말도 있습니다.

이 말은 마음의 기능을 잘 보여 줍니다. 기쁨도 슬픔도 잠깐 머물렀다가 지나가는 겁니다. 마음이라는 강물에 수많은 감정이 흘러가지만 그러지 못하고 머물며 맴도는 감정도 있는 겁니다. 그때 우리가 사용하는 표현이 바로 '마음에 걸리다'입니다. 마음이라는 냇물에 흘러가던 감정이 때로 작은 나뭇가지에 걸려서 맴돕니다. 그 작은 나뭇가지에 다른 나뭇가지나 나뭇잎이 쌓여 가는 겁니다. 이런 것을 우리는 '답답하다'고 얘기합니다. 답답증에 걸린 사람들은 그래서 가슴을 치게 됩니다.

사람에게는 저마다 마음에 걸려 있는, 마음에 걸리는 일이 있습니다. 해야 했는데 하지 않은 일, 반대로 하지 말았어야 했는데 해버린 일, 내가 함부로 했던 행동이나 말은 모두 걸려 있습니다. 어쩌면 이런 것은 남들은 아무도 모르지만 내 스스로 용서할 수 없는 나의 잘못이 되어서 모두 마음속에 걸림돌로 있는 겁니다. 내 마음속에 담아두고 걸려 있는 것은 뭘까요?

우리는 마음을 내려놓고, 마음을 비우고, 다른 사람을 위해서 마음을 쓰고, 앞으로의 일을 위해 마음을 잡고 살아갑니다. 마음을 잡고 사는 것도 지나친 집착이 되면 힘이 듭니다. 왜냐하면 집착이 또 다른 집착을 낳기 때문입니다. 그래서 우리는 마음 비우고, 마음 놓고 생활하는 것입니다. 마음과 관련된 관용 표현을 보면서 우리의 감정도 느껴보기 바랍니다.

다음으로는 '고통'과 관련된 유의표현을 조금 더 살펴보겠습니다.

언어로 본 한국인의 문화유전자

정확히는 유의라기보다는 고통을 나타내는 다양한 표현입니다. 즉 조금씩 의미를 달리하고 있는 말들입니다. 예를 들어서 '아프다'는 기본적으로 육체적인 고통에서 시작되는 말입니다. 배가 아프고, 다리가 아프고, 머리가 아프고, 이가 아픕니다. 이런 아픔은 가슴으로 와서 가슴이 또 아프게 됩니다. 아픔은 육체에서 시작하였지만 정신적인 고통까지 포괄하는 개념이 되었습니다.

고통을 나타내는 표현으로는 '슬프다'와 '싫다'도 있습니다. 우리가 싫어하는 모든 것이 슬픔이 되는 것은 아니지만 슬픈 것은 대부분 우리가 싫어하는 일이기는 합니다. 누구를 잃는 것은 가장 싫은 상상이고 가장 싫은 현실입니다. 누군가 세상을 떠나는 것만큼 싫고 슬픈 일이 있을까요? 기꺼이 하겠다고 이야기할 때 '기꺼이'라는 말의 어원이 '기쁘다'와 같은 것은 우연히 아닙니다. 인생의 맛이 쓰다는 것을 알게 되는 것이 고통이라고 할 수 있습니다. 물론 인생에는 다양한 맛이 있기 때문에 쓴 맛에도 살아갈 힘을 얻는 것이겠죠.

고통을 나타내는 말로는 '서럽다'와 '억울하다'도 있습니다. 우리말의 서러움은 억울함과 통한다고 생각합니다. '억울(抑鬱)'이라는 말은 꽉 눌러서 답답한 감정입니다. 도대체 설명할 수 없는 답답함에 괴로워하는 것이죠. 한자 자체가 엄청 답답하게 생긴 한자입니다. '울(鬱)'이라는 글자가 빽빽하다는 뜻입니다. 다른 사람은 행복한데 나만 행복하지 않다면, 내게만 불행히 닥친다면 서러울 수밖에 없을 겁니다.

나만 따돌린다든지 내가 하지 않은 일을 내가 했다고 하면 억울하고 서럽습니다. 아이들은 의외로 슬퍼서 운다기보다는 서러워서 우는 경우가 많습니다.

'서럽다'의 어원을 찾는 게 쉽지는 않습니다. '설우다'라는 말은 중세국어에서 '마음이 편치 않다'는 뜻이었습니다. 뭔가 모자라는 것, 부족함에서 어원적 의미를 찾을 수 있지 않을까 생각합니다. 부족하게 주어지는 것이 서러움의 원인이 될 수 있기 때문입니다. '서운하다', '섭섭하다' 등의 감정도 '서럽다'와 통해 있는 감정 같습니다.

저는 고통의 감정을 나타내는 표현들을 보면서 우리 고통의 종류도 참 많다는 생각이 들었습니다. 육체적인 감정에서부터 정신적인 고통까지, 나에게서 비롯된 고통부터 주변에 원인이 있는 고통까지 다양하게도 우리를 힘들게 합니다. 고통이 하나라면 단어도 어쩌면 하나만 필요했을지도 모르겠습니다. 하지만 우리의 고통이 이렇게 다르니 다양하게 표현할 수밖에 없었을 것입니다. 그리고 그러한 표현들은 관용적인 표현들로 나타나게 되었을 것입니다. 고통과 관련된 표현을 보면서 감정의 차이를 살피는 것이 인간을 제대로 이해하는 방법임을 깨닫습니다.

언어로 본 한국인의 문화유전자

45
속담 표현

속담을 보면서 교훈을 얻지 못한다면 속담을 잘못 보고 있는 것

'속담'이라는 말은 '속된 이야기'죠. '속되다'라는 말은 가까운 사람들끼리 할 수 있는 이야기라는 뜻입니다. 실제로 그래서 속담은 거창한 자리나 공식적인 자리보다는 가까운 사람끼리 이야기를 나눌 때 사용하는 경우가 많습니다. 그렇기 때문에 속담 속에서는 서로 가까운 마음이 표현됩니다. 한국 문화에서 오랫동안 전해져 내려온 이야기를 담게 됩니다.

또한 재미있는 것은 속담을 통해서 누구를 풍자하고 교훈을 주려는 생각을 담는다는 겁니다. 그렇기 때문에 속담을 볼 때 가장 중요한 것은 어떤 교훈을 주려고 할까, 무엇을 풍자하여 재미있게 표현했을까 하는 것입니다. 그런데 속담을 보면서 교훈을 얻지 못한다면 속담을 완전히 잘못 보고 있는 것입니다.

예를 들어 '사촌이 땅을 사면 배가 아프다.'라는 속담은 사촌이 땅을 사면 배가 아픈 게 당연하다는 뜻이 아닙니다. 그런데 많은 사람이 '사촌이 땅을 사면 배가 아프다.'라는 말을 마치 당연하다는 듯이 사용합니다. 사실 '사촌이 땅을 사니까 배가 아프더라.'는 말은 당연한 것이 아니라 반성의 시간이어야 되는 것이라고 생각합니다. 왜냐하면 속담은 교훈을 주는 것이기 때문에 그렇습니다. 당연히 누군가 좋은 일이 있으면 축하해 주고 칭찬해 줘야 하는데 '우리가 그렇지 못하구나.'라는 반성을 하는 장면이어야 되는 것입니다. 이렇게 속담을 볼 때는 무엇을 알려주고자 하는지, 어떤 교훈을 들려주고자 하는지를 가만히 바라보아야 합니다. 한국의 속담에는 그런 이야기가 매우 많습니다.

'가난은 나라님도 못 구한다'는 속담도 있습니다. 이 속담이 들려주는 이야기는 가난이 단순히 한두 명의 책임은 아니라는 말입니다. 물론 정치가의 책임이 전혀 없다는 뜻도 아니겠죠. 단, 자연재해로 가난이 닥쳤을 때 예전에도 무작정 임금을 욕하지는 않았다는 것입니다. 물론 잘 대비해 놓지 못한 책임은 물어야 한다고 생각합니다. 그렇지만 그것이 나라님 혼자만의 책임은 아니라고 생각이 이 속담 속에 담겨 있는 것입니다. 저는 이 속담이 들려주고 싶은 다른 이야기가 있다고 봅니다. 이 속담의 교훈을 살펴야 한다는 뜻입니다.

가난은 굳이 말하자면 막기가 어려운 일입니다. 하지만 그럼에도 불구하고 어쩔 수 없이 가난하게 살아야 한다면 서로가 서로에게 해결책이 되고 도움이 되어야 한다고 생각합니다. 우리 속담에 '콩 한 쪽도 나누어 먹어야 한다.'라는 속담이 있습니다. '백지장도 맞들면 낫다.'라는 속담도 있죠. 이런 속담을 보고 '아니, 콩 한 쪽을 나눠 먹어서 무슨 소용이 있어?', '백지장은 들다가 찢어질 수 있는 거 아니야?'라고 이야기를 하는 사람도 있습니다. 평상시에 필요 없는 속담이지만 가난할 때는 힘을 발휘하는 속담입니다. 배고파도 나와 콩 한 조각도 나누어 먹을 수 있는 사람이 있다면 외롭지가 않을 겁니다. 서로가 힘이 되어야 가난을 이겨낼 수가 있습니다.

이 속담이 들려주는 교훈은 바로 우리가 모두 가난을 해결하는 해결사라는 이야기입니다. 저는 '사흘 굶어서 남의 집 담 안 넘는 놈 없다.'는 속담도 비슷한 교훈을 준다고 봅니다. 즉 배가 고프면 누구라도 도둑질하는 게 당연하다는 속담이 아니라 주변에 있는 사람이 사흘 굶지 않게 돌봐야 한다는 뜻이라고 생각합니다. 감정으로 속담을 보면 교훈을 발견할 수 있습니다. 그것이 속담 속에 있는 문화유전자를 찾는 길이기도 합니다.

10장

한국 문화의
말 열쇠

출처: 국립중앙박물관 e뮤지엄 제공

46
재미

'재미'의 의미를 생각하면서 더욱 재미있게 살기

이번에는 한국 문화의 말의 열쇠를 살펴보는 시간을 갖겠습니다. 한국 문화를 설명할 때 어떤 어휘로 설명을 하면 좋을지, 한국인과 한국 문화의 특징을 나타내는 말에 어떤 게 있을지에 대해서 조금 더 생각해 보려고 합니다.

첫 번째로 '재미'라는 단어를 한번 살펴볼까 합니다. 우리는 '재미가 좋다'라는 표현을 씁니다. '재미'의 어원은 무엇일까요? 어릴 때 어른의 말씀에서 '재미'를 자꾸 '자미'라고 표현하는 것을 들을 수 있었습니다. '재미'라고 하지 않고 '참 자미가 좋다.'든지, '자미 있게 놀라'라는 말을 하기도 했습니다. 아마 '자미'라는 말과 '재미있게'라는 말을 달리 쓴 것이겠죠. 저는 '자미'가 '재미'의 사투리가 아닐까 생각을 했습니다. 그런 의미에서 본다면 '재미'의 어원을 찾으려면 '자미'와의 관계부터 살펴야 할 겁니다.

그런데 '자미'를 찾았더니 '자미(滋味)'라는 한자어가 등장을 합니다. 즉 '자미'는 '재미'의 잘못이라고 나옵니다. '재미'가 '자미'에서 온 것인지는 알 수 없지만 현재는 '재미'를 '자미'라고 하면 틀린다는 해석입니다. 재미있는 해석이라고 생각합니다. 어원적으로 보면 '재미'는 순우리말은 아닌 것 같습니다. 오히려 어원을 공부하면 공부할수록 한자어 '자미(滋味)'와 관련이 있어 보입니다. 왜냐하면 '자미'라는 말은 원래 영양분이 많고 맛있는 음식이라는 뜻입니다. 즉 '재미가 있다'는 말은 이렇게 '맛이 있다'는 말에서 출발한 것으로 보입니다.

'흥미(興味)'라는 말도 비슷하죠. 흥미도 내 속에서 일어나는 맛입니다. '재미'와 '흥미'는 모두 맛에서 온 말입니다. 생각해 보면 우리 인생에서 맛있는 게 좋은 겁니다. 어떤 사람은 맛있는 음식을 먹기 위해서 사는 거라고 얘기하는데 그만큼 맛있는 게 좋은 것이죠. 우리는 '사는 재미'라고도 하고 '사는 맛'이라고도 합니다. '재미'가 맛의 의미로도 그대로 쓰이고 있는 겁니다.

우리가 세상을 사는 것을 '살다', '보내다', '지내다'라는 말로 표현하는데 이 말에는 즐거움이 보이지가 않습니다. 사는 것은 살아있는 것이고, 보내는 것은 떠나가게 하는 것이고, 지내는 것은 지나가게 하는 것이라는 의미입니다. 물론 '사람 사는 게 다 그런 거다.'라고 할 수도 있겠죠. 그렇지만 가능하면 사는 재미가 있었으면 좋겠습니다. 사는 맛을 느끼면서 살면 좋겠습니다. 모든 일에 기뻐하라는 말, 작은 일에도 감사하라는 말은 사는 재미를 느끼라는 말이 아닐까요?

'재미'가 어원적으로 맛과 관련이 된다는 것은 여러 가지 생각할 점을 줍니다. '달면 삼키고 쓰면 뱉는다.'라는 말도 있지만 살다 보면 단맛만 좋은 게 아닙니다. 좋은 맛은 단맛만 있는 게 아니기 때문이죠. 우리는 종종 살면서 단맛만 좋은 것인 줄 알고 단맛만 찾지만, 사실은 쓴맛도 맛있는 경우가 많습니다. 커피를 떠올려보면 금방 알 수 있죠. 쓴 커피를 좋아하는 사람을 생각해 보면 쓴맛도 맛있는 맛입니다. 쓴맛도 처음에는 힘들지 모르지만 익숙해지면 맛있습니다. 오히려 단맛보다 쓴맛이 귀하게 느껴질 때도 있습니다. 종종 카페에 가 보면 커피에 설탕을 넣겠냐고 물어보면 '넣지 마세요.'라고 손사래를 치는 사람도 있습니다.

힘든 일을 찾아서 하는 사람도 있습니다. 우리말에 '사서 고생'이라는 표현도 있지만 힘든 일이 주는 쾌감도 있습니다. 일부러 높고 더 험한 산을 찾아 오릅니다. '거기에 산이 있으니까'라는 싱거운 말을 하면서도 말이죠. 누가 시키지 않았는데도 마라톤 42.195km를 뜁니다. 아마 '벌'이라고 생각하면 정말로 힘이 들었을 것입니다.

그리고 맛은 실로 다양합니다. 음식마다 다 맛이 다릅니다. 그게 세상이라는 생각이 듭니다. 단맛이라고 해도 하나가 아닙니다. 우리말은 그 음식의 맛을 세밀하게 분류하고 있습니다. 단맛에는 달달하고 달콤한 구분도 있습니다. 어떤 때는 너무 달아서 별로일 때도 있죠. 쓴맛도 하나가 아닙니다. 씁쓸한 맛, 쌉쌀한 맛이 있습니다. 짠맛도, 신맛도, 매운맛도 하나가 아닙니다.

음식에 따라 감칠맛이 나기도 하고 얼얼한 맛이 나기도 합니다. 과일의 단맛이 다르고 밥의 단맛이 다릅니다. 그래서 밥을 먹고, 금방 과일도 먹겠죠. 모든 맛이 같다면 여러 가지를 맛보고 경험할 이유도 없을 겁니다. 한편 우리말에서는 맛이 반복이 되면 좋은 맛의 느낌입니다. 달달하다, 쌉쌀하다, 짭짤하다의 경우가 그렇습니다. 또한 '콤'이 붙으면 맛이 한층 좋아집니다. 달콤하고, 새콤하고, 매콤한 맛은 먹고 싶은 맛입니다.

재미에 관한 우리말 표현을 조금 더 보겠습니다. '사는 재미가 없다'라는 말을 '사는 낙이 없다'라고도 합니다. '낙(樂)'은 '즐거움'이라는 뜻이죠. '나이가 들면서 점점 재미가 없다'는 말도 합니다. 어쩌면 이 말은 사실일 겁니다. 나이가 적을수록 말초적인 즐거움이 많습니다.

아마도 몸과 마음이 자라야 하니 영양분도 많이 필요하겠죠. 아까 '자미'라는 말에서 영양분이 많은 음식이라는 말이 나오는데, 영양이 필요한 사람에게 영양분이 많은 음식은 즐거움이 될 겁니다.

음식뿐만이 아니죠. 여러 가지 배울 일이 많은 것도 정말로 재미있는 일입니다. 물론 사람에 따라서는 배우는 게 싫다고 이야기하는 경우도 있을 겁니다. 그런데 생각해 보면 그 이유는 배우고 싶지 않은 것을 배우기 때문일 겁니다. 만약 배우고 싶은 것을 배우게 해 준다면 재미있다고 이야기를 할 겁니다. 저는 교육에서 가장 중요한 것이 배우고 싶은 것을 배우게 해주는 거라고 생각합니다. 배우고 싶은 것은 하지 말라고 해도 합니다. 그만큼 좋은 것이죠. 저는 '재미'라는 말에서 다양성을 봅니다. 어린 시절의 재미와 나이가 들어서의 재미는 당연히 다를 수밖에 없습니다. 육체를 자라게 하는 재미와 육체를 유지하는 재미는 완전히 다릅니다. 배우는 재미도 나이에 따라 다릅니다. 이렇게 재미가 있어야 낙이 생깁니다. 즐거운 일이 생기는 겁니다.

한편 재미있는 일은 찾아야 하는 일이기도 합니다. 다른 말로 하면 재미에도 노력이 필요하다는 뜻입니다. 저도 재미있게 살려고 노력을 하고 있습니다. 그래서 주변에서 재미있는 일을 계속해서 찾고 있습니다. 저는 재미를 위해서 사물놀이를 배우고, 재미를 위해서 민요를 배우고 있습니다. 그리고 그 재미는 나에게서 그치는 것이 아니라 다른 사람에게 연결이 됩니다. 제가 배운 사물놀이와 민요를 요양원에 가서 부끄러움을 무릅쓰고 부르는 것은 재미가 서로에게 연결이 되어 있기 때문입니다. 우리말 '재미'의 의미를 생각하면서 더 재미있게 살기 바랍니다.

47
'다르다'와 '닮다' 그리고 '어울리다'

서로 다르지만 닮아 가고 어울리면서 평화롭고 즐거운 세상

'다르다'라는 말과 '닮다'라는 말은 그야말로 전혀 다른 말처럼 보이죠. 그런데 사실은 '다르다'라는 말과 '닮다'라는 말은 어원이 같습니다. 저는 이것이 한국인의 문화를 나타내는 중요한 말 열쇠라고 생각합니다. 그리고 이 말은 다시 '어울리다'와 연결이 됩니다. '어울리다'라는 말은 서로 조화를 이룬다는 말도 되고, 친하게 지낸다는 뜻도 되기 때문입니다.

아프리카에 관한 책을 읽다가 제 눈에 들어온 부분이 있었습니

언어로 본 한국인의 문화유전자

다. 아프리카 초원에는 다양한 종류의 초식동물, 즉 풀을 먹는 동물들이 살고 있지만 서로 먹이 때문에 다투는 일은 거의 없다고 합니다. 왜일까요? 그 이유는 서로 좋아하는 풀이 다르기 때문이라고 합니다. 아주 단순해 보이는 내용이지만 저는 이 글을 읽고 다르다는 것이 좋은 것이라는 점을 새삼 깨닫게 되었습니다. **서로 다르기 때문에 서로 다른 것을 좋아하고 서로가 좋아하는 것을 인정하기 때문에 다툼도 없는 것입니다.**

당연히 '다르다'라는 말은 차별의 어휘가 아닙니다. '다르다'라는 말은 오히려 특별함을 나타내는 말이고 조화를 기다리는 말입니다. 당연히 '다르다'라는 말은 다툼이 없는 평화의 말이죠. '다르다'라는 말과 '닮다'라는 말은 전혀 의미가 달라 보입니다. '같다'와 '비슷하다'는 말도 유의어처럼 보입니다. 그런데 단어의 뜻이라는 게 정말 묘한 것 같습니다. '다르다'라는 말과 '닮다'라는 말의 어원이 서로 같다는 의견이 여기저기에서 나타납니다.

생각해 볼까요? 사실 '닮다'라는 말을 생각해 보면 그 말은 '똑같다'라는 의미는 아닙니다. '닮다'라는 말은 같은 점을 강조 말이긴 하지만, 달리 말해서 정확히 같은 것은 아니라는 뜻도 포함하고 있습니다. 이는 '비슷하다'와 '같다'의 관계도 마찬가지입니다. '비슷하다'라는 말은 '같다'라는 뜻이 아닙니다. 비슷한 것은 어딘가 다른 것을 의미합니다. '비슷하다'의 어원이라고 얘기하는 '빗'은 실제로 어긋난 것들을 의미합니다. 그래서 '빗나가다'라든지 '빗맞다'라든지 '비뚤어지다'라든지 '비틀다'라는 말은 '비슷하다'와 어원이 같다고 얘기합니다. 어딘가 다른 것이죠.

'닮다'라는 말은 느낌이 좋은 편입니다. 예를 들어 자식은 부모를 닮습니다. 부모와 자식 간에는 서로 다르다고 생각하지만 남들은 금방 부모, 자식임을 알아차립니다. 걸음걸이도, 목소리도, 식성도 닮습니다. 종종 자식들은 '부모를 닮고 싶지 않다.'라고 말을 하지만, 이 역시 부모님도 옛날에 자신의 부모님께 했던 이야기입니다. 반대로 종종 부모도 자식에게 '쟤는 누구를 닮아서 저 모양이야?'라고 말을 하지만 정답은 모두 알고 있습니다. 바로 정답은 부모죠. 부모를 닮았겠지 누구를 닮았겠습니까?

'비슷하다'는 좋은 의미인 경우도 있지만 주로 부정적인 느낌이 많습니다. '비슷하다'라는 말은 빗나갔다는 느낌이 있기 때문에 그렇습니다. 앞에서도 언급한 '빗나가다', '빗금', '비탈', '빗맞다' 등의 '빗'은 '비슷하다'와 어원이 같습니다. 전부 다 정확하지 않고 잘못 나가고 있고 기울어져 있음을 보여 주는 단어들입니다. '빗금'은 사선으로, '비탈'도 기울어진 언덕길을 의미하게 되는 것이죠. 비슷한 물건인 경우에는 가짜가 많습니다. 진짜에게는 비슷한 말을 하지 않습니다. 진짜를 보고 '비슷한데?'라고 이야기하면 무례한 것이 됩니다. 그래서 '비슷한 것은 다 가짜'라는 유명한 글귀도 있습니다.

한편 '다르다'와 관련이 있는 말로는 '어울리다'라는 말을 들 수 있을 것 같습니다. 모두 똑같다면 어울릴 필요도 없을지 모릅니다. 그런 말을 우리는 획일적이라고 합니다. 그러나 서로 다르다면 어울리는 짝이 필요합니다. 사람도, 옷도 어울리는 게 보기가 좋죠. 반바지에 검은 긴 양말이나 슬리퍼에 양말을 신으면 어울리지 않는다는 이야기를 듣습니다.

어울리는 것에서는 멋이 느껴집니다. 우리는 다르기 때문에 어울리는 일이 많습니다. 좋은 일이죠. 나와 다른, 그러나 나와 어울리는 사람을 만나는 것은 그래서 재미있는 일이고 행복한 일입니다. 한편 '어울리다'라는 단어에는 또 다른 뜻이 있습니다. 그것은 함께 잘 사귀고 지낸다는 의미입니다. 요즘 친구들과 어울려 다닌다.'라고 할 때 쓰는 말입니다. 참 좋은 표현입니다. '어울리다'라는 말은 조화를 이룬다는 의미인데, 이것이 친구들과 함께 있는 것으로 의미가 넓어진 것입니다.

사랑하는 사람이나 친구는 서로 같은 사람이 아닙니다. 그렇기에 서로 어울려서 조화를 이루는 것이 무엇보다 중요합니다. 그렇게 잘 조화를 이루는 것을 우리말에서는 '어울려 논다'라고 한 것입니다. 저는 우리말에 '어우러지다'라는 표현도 관계가 있을 거라고 봅니다. 어울리는 사람끼리 함께 어우러져서 어울려 다니는 것이 바로 우리의 인생입니다. 함께 웃고 함께 우는 것이죠.

다른 사람이지만 서로 닮아가고 서로 닮은 사람끼리 어울리고 또 어울리는 사람끼리 서로 어울려 살아가는 것은 평화롭고 즐거운 세상입니다. 그야말로 다툼이 없는 세상이죠. 그런 세상에서는 당연히 차별은 없습니다. 달라서 기쁜 세상이고 다르기에 서로가 서로에게 양보하고 배려하는 세상입니다. '다르다'라는 말을 '틀리다'라고 잘못 이해하는 사람들이 차별의 세상을 사는 겁니다. 다른 것은 차별이 아니라 특별한 세상입니다. 다른 것을 특별하게 보는 것이 문화유전자의 세상입니다.

48
한(恨)

한(恨)은 맺히기도 하지만 풀어 한 차원 승화하기도 하는 것

한국인을 대표하는 단어를 이야기할 때 '한(恨)'을 드는 사람들이 많습니다. '한(恨)이 많은 민족이 한민족이다.' 이렇게 얘기하는 경우도 있죠. 사실 한민족이라고 할 때 '한(韓)'은 '한(恨)'하고는 전혀 관계없는 말인데, 발음이 비슷하니까 한과 한민족을 더 연결하는 사람이 있는 것 같습니다. 한민족의 특성 중 가장 중요한 것을 '한(恨)'이라고 얘기하는 사람이 많은데, 한민족에게 한이 많다는 말은 아마도 고난의 우리 역사에서 비롯된 듯합니다.

전쟁을 겪고 가난을 겪은 민족이 한이 많은 것은 당연할 수도 있 겠습니다. 하지만 돌이켜보면 다른 나라에 비해서 우리만 전쟁이 그렇 게 많았다고 보기는 어렵지 않을까요? 조선 시대의 큰 전쟁은 임진왜 란과 병자호란이 있었는데, 이것도 매우 긴 기간 이어져 온 전쟁은 아 니었습니다. 다른 나라에 보면 100년 전쟁, 이런 전쟁도 있지 않습니 까? 따라서 전쟁이 한의 원인이라고 보기는 어렵습니다. 가난함도 생 각해 보면 보릿고개가 있었다고는 하지만, 우리 민족이 늘 굶주림에 허덕인 것은 아닙니다.

그런데 왜 한민족 하면 한이 많다고 했으며, 왜 이런 의견을 사람 들은 쉽게 받아들이게 된 걸까요? 누군가 저에게 한국인은 한이 많 은 민족이냐고 묻는다면 저의 대답은 '그렇다'입니다. 앞의 논의와 모 순되는 것처럼 보일 수 있겠습니다. 하지만 제가 볼 때 한국 사람은 한이 많을 수밖에 없습니다. 조선시대나 삼국시대를 이야기하는 게 아니고 현재를 이야기한다면 한민족은 분명 한이 많은 사람들입니다. 물론 모든 한국 사람에게 다 한이 많다는 것은 아닙니다. 한이 전체 적인 정서를 지배하고 있다는 그런 의미인 것입니다.

생각해 볼까요? 불과 80년 전만 해도 한국은 식민지 국가였습니 다. 한민족은 식민지의 백성이었습니다. 나라를 잃은 설움이 있었고, 성노예로 끌려간 딸이 있었습니다. 또한 자식을 징용으로 보낸 부모 의 아픔도 있었습니다. 독립운동을 하면서 가족을 잃고 부모를 잃은

언어로 본 한국인의 문화유전자

사람의 심정을 어찌 표현할 수 있을까요? 누가 뭐라고 해도 한이 가득할 수밖에 없을 겁니다.

겨우 해방이 됩니다만 이 나라는 곧바로 남북으로 갈렸습니다. 그러고는 곧 한국전쟁이라는 동족상잔의 전쟁이 일어납니다. 포화 속에서 수많은 사람이 죽었습니다. 한이 안 생길 수 없는 그런 민족이 아닐까요? 아직도 해결되지 못한 이산가족의 문제는 어떤가요? 남과 북으로 가족이 나뉘어서 평생을 만나지 못한 많은 사람들이 있고 이미 돌아가시기도 했습니다. 이산가족에게 어머니, 아버지, 누나, 언니, 형, 오빠, 동생 등 모두 생각만 해도 눈물이 나는 이름들이 아닌가요? 전쟁은 고아를 만들었습니다. 전쟁고아에서 비롯된 해외 입양의 역사는 또 어떨까요? '고아 수출국'이라는 이름 속에서 아이를 보낸 이도, 보내진 이도 모두 먹먹한 한이 한 가득입니다.

하지만 우리말에서 '한(   )'은 맺히기도 하지만 풀리기도 하는 겁니다. 그래서 저는 한이 우리 민족의 정서는 맞지만 풀 수 있는 한이라면 어서 풀어야 한다고 생각합니다. 가장 대표적인 것이 이산가족 문제겠죠. 한을 풀어 줄 수 있는 여러 가지 정책과 앞날의 설계가 필요한 시기입니다. 어서 쌓인 한과 맺힌 한을 풀면 좋겠습니다. 예전 같으면 한풀이 춤도 추었을 겁니다. 한을 한 차원 승화하는 것이 우리 문화의 특색이기도 합니다. 문화유전자인 '한'이 풀리기 바랍니다.

49
신

신난다는 것은 내 속에 있는 신이 나오는 것

우리 문화의 말 열쇠 중에 최근에 더 중요해진 열쇠가 바로 '신'이라고 생각합니다. 한국이 지금 이렇게 문화의 나라가 된 것은 신과 관련이 있기 때문입니다. 당연히 신은 종교적인 이야기는 아닙니다. '신나다'라고 얘기할 때 '신'을 의미하는 것이죠. 많은 사람들이 묻습니다. K-pop이 이렇게 인기가 좋아진 것은 왜인가? 많은 사람들이 묻습니다. 한국의 드라마가 왜 이렇게 재미있고 신나는가? 한국의 영화가 왜 좋은지, 한국의 공연 문화가 왜 재미있는지.

언어로 본 한국인의 문화유전자

이때 우리가 대답할 수 있는 것은 '신'입니다. 우리 문화가 신나는 것을 좋아하는 문화라는 점입니다. 우리 민족은 '신이 많은 민족'이라고 이야기하는 사람들이 있습니다. 왜냐하면 믿는 신이 많은 것이 아니라 어떤 일을 할 때 신명이 많다는 의미입니다. 그런데 재미있는 것은 '신나다'라는 말의 '신'은 사실은 '신(神)'의 의미라는 점입니다.

'신나다'라는 말을 살펴보면 우리가 섬기는 '신(神)이 나온다'는 뜻입니다. 반대로는 신이 들어온다는 의미의 말을 합니다. 그런 것을 '신들렸다'라고 표현을 하는데, 이것은 주로 외부의 신이 내 속으로 들어오는 것을 의미합니다. 외부의 신이 내 속으로 들어오는 것은 능력을 의미합니다. 일반인들에게는 이런 능력이 없기 때문에 주로 사제, 제사장, 무당 등에게 신이 들어옵니다. 일반인의 경우 어떤 일을 너무 잘 하면 '신들린 듯이'라고 표현합니다.

가끔 자신을 잃어버린 사람에게 신이 들어오기도 하는데, 이런 경우를 우리는 미친 사람이라고 하기도 합니다. 많은 종교에서는 그래서 신이 들어온, 원하지 않은 신이 들어온, 아마도 잡신이나 악귀가 들어온 사람을 '신들린 사람'이라고 하고 그것을 고쳐주기 위해서 노력을 합니다. 보통은 그런 의식을 '퇴마 의식'이라고 이야기를 하죠. 들어온 나쁜 신이나 마귀를 쫓아내야 한다는 생각에서 비롯된 것입니다.

저는 농담처럼 우리나라에는 신이 정말로 많다고 이야기를 합니다. 왜 그럴까요? 그것은 '신나다'라는 단어 때문입니다. '신나다'라는 말은 앞에서 설명한 것처럼 내 속에 있는 신이 나오는 것이거든요. 그렇기 때문에 저마다 신을 가지고 있다고 이야기할 수밖에 없는 것입니다. 그런 의미에서 우리는 모두 신성을 가진 존재이죠. '사람이 곧 하늘이다.'라는 동학의 사상, 천도교의 사상은 우리의 전통적인 생각을 보여 줍니다. 사실은 그 말에서도 내 속에 신이 있다는 의미를 보여 주고 있는 것입니다.

자신의 속에서 신을 찾아내면 그야말로 신이 나게 됩니다. 내 몸 속에 나를 기쁘고 행복하게 해주는 그 무엇이 있는 겁니다. 그것을 우리는 '신'이라고 표현을 했던 것입니다. 이건 종교적인 의미가 아닌 것 같습니다. 제가 볼 때 우리가 말하는 '신나다'의 '신'은 어떻게 보면 에너지와 같은 것입니다. 나를 깨우는 에너지는 내 속에 담겨 있습니다. 남들이 아무리 신나는 일이라고 해도 나와 맞지 않으면 의미가 없고 나를 움직이게 하지 못합니다. 나하고 파동이 맞지 않는 것이죠. 내 속의 에너지를 가장 잘 찾을 수 있는 사람은 바로 나입니다. 내 속의 에너지와 밖의 에너지의 파동이 잘 맞으면 신나는 일이 지금보다 훨씬 많아질 수 있는 겁니다.

내가 신이 나면 세상이 달리 보입니다. 세상이 그야말로 살맛나는 세상으로 바뀌는 것입니다. 종종 '쟤 신났네, 신났어.'라고 말하기도 하죠. 또 그 말이 부정적인 느낌을 주는 것도 사실입니다. 하지만 신나 하는 그 사람이야말로 그 순간은 너무나도 행복한 순간이라는 점도 잊어서는 안 될 것 같습니다. 한민족이 신명이 많은 민족이라고 한다면 그것은 자신 속에 있는 에너지를 즐거운 일에 쓸 수 있다는 의미인 것입니다. 긍정적인 에너지라고 볼 수 있습니다. 그리고 긍정의 힘은, 그 신은 혼자일 때보다는 여럿일 때 더 힘을 발휘합니다. 여러 에너지가 합쳐져서 더 큰 힘을 발휘하는 능력을 보이는 것이죠.

한국인의 축제라고 하면 2002년의 월드컵을 떠올리는 사람이 많습니다. 월드컵에서 한국이 축구를 잘했다는 것을 떠올리는 사람도 있겠지만, 한국인의 응원 문화를 떠올리는 사람이 많습니다. 실제로 한국인 관객들은 공연장에서도 노래 부르는 가수를 가장 즐겁게 해 주는 능력을 가졌다고 합니다. '떼창'이라는 표현도 쓰죠. 같이 노래 부르고, 같이 춤추고, 같이 웃고, 같이 우는 공감의 능력을 가졌다는 뜻입니다. 그런 능력이야말로 신의 능력을 극대화시키는 그야말로 신나는 세상을 만드는 능력이라고 볼 수 있습니다.

그런 신나는 능력이야말로 지금 현재의 K-pop이나 한국 드라마나 여러 가지 공연 문화의 원동력이 되었을 것입니다. 그래서 신을 한국의 현대 문화의 가장 중요한 한 요소라고 보는 것입니다. 한국 문화를 볼 때 한국인의 신나는 문화, 함께 하는 문화, 긍정의 에너지에 대해서 조금 더 관심을 기울여 보기 바랍니다. 신나는 세상이고, 다 좋은 세상이니까요.

50
정(情)

함께 살아가기 위한 지혜로운 감정

한국 문화를 나타내는 중요한 말 열쇠로는 '정'을 들 수 있습니다. '한민족은 정이 많은 민족이다.' 이렇게 이야기하는 사람이 많습니다. 한국인의 주요 특징을 이야기할 때도 빠지지 않는 게 '정'이죠. 하지만 곰곰이 생각을 해 보면 한국인만 정이 많은 것은 아닐 듯합니다. 실제로 제가 만나본 민족 중에 정이 있는 민족이 굉장히 많았습니다.

제가 가르치고 있는 대학원의 박사 과정에 다니고 있는 제자 중에도 미얀마나 베트남이나 태국 등지에서 온 학생들이 있는데 그 나

언어로 본 한국인의 문화유전자

라들도 정이 대단하다고 합니다. 하긴 사람을 귀하게 여기는 나라일 수록 정이 깊을 수 있죠. 어쩌면 아직 농사가 중요하고 아직 사람과의 관계가 중요한 나라라면, 오히려 한국보다 정이 더 깊을 수 있겠습니다. 중남미, 아프리카, 인도, 미국의 인디언이 오히려 한국인보다 더 정이 깊지 않을까 생각도 하게 됩니다.

한편 요즘 우리의 모습이 정이 있는 민족은 맞나 생각도 하게 되죠. 오히려 우리 모습을 보면 정과는 관련이 아주 멀어 보입니다. 멀어도 먼 정도가 아닐 정도로 한참 멀어 보입니다. 우리가 이웃 간에 정이 있다고요? 정말 그렇습니까? 한국인이 이웃 간에 정이 넘칩니까? 이런 말은 도시에서 찾아보기 어렵습니다. 당장 아파트에서는 옆집에, 윗집에, 아랫집에 누가 사는지도 모르는 사람이 대부분입니다. 누가 사는지도 모르는데 어떻게 정이 생길까요?

그렇게 보면 정은 경제 발전, 산업화, 도시화 등과도 연관성이 깊다고 할 수 있겠습니다. 즉 경제가 발전되면, 산업화가 이루어지면, 사람들이 도시로, 도시로 몰려들면 정은 옅어지기 마련이고 사라지기 마련인 것이죠. 그럼에도 불구하고 한민족에게 정이 많다고 얘기하려면 한민족의 정이 무엇인지에 대해서 고민이 있어야 할 겁니다. 그리고 '한민족의 정은 다른 민족의 정과 특별한가?'라고 질문을 한다면 어떻게 대답을 할 수 있을까요?

우리말을 살펴보면 정과 관련된 표현이 아주 많습니다. '정을 통하다', '정을 쏟다', '정을 나누다', '정을 주다', '정을 붙이다', '정을 떼다', '정이 들다' 등에서 '정'은 다양한 관용 표현으로 쓰이고 있습니다. '정'과 관련된 속담도 아주 많죠. 대표적으로 '정들자 이별'이라는 속담이 있습니다. 슬픈 속담이죠. 사람이 만나면 헤어지는 것이 당연하다고 이야기할 수 있겠지만, 이제 겨우 친해져서 이제 겨우 마음을 나눌 수 있는 사이가 되었는데 이별을 할 수밖에 없다면 슬픈 일입니다. 예전에는 그런 일이 정말 많았을 겁니다. 한 번 헤어지면 다시 못 만나는 경우도 많았을 테니까요.

'미운 정 고운 정'이라는 말은 한국인의 정서를 가장 잘 보여 주는 말이라고 생각합니다. 저는 '한국인의 정이 특별한가?'라는 질문의 답이 바로 이 '미운 정 고운 정'이라는 말에 있다고 생각합니다. 우선 순서가 특이합니다. 즉 '미운 정'이 앞에 있다는 것입니다. 보통은 나열할 때 앞에 있는 게 더 중요한 겁니다. 그럼 왜 미운 정이 앞에 있을까요? 이 말은 밉더라도 정을 주어야 한다는 생각을 보여 주고 있는 것입니다. 그렇기 때문에 우리말에서는 '미운 정'이 항상 앞에 있습니다. 그게 우리 정의 핵심적인 가치인 것입니다.

생각해 볼까요? 고운 정은 누구나 갖고 있는 게 고운 정입니다. 좋은 사람을 만나고, 사랑하는 사람을 만나고, 만나고 싶은 사람을 만나서 깊어지는 정은 누구나 갖고 있는 것이죠. 어느 민족이나 정이

언어로 본 한국인의 문화유전자

있다고 얘기할 때는 바로 이 고운 정을 이야기하는 것입니다. 그런데 우리는 미운 정을 이야기합니다. 미운 정은 만들기가 진짜 어려운 것입니다. 밉지만 여러 번 만나서 쌓이다 보니까 정이 들어가게 된 것입니다.

살면서 고운 정은 힘들지가 않습니다. 그런데 미운 정은 힘이 듭니다. 미운 사람과 잘 지내는 것만큼 힘든 일이 없죠. 그렇기 때문에 미운 정은 삶의 지혜라고 이야기할 수 있겠습니다. 그래서일까요? 우리 조상은 '정을 붙이다'라는 말도 했습니다. '정을 붙이고 살다 보면 어디나 고향이 된다.'는 속담도 있습니다.

이 말을 잘 생각해 보면 어떻게 살아야 하는지가 보입니다. 당장은 마음에 들지 않더라도 어차피 그곳에 살아야 한다면 정을 붙여야 하는 겁니다. 그래야 없던 정이 생겨납니다. 기억해야 되는 것은 우리의 정에는 좋은 것만 있는 게 아니라는 점입니다. 나쁜 것도 정에 포함된다는 것을 잊어서는 안 되는 것입니다. 사람과 사람이 같이 함께한 삶 속에는 기쁨만 있는 게 아닙니다. 슬픔도 있고, 억울함도 있고, 분노도 있을 수 있습니다. 물론 행복하고 아름다운 추억도 있죠. 그렇기 때문에 힘든 정, 어려운 정도 귀하게 생각해야 한다는 뜻입니다.

그런데 어떤 경우에는 이렇듯 귀한 정을 떼려고 하는 경우도 나타납니다. 아픈 장면이고 오히려 떼려고 하면 뗄수록 더 정이 깊어지는 모습이 보이기도 하죠. 주로 멀리 떠나가거나 영원히 헤어질 때, 사랑을 위해서 사랑하는 사람과 헤어질 때 정을 떼려고 말을 더 차갑게 하기도 하고, 웃음을 보이지 않기도 하는 거죠. 그런데 의외인 것은 그럴수록 정은 떨어지지 않고 정이 깊어지는 경우도 많다는 겁니다.

우리는 '미우나 고우나'라는 표현도 합니다. 이 말은 밉든 곱든 같이 살아야 된다는 뜻입니다. 미우나 고우나 남편이니까, 미우나 고우나 아내니까, 미우나 고우나 가족이니까, 미우나 고우나 이웃이니까 함께 살아야 되는 겁니다. 여기에도 '밉다'가 '곱다'보다 앞에 있습니다. 미운 게 더 조심해야 하는 가치인 셈입니다. 우리말에는 의외로 부정적인 말들이 앞에 나오는 경우가 많습니다. '울고 웃고', '진자리 마른자리' 이렇게 부정적인 것이 앞에 나오는 경향이 있습니다. 왜냐하면 어려움을 이겨내면 그 다음부터는 편안함이 남기 때문입니다. '미우나 고우나', '미운 정 고운 정'이 보여 주는 세상이죠.

한민족의 정은 미워도 고와도 같이 사는 정입니다. 그게 한민족 정의 특별함이죠. 한국어 표현에는 이런 표현도 있습니다. 우리는 '미운 놈에게 떡 하나 더 준다.'라는 표현을 합니다. '미운 놈'이라고 했지만 '미운 자식'이라는 말로 바꿔 쓰기도 합니다. 미운 자식에게, 미운 아들에게, 미운 딸에게 더 잘해 주겠다는 뜻입니다.

우리나라 사람들의 기본적인 태도는 밉다고 버리지 않는 겁니다.

언어로 본 한국인의 문화유전자

밉지만 더 잘해 줘서 함께 살아갈 수 있게 깊은 정을 나누자는 것입니다. 그래서 한국어의 중요한 말 열쇠인 '정'은 한국인이 서로 함께 살아가기 위한 지혜로운 감정을 보여 주고 있는 것입니다. 정이라는 말은 '지혜로운 감정'이 줄어든 말이라고 생각할 수 있겠습니다. 서로 함께 살려면 정이 있어야 합니다. 정이 한국인의 문화유전자인 이유입니다.

강의를 마치며:
문화가 가리키는 방향을 보다

　중국(中國)이 세상의 중심이라고 믿는 때가 있었습니다. 중국의 문화가 세계의 표준이 되고, 중국의 영향 속에서 스스로의 문화를 발전시키는 것이 당연한 시기였습니다. '달마가 동쪽으로 간 까닭은?'이라는 주제는 불교가 중국을 거쳐, 이 땅을 지나, 일본에 이르는 문화의 길과 방향을 보여 주는 듯합니다. 그러나 이 문화의 방향은 일방향이 아닙니다. 문명의 중심은 계속 움직입니다. 물론 중국이나 로마가 서로 중심이라고 생각하던 시절도 있었지만 서로를 의식하든 그렇지 않든 간에 문화의 중심 또는 문명의 힘은 움직였습니다. 근대 이후를 보면 이러한 움직임은 빠르고도 명확합니다.

인류의 역사에서 혁명이라고 부르는 시기는 그다지 많지 않습니다. 수렵과 채취의 사회가 농업, 목축의 사회로 바뀐 것은 가히 혁명이었습니다. 잉여 생산과 정착생활은 도시, 국가 등의 모습을 만들고 서로의 재산을 노리는 대규모 전쟁이 가능하게 하였습니다. 청동기와 철기의 발전도 이 시기의 중요한 모습입니다. 혁명이 일어난 것입니다. 이러한 농업혁명도 근본적으로는 인간의 힘에 의존하는 것이었기에 오랜 기간 극적인 변화를 이루지는 못했습니다.

극적인 변화는 인간을 기계가 대신하면서 일어납니다. 그런데 이 변화는 기존의 잉여생산과는 차원이 다른 것이었고, 기계 앞의 인간은 또 다른 차별의 대상이 되었습니다. 기계를 돌리기 위한 에너지 혁명도 일어났습니다. 석유, 전기, 원자력 등은 발전의 도구이자 위험성으로 자리합니다. 산업혁명이 일어난 것입니다. 산업혁명의 시작이었던 유럽, 그중에서도 영국은 막강한 문명의 중심으로 떠오릅니다. 해가 지지 않는 영국이 시작된 것입니다. 세상은 영국의 문화, 서양의 문화로 넘쳐납니다.

그러나 두 차례에 걸친 세계대전은 산업혁명의 속도와 모습을 바꿉니다. 영국을 비롯한 유럽 중심의 세계가 미국을 중심으로 하는 세계로 바뀌는 것입니다. 문화도 청바지, 할리우드와 코카콜라 등으로 대표되는 미국의 문화가 세계의 중심이 됩니다. 이러한 현상은 지금까지도 유지되고 있습니다. 군사력, 경제력, 문화력 모두 미국 중심의 세상입니다.

　기술력이 중요해지면서 일본이 경제와 문화의 중심으로 떠오릅니다. 세계는 일본의 기술에 매료되어 전자제품을 비롯한 첨단제품과 애니메이션 등을 통해서 일본 문화를 빠르게 받아들입니다. 동양의 문화가 다시 세상을 향하게 된 것입니다. 자원 중심의 세상에서 기술 중심의 세계로 바뀐 것입니다. 그리고 21세기를 맞으며 기술은 정보화를 낳습니다. 시간과 공간을 초월하는 문화의 세기가 된 것입니다. 속도에 익숙하지 않았던 기존의 문명은 속도에 뒤처지며 문화의 중심에서 조금씩 멀어져 갑니다. 산업과 기술, 자원과 농업에서 정보의 흐름 속으로 문화의 중심이 바뀌게 된 것입니다.

　한국이 세계 문화의 중심이 된다는 것은 상상하기 어려운 일이었습니다. 그러나 정보화 사회, 문화의 세기를 맞으면서 한국은 공간과 시간의 한계를 뛰어넘게 됩니다. 거의 동시에 한국의 문화를 세계가 즐길 수 있는 시대가 된 것입니다. 물론 차근차근 내공이나 실력을 쌓아왔기에 가능한 일입니다. 한국의 문화 산업은 인터넷망을 통해 빠른 속도로 세상을 만나고 있습니다. 이미 몇 십 년 전에도 한국 드라마와 노래는 일본, 중국, 동남아시아, 중동, 남미 등지에 한류의 바람을 일으켰습니다. 하지만 이제는 문화의 중심이라고 일컬어지는 미국이나 유럽에까지 문화의 영향력을 확대해 가고 있습니다. 이른바 K가 문화 현상이 된 것입니다.

　　　　　　　　　　　　　언어로 본 한국인의 문화유전자

그러나 문화는 움직입니다. 그리고 변화합니다. 그러기에 문화의 방향을 봐야 하는 것입니다. 언젠가는 한국문화의 시대를 과거라고 이야기하고 평가하는 시대가 올 것입니다. 어떤 평가를 받게 될 것인가? 어떻게 기억될 것인가? 그리고 다른 문화의 발전에 어떤 도움을 줄 것인가를 생각해 봐야 합니다. 한국 문화가 선한 영향력, 긍정적 세계를 향한 문화의 모습으로 새로운 방향을 가리킬 수 있기를 바랍니다.

〈언어로 본 한국인의 문화유전자〉는 세상이 아름다워지리라는 희망을 안고 쓴 책입니다. 본래 이 세상은 좋은 세상이고, 본래 인간은 아름다운 존재라는 생각으로 쓴 책입니다. 문화가 평화가 되고, 문화가 즐거움이 되기 바랍니다.

참고한 책 또는 권하는 책

강길운(2010), 비교언어학적 어원사전, 한국문화사.

강현석 외(2014), 언어와 사회 그리고 문화, 글로벌콘텐츠.

권기봉(2008), 서울을 거닐며 사라져 가는 역사를 만나다. 알마.

기 도이처(2011), 언어로 보는 문화(윤영삼 옮김), 21세기북스.

김낭예(2023), 상징으로 본 세상, 창비.

김무림(2004), 국어의 역사. 한국문화사.

김민수 편(1997), 우리말 어원사전, 태학사.

김방한(1983), 한국어의 계통, 민음사.

김부식(1998), 삼국사기1, 2(이강래 옮김), 한길사.

김숙현 외(2001), 한국인과 문화간 커뮤티케이션, 커뮤니케이션북스.

김영운(2015), 국악개론, 음악세계.

김현희 외(2010), 상호작용을 통한 독서치료, 학지사.

니키타 일리치 톨스토이(2014), 언어와 민족문화1, 2(김민수 옮김), 한국문화사.

댄 주레프스키(2015), 음식의 언어(김병화 옮김), 어크로스.

류시화(2003), 나는 왜 너가 아니고 나인가, 김영사.

류태호(2017), 4차 산업혁명 교육이 희망이다, 경희대학교 출판문화원.

마빈 해리스(1982), 문화의 수수께끼(박종열 옮김), 한길사.

마빈 해리스(1992), 음식문화의 수수께끼(서진영 옮김), 한길사.

문학사상 자료연구실 편(1977), 李箱詩 全作集, 갑인출판사.

박성배(2008), 미국에서 강의한 보현행원품 강의, 도피안사.

박성배(2009), 한국사상과 불교, 혜안.

박창범(2002), 하늘에 새긴 우리 역사, 김영사.

빌 브라이슨(2021), 언어의 탄생(박중서 옮김), 다산북스.

서정록(2007), 듣기, 샘터.

서정범(2018), 새국어어원사전(박재양 엮음), 보고사.

서정범(2019), 우리말의 뿌리(박재양 엮음), 보고사.

서정범(2021), 은어와 속어 연구(박재양 엮음), 보고사.

송봉운(2022), 집밥바이블, 대장간.

안종수(2006), 에스페란토, 아나키즘 그리고 평화, 선인.

연민수 외(2013), 역주 일본서기1, 동북아역사재단.

연민수 외(2013), 역주 일본서기2, 동북아역사재단.

연민수 외(2013), 역주 일본서기3, 동북아역사재단.

연재훈(2021), 언어유형론 강의, 한국문화사.

오주석(2003), 한국의 미 특강, 솔.

우노 하르바(2013), 샤머니즘의 세계(박재양 옮김), 보고사

울리히 린스(2013), 위험한 언어(최만원 옮김), 갈무리.

윌 듀런트(2011), 문명이야기1-1(왕수민 옮김), 민음사.

유창돈(2000), 이조어사전, 연세대출판부.

유현경 외(2018), 한국어표준문법, 집문당.

이규태(2011), 한국인의 의식구조, 신원문화사.

이시하라 · 코헨(2018), 다문화시대의 화용교육(조선경, 조현용, 카와카미 옮김), 하우.

이어령(2008), 뜻으로 읽는 한국어사전, 문학사상사.

이어령(2015), 가위바위보 문명론, 마로니에북스.

이오덕(2009), 우리글 바로쓰기, 한길사.

이용범(2004), 인생의 참스승 선비, 바움.

이을호(1993), 사람과 자연은 하나다, 지식산업사.

이을호(2015), 한국문화의 인식, 한국학술정보.

이을호(2015), 한국철학사 총설, 한국학술정보.

이을호(2015), 한글 논어, 한국학술정보.

이을호(2015), 한사상 총론, 한국학술정보.

이홍규(2010), 한국인의 기원, 우리역사연구재단.

일연(1985), 삼국유사(박성봉, 고경식 옮김), 서문(瑞文)문화사

임동권(2003), 속담사전, 민속원.

재래드 다이아몬드(2013), 어제까지의 세계, 강주헌 역, 김영사.

재레드 다이아몬드(2015), 제3의 침팬지, 김정흠 역, 문학사상.

재레드 다이아몬드(2015), 총균쇠, 김진준 역, 문학사상.

전헌(2016), 다 좋은 세상, 어떤 책.

전헌(2022), 몸이 되는 말(조현용 엮음), 하우.

정광호(2003), 선비, 소신과 처신의 삶, 눌와.

정민(2005), 죽비소리, 마음산책.

정수일(2001), 고대문명교류사, 사계절.

정혜경(2007), 한국음식 오디세이, 생각의 나무.

제임스 스콧(2014), 우리는 모두 아나키스트다(김훈 옮김), 여름언덕.

조현용(2005), 한국인의 신체언어, 소통.

조현용(2017), 한국어, 문화를 말하다, 하우.

조현용(2018), 우리말 교실, 마리북스.

조현용(2020), 한글의 감정, 한글파크.

주영하 외(2012), 한국인의 문화유전자, 아모르문디.

최준식(2007), 한국의 문기, 소나무.

최창모(2003), 금기의 수수께끼, 호모사피엔스.

크로포트킨(2015), 만물은 서로 돕는다(김훈 옮김), 여름언덕.

탁석산(2020), 한국의 정체성, 책세상.

탁석산(2021), 한국적인 것은 없다, 열린책들.

토니 알란(2015), 상징을 찾아서(김낭예, 조현용, 한정연 옮김), 하우.

토르 안손(2015), 언어의 역사(김형엽 옮김), 한울.

하르트무트 크라프트(2005), 터부, 사람이 해서는 안 될 거의 모든 것(김정민 옮김), 열대림.

히로세·하세가와(2015), 일본어로부터 본 일본인(채성식 옮김), 역락.

Kyung Ja Ko, Hyun-Yong Cho(2022), Arirang is a soul song and a consolation medicine for mental and physical health - Arirang rhapsody(喜怒哀樂; joy, anger, sorrow, and pleasure), *CellMed 12(4)*, CellMed Orthocellular Medicine & Pharmaceutical Association.